SÓ GAROTOS

PATTI SMITH

só garotos

Tradução:
Alexandre Barbosa de Souza

14ª reimpressão

COMPANHIA DAS LETRAS

Copyright © 2010 by Patti Smith

Grafia atualizada segundo o Acordo Ortográfico da Língua Portuguesa de 1990, que entrou em vigor no Brasil em 2009.

Título original
Just kids

Capa
Fabio Uehara

Foto de capa
Patti Smith e Robert Mapplethorpe na orla de Coney Island, 1º de setembro de 1969. Cortesia de Patti Smith

Preparação
Maria Fernanda Alvares

Índice onomástico
Luciano Marchiori

Revisão
Carmen S. da Costa
Márcia Moura

Dados Internacionais de Catalogação na Publicação (CIP)
(Câmara Brasileira do Livro, SP, Brasil)

Smith, Patti
    Só garotos / Patti Smith ; tradução Alexandre Barbosa de Souza. — 1ª ed. — São Paulo : Companhia das Letras, 2010.

    Título original : Just Kids.
    ISBN 978-85-359-1776-5

    1. Artistas - New York (N.Y) - New York - Biografia 2. Chelsea Hotel - Biografia 3. Fotógrafos - Estados Unidos - Biografia 4. Mapplethorpe, Robert 5. Mulheres, músicos de rock - Estados Unidos - Biografia 6. Mulheres poetisas - Século 20 - Biografia 7. Músicos - New York (N.Y) - Biografia 8. Poetas americanos - Século 20 - Biografia 9. Smith, Patti, 1946 - I Título.

10-11456   CDD-920.72

Índice para catálogo sistemático:
1. Estados Unidos : Mulheres : Biografia 920.72

Todos os direitos desta edição reservados à
EDITORA SCHWARCZ S.A.
Rua Bandeira Paulista, 702, cj. 32
04532-002 — São Paulo — SP
Telefone: (11) 3707-3500
www.companhiadasletras.com.br
www.blogdacompanhia.com.br
facebook.com/companhiadasletras
instagram.com/companhiadasletras
twitter.com/cialetras

Sumário

Prefácio, 9

Filhos da segunda-feira, 11

Só garotos, 39

Hotel Chelsea, 89

Juntos em caminhos separados, 195

De mãos dadas com Deus, 239

Agradecimentos, 259

Fotografias e ilustrações, 261

Índice onomástico, 265

Muito já se falou sobre Robert, e outras coisas ainda serão ditas. Os rapazes imitarão seu jeito de andar. As garotas usarão vestidos brancos e chorarão por seus cabelos cacheados. Ele será condenado e adorado. Seus excessos serão malditos e romanceados. Por fim, descobrirão a verdade em seu trabalho, o corpo físico do artista. Isso não se afastará. Os homens não podem julgá-lo. Pois é a Deus que a arte canta, e afinal pertence a ele.

Prefácio

Eu estava dormindo quando ele morreu. Telefonei ao hospital para dar boa-noite outra vez, mas ele já estava embalado, sob camadas de morfina. Segurei o telefone e fiquei ouvindo sua respiração ofegante, sabendo que nunca mais o veria de novo.

Mais tarde, arrumei calmamente minhas coisas, meu caderno e minha caneta-tinteiro. O tinteiro azul-cobalto que tinha sido dele. Minha xícara persa, meu coração púrpura, uma caixa de dentes de leite. Lentamente subi a escada, contando os dentinhos, catorze, um a um. Puxei a coberta sobre o bebê no berço, beijei meu outro filho, adormecido, e me deitei ao lado do meu marido e rezei. Ele ainda está vivo, lembro de sussurrar. Então dormi.

Acordei cedo, e quando desci a escada sabia que ele estava morto. Tudo estava parado, exceto o som da televisão, que ficara ligada a noite inteira. Em um canal de arte. Estava passando uma ópera. Fui atraída para a tela quando Tosca declarava, com força e tristeza, sua paixão pelo pintor Cavaradossi. Era uma manhã fria de março e vesti minha blusa.

Abri a cortina e a claridade entrou no estúdio. Alisei o tecido pesado da minha poltrona, peguei um livro de pinturas de Odilon Redon e o abri na imagem da cabeça de uma mulher flutuando em um pequeno mar. *Les yeux clos*. Um universo ainda não atingido contido sob as pálpebras pálidas. O telefone tocou novamente e me levantei para atender.

Era o irmão caçula de Robert, Edward. Ele me contou que dera a Robert um último beijo por mim, conforme havia prometido. Fiquei imóvel, congelada; então, lentamente, como em um sonho, voltei à poltrona. Naquele momento, Tosca começava a grande ária *Vissi d'arte. Vivi por amor, vivi pela arte.* Fechei os olhos e juntei as mãos. A Providência decidiu como eu me despediria.

FILHOS DA SEGUNDA-FEIRA

Quando eu era bem nova, minha mãe me levava para passear no Humboldt Park, pela margem do rio Prairie. Tenho vagas lembranças, como impressões em vidro, de um velho ancoradouro, uma concha acústica circular, uma ponte arqueada de pedra. O trecho estreito do rio terminava em uma grande lagoa e vi sobre a superfície um milagre singular. Um longo pescoço curvo ergueu-se de um vestido de plumas brancas.

"Cisne", minha mãe disse, sentindo minha excitação. Ele tamborilou na água brilhante, batendo suas asas grandiosas, e alçou voo no céu.

A palavra por si mal dava conta de sua magnificência, nem continha a emoção que ele produzia. Sua visão gerou uma necessidade para a qual eu não tinha palavras, um desejo de falar do cisne, de dizer algo sobre sua brancura, a natureza explosiva de seu movimento e o lento bater de suas asas.

O cisne mesclou-se ao céu. Fiz força para encontrar palavras que descrevessem minha própria ideia sobre ele. "Cisne", repeti, não totalmente satisfeita, e senti uma pontada, uma saudade curiosa, imperceptível aos passantes, à minha mãe, às árvores ou às nuvens.

Nasci em uma segunda-feira, na zona norte de Chicago, durante a grande nevasca de 1946. Cheguei um dia antes do previsto, e, como todo bebê nascido na véspera do ano-novo, saí do hospital com uma geladeira nova de presente. Apesar dos esforços da minha mãe para me segurar dentro de si, ela começou um difícil trabalho de parto quando o táxi se arrastava ao longo do lago Michigan, através de um turbilhão de neve e ventania. Segundo meu pai, eu era uma coisinha magricela e comprida com broncopneumonia, e ele me manteve viva segurando-me sobre uma tina fumegante de lavar roupa.

Minha irmã Linda veio durante outra nevasca, em 1948. Por necessidade, fui obrigada a crescer e aparecer depressa. Minha mãe passava roupa, enquanto eu ficava sentada no alto da escada da casa onde alugávamos nossos cômodos esperando o entregador de gelo e a última das carroças puxadas por cavalo. Ele me dava lascas de gelo embrulhadas em papel pardo. Eu guardava uma no bolso para dar a minha irmãzinha, mas, quando procurava depois, descobria que havia sumido.

Quando minha mãe ficou grávida do meu irmão, Todd, saímos daqueles cômodos abarrotados em Logan Square e migramos para Germantown, Pennsylvania. Nos anos seguintes moramos em um alojamento temporário feito para funcionários públicos e suas famílias — barracões caiados que davam para um terreno abandonado cheio de flores silvestres. Chamávamos esse terreno de O Canteiro, e no verão os adultos ficavam ali sentados, conversando, fumando cigarros e bebendo licor de dente-de-leão, enquanto nós, crianças, brincávamos. Minha mãe nos ensinou as brincadeiras de sua infância: estátua, pega-pega e seu mestre mandou. Fazíamos colares de margaridas para enfeitar o pescoço e guirlandas para coroar a cabeça. À noitinha, colecionávamos vaga-lumes em vidros de conserva, tirávamos as luzes e fazíamos anéis para os dedos.

Minha mãe me ensinou a rezar; ensinou-me a oração que a mãe dela havia lhe ensinado. "Agora que vou dormir, peço ao Senhor que cuide da minha alma." À noite, eu me ajoelhava diante de minha caminha enquanto ela ficava de pé, com seu eterno cigarro, ouvindo-me repetir depois dela. Eu só queria fazer minha oração, mas aquelas palavras me perturbavam, e eu a enchia de perguntas. O que é a alma? De que cor ela é? Eu desconfiava de que minha alma, travessa, podia fugir enquanto eu sonhava e não conseguir mais voltar. Fazia de tudo para não pegar no sono, para manter a alma dentro de mim, onde era seu lugar.

Talvez para satisfazer minha curiosidade, minha mãe me matriculou na escola dominical. Aprendíamos a decorar versículos da Bíblia e palavras de Jesus. Depois, ficávamos em fila e recebíamos como recompensa uma colherada de mel. Havia uma única colher no vidro para servir a todas as crianças que estavam com tosse. Instintivamente esquivei-me da colher, mas rapidamente aceitei a ideia de Deus. Agradava-me imaginar uma presença acima de nós, em perpétuo movimento, como estrelas líquidas.

Não satisfeita com minha oração infantil, logo pedi a minha mãe que me deixasse fazer minha própria reza. Fiquei aliviada quando não precisei mais repetir as palavras "E, se eu morrer antes de acordar, rezo ao Senhor para minha alma levar", e pude dizer em vez disso o que estava dentro do meu coração. Assim liberada, eu me deitava na cama junto ao fogão de carvão recitando vigorosamente longas cartas para Deus. Eu não era de dormir muito e devo tê-lo importunado com minhas juras, visões e esquemas intermináveis. Mas, conforme o tempo passou, vim a experimentar um tipo diferente de oração, uma oração silenciosa, que exigia mais escuta do que fala.

Minha pequena torrente de palavras dissipou-se em uma elaborada ideia de expansão e refluxo. Foi minha entrada na radiância da imaginação. Esse processo aumentava especialmente nas febres de gripe, sarampo, catapora e caxumba. Tive todas elas, e em cada uma adquiri o privilégio de um novo nível de consciência. Bem no fundo de mim mesma, com a simetria de um floco de neve girando acima de mim, intensificando-se através das minhas pálpebras, capturei o mais valioso suvenir, um caco do caleidoscópio do céu.

Meu amor pelas orações foi aos poucos se equiparando ao meu amor pelos livros. Eu me sentava aos pés da minha mãe, vendo-a beber seu café e fumar seu cigarro, com um livro no colo. Ela ficava tão absorta que aquilo me intrigava. Ainda antes do jardim de infância, eu gostava de olhar os livros dela, sentir o papel e erguer a folha que cobria as estampas dos frontispícios. Eu queria saber o que havia ali, o que capturava sua atenção tão profundamente. Quando minha mãe descobriu que eu havia escondido seu exemplar carmesim do *Livro dos mártires*, de Foxe, embaixo do travesseiro, na esperança de absorver seu significado, ela me fez sentar e começou o trabalhoso processo de me ensinar a ler. Com grande esforço fomos juntas da *Mamãe Ganso* até o *Doutor Seuss*. Quando avancei e não precisava mais de instruções, permitiram que eu me juntasse a ela em nosso sofá ultraestofado, ela lendo *As sandálias do pescador* e eu *Os sapatos vermelhos*.

Eu era absolutamente fascinada pelos livros. Queria ler todos, e as coisas sobre as quais eu lia criavam novos anseios. Talvez fosse à África oferecer meus serviços a Albert Schweitzer ou, com meu chapéu de guaxinim e chifre de pólvora, defender as pessoas, como Davy Crockett. Eu poderia escalar os Himalaias e viver em uma caverna girando uma roda de preces, mantendo a Terra girando. Mas a necessidade de me expressar era meu desejo mais intenso, e meus irmãos foram os primeiros cúmplices conspiradores nas lavras da minha imaginação. Eles ouviam atentamente as minhas histórias, participavam de bom grado das minhas peças e combatiam bravamente em minhas guerras. Com eles do meu lado, qualquer coisa parecia possível.

Nos meses de primavera, eu estava quase sempre doente e assim condenada a ficar de cama, obrigada a ouvir meus camaradas brincando pela janela aberta. Nos meses de verão, os pequenos relatavam à minha cabeceira o quanto de nosso terreno silvestre estava seguro diante do inimigo. Perdemos várias batalhas na minha ausência, e meus soldados exaustos se reuniam ao redor da minha cama e eu lhes dava uma bênção tirada da bíblia de toda criança-soldado, *Um jardim de poemas infantis*, de Robert Louis Stevenson.

No inverno, construíamos fortes de neve e eu liderava nossa campanha, servindo como general, fazendo mapas e traçando nossas estratégias conforme atacávamos e batíamos em retirada. Travávamos as guerras de nossos avós irlandeses, do laranja e do verde. Vestíamos laranja, embora não soubéssemos nada de seu significado. Eram simplesmente as nossas cores. Quando a atenção esmorecia, eu declarava trégua e ia visitar minha amiga Stephanie. Ela vinha convalescendo de uma doença que eu não entendia o que era, uma espécie de leucemia. Era mais velha do que eu, talvez tivesse doze anos quando eu tinha oito. Eu não tinha muito o que dizer e talvez representasse pouco consolo para ela, no entanto ela parecia adorar a minha presença. Acho que o que realmente me atraía nela não era meu bom coração, mas um fascínio por seus pertences. Sua irmã mais velha pendurava minhas roupas molhadas e nos trazia chocolate quente e bolachas em uma bandeja. Stephanie ficava recostada em uma pilha de travesseiros, e eu contava histórias ou lia quadrinhos para ela.

Eu era fascinada por sua coleção de histórias em quadrinhos, pilhas de revistinhas recebidas ao longo de toda uma infância de cama, todos os números do *Superman*, da *Luluzinha*, dos *Classic Comics* e de *House of Mystery*. Em sua velha caixa de charutos havia todas as miniaturas da sorte de 1953: uma roleta, uma máquina de escrever, um patim de gelo e talismãs no formato de todos os quarenta e oito estados americanos. Eu era capaz de brincar infinitamente com elas e às vezes, se ela tinha alguma repetida, me dava uma.

Eu tinha um compartimento secreto perto da minha cama, embaixo das tábuas do assoalho. Ali guardava meu estoque — bolinhas de gude conquistadas, figurinhas trocadas, artefatos religiosos que eu salvara de lixeiras católicas: velhos santinhos, escapulários esmaecidos, santos de gesso com mãos ou pés lascados. Ali eu guardava meu espólio vindo de Stephanie. Algo me dizia que eu não devia aceitar presentes de uma menina doente, mas eu aceitava e os escondia, um tanto envergonhada.

Eu havia prometido que a visitaria no Dia dos Namorados, mas não fui. Meus deveres de general para com minha tropa de irmãos e meninos vizinhos eram muitos e havia uma neve pesada a ser transposta. Na tarde seguinte, abandonei meu posto para sentar com ela e tomar chocolate quente. Ela estava muito calada e me implorou que ficasse até pegar no sono.

Bisbilhotei sua caixa de joias. Era cor-de-rosa e, quando você abria, saía uma bailarina que parecia uma fada açucarada. Fiquei tão impressionada com um broche de patins de gelo que o escondi na minha luva. Sentei-me imóvel ao lado dela por um longo tempo, e saí em silêncio quando adormeceu. Escondi o broche em meu esconderijo. Dormi um sono entrecortado a noite inteira, sentindo um grande remorso pelo que havia feito. De manhã eu estava passando muito mal para ir à escola e fiquei na cama, afugentando minha culpa. Jurei devolver o broche e pedir que ela me perdoasse.

No dia seguinte era aniversário da minha irmã Linda, mas não haveria festa nenhuma para ela. Stephanie havia piorado, e meu pai e minha mãe foram ao hospital doar sangue. Quando voltaram, meu pai chorava e minha mãe se ajoelhou do meu lado e me disse que Stephanie havia morrido. A tristeza dela logo deu lugar à preocupação quando pôs a mão na minha testa. Eu estava ardendo em febre.

Nosso apartamento entrou em quarentena. Eu estava com escarlatina. Nos anos 50, era um grande perigo porque geralmente virava uma espécie de febre reumática fatal. A porta do nosso apartamento foi pintada de amarelo. Confinada na cama, não pude ir ao enterro da Stephanie. A mãe dela me trouxe suas pilhas de histórias em quadrinhos e sua caixa de charutos cheia de amuletos. Agora eu tinha tudo, todos os tesouros dela, mas estava mal demais até mesmo para olhar para eles. Foi então que senti o peso do pecado, mesmo de um pecado tão pequeno quanto um broche de patins roubado. Refleti sobre o fato de que não importava quão boa eu aspirava a ser, jamais atingiria a perfeição. Nem jamais receberia o perdão de Stephanie. Mas enquanto fiquei ali, noite após noite deitada, ocorreu-me que seria possível falar com ela rezando por ela ou pelo menos pedindo a Deus que intercedesse por mim.

Robert era muito sensível a essa história, e às vezes em um domingo frio e lânguido ele implorava para eu contá-la outra vez. "Conte a história da Stephanie", dizia. E eu não poupava nenhum detalhe em nossas longas manhãs debaixo das cobertas, recitando histórias da minha infância, sua tristeza, sua magia, enquanto tentávamos fingir que não estávamos famintos. E sempre, quando eu chegava à parte em que abria a caixinha de joias, ele chorava, "Patty, não...".

Costumávamos rir de nós mesmos quando crianças, dizendo que eu era uma menina má tentando ser boa e que ele era um bom menino tentando ser mau. Com o passar dos anos esses papéis se reverteriam, depois reverteriam de novo, até que acabamos aceitando nossa natureza dual. Contínhamos princípios opostos, luz e trevas.

Eu era uma criança sonâmbula sonhadora. Irritava meus professores com minha facilidade precoce para a leitura e ao mesmo tempo com uma incapacidade de aplicá-la a qualquer outra coisa que eles considerassem prática. Todos acabavam dizendo em seus relatórios que eu sonhava acordada além da conta, que eu estava sempre em algum outro lugar. Onde ficava esse lugar, não sei dizer, mas muitas vezes me levava para um canto, sentada em um banco alto, onde todos podiam me ver usando um chapéu cônico de papel.

Mais tarde eu faria para Robert grandes desenhos detalhados desses momentos comicamente humilhantes e bem-humorados. Ele adorava, parecia gostar de todas as qualidades que me afastavam ou me isolavam dos outros. Com esse diálogo visual, minhas memórias de juventude se tornaram dele também.

Fiquei triste quando fomos despejados do Canteiro e tive que arrumar minhas coisas para começar uma vida nova no sul de Nova Jersey. Minha mãe deu à luz uma quarta criança que todos ajudamos a criar, uma garotinha doente mas radiante chamada Kimberly. Senti-me isolada e desconectada naquela vizinhança de pântanos, pomares de pessegueiros e fazendas de porcos. Mergulhei nos livros e no projeto de uma enciclopédia que só chegou até o verbete de Simón Bolívar. Meu pai me apresentou à ficção científica e por algum tempo juntei-me a ele investigando atividades de óvnis nos céus acima do salão de quadrilha da cidade, enquanto ele questionava sem parar a origem de nossa existência.

Quando eu mal completara onze anos, nada me agradava mais do que fazer longas caminhadas pelos bosques dos arredores com meu cachorro. Tudo em volta eram nabos-selvagens, árvores de chá, repolhos do pântano, brotando da argila vermelha. Eu acabava encontrando um bom lugar solitário, parava e descansava a cabeça em um tronco caído junto ao córrego repleto de girinos.

Com meu irmão, Todd, servindo como meu leal tenente, rastejávamos de bruços sobre os campos empoeirados do verão perto das pedreiras. Minha dedicada irmã ficava a postos para fazer curativos em nossas feridas e fornecer a tão desejada água do cantil de Exército do meu pai.

Um belo dia, cambaleando de volta para casa sob a bigorna do sol, minha mãe me interpelou.

"Patricia", ralhou minha mãe, "veste uma camisa!"

"Está muito quente", reclamei. "Ninguém está de camisa."

"Quente ou não, já está na hora de você começar a se cobrir. Você está virando uma mocinha." Protestei com veemência e anunciei que eu nunca viraria outra pessoa senão eu mesma, que eu era do clã de Peter Pan e a gente não crescia.

Minha mãe venceu a discussão e vesti uma camisa, mas não consegui disfarçar a traição que senti cometer naquele momento. Eu via com pesar minha mãe desempenhando suas tarefas femininas, reparando em seu corpo bem-dotado de mulher. Parecia tudo contrário à minha natureza. O perfume intenso e o batom vermelho, tão fortes nos anos 50, me revoltavam. Por algum tempo me senti mal por ela. Ela era a mensageira e também a mensagem. Deslumbrada e rebelde, com meu cachorro aos meus pés, eu sonhava em viajar. Em fugir e me alistar na Legião Estrangeira, mudar de patente e percorrer o deserto com meus homens.

Eu encontrava consolo nos meus livros. Por estranho que pareça, foi Louisa

May Alcott quem me ofereceu uma visão positiva do meu destino feminino. Jo, a moleca das quatro irmãs March em *Mulherzinhas*, escrevia para ajudar a sustentar a família, lutando para pagar as contas todo mês durante a Guerra Civil. Com seus garranchos, enchia folhas e mais folhas, mais tarde publicadas nas páginas literárias do jornal local. Ela me deu a coragem de uma nova meta, e logo eu também estava criando pequenos contos e contando longas histórias para meu irmão e minha irmã. Desde então, passei a cultivar a ideia de que um dia escreveria um livro.

No ano seguinte, meu pai nos levou para uma rara excursão ao Museu de Arte de Filadélfia. Meus pais trabalhavam duro, e levar quatro crianças de ônibus até Filadélfia era algo exaustivo e caro. Foi o único passeio que fizemos com a família toda, marcando a primeira vez em que fiquei cara a cara com a arte. Senti uma espécie de identificação física com os esguios e lânguidos Modigliani; fiquei comovida com os temas elegantes e tranquilos de Sargent e Thomas Eakins; ofuscada com a luz que emanava dos impressionistas. Mas foram as obras de uma sala dedicada a Picasso, dos arlequins ao cubismo, que me penetraram mais fundo. Sua confiança brutal me deixou sem fôlego.

Meu pai admirou o virtuosismo do desenho e o simbolismo das obras de Salvador Dalí, mas não viu nenhum mérito em Picasso, o que levou à nossa primeira desavença séria. Minha mãe ficou ocupada cercando meus irmãos, que deslizavam pelo piso liso de mármore. Tenho certeza de que, enquanto descíamos a grande escadaria, eu parecia ser a mesma de sempre, uma menina embasbacada de doze anos, toda braços e pernas. Mas secretamente eu sabia que havia sido transformada, comovida pela revelação de que os seres humanos criavam arte, de que ser artista era ver o que os outros não conseguiam ver.

Eu não tinha nenhuma prova de que possuía o estofo necessário para ser uma artista, embora ansiasse por me tornar uma. Imaginei ter sentido o chamado e rezei para que assim fosse. Mas uma noite, enquanto assistia à *Canção de Bernadette*, com Jennifer Jones, fiquei pasma ao ver que a jovem santa não pedira para ser escolhida. Era a madre superiora quem desejava a santidade, apesar de Bernadette, uma menina camponesa humilde, ter sido a escolhida. Isso me deixou preocupada. Perguntei-me se eu realmente tinha vocação de artista. Não me importava a miséria de uma vocação, mas eu temia não receber o chamado.

Espichei vários centímetros. Eu tinha quase 1,63 metro e pesava menos de

45 quilos. Aos catorze anos, eu não era mais a comandante de um exército pequeno embora leal, mas uma magricela fracassada, ridicularizada, no degrau mais baixo da escala social da minha escola. Mergulhei nos livros e no rock and roll, a salvação adolescente de 1961. Meus pais trabalhavam à noite. Depois de terminar nossas tarefas e a lição de casa, Toddy, Linda e eu dançávamos ao som de James Brown, das Shirelles e Hank Ballard e os Midnighters. Modéstia à parte, posso dizer que éramos tão bons na pista de dança quanto no campo de batalha.

Eu desenhava, dançava e escrevia poemas. Não era talentosa mas imaginativa, e meus professores me encorajavam. Quando venci um concurso patrocinado pela loja de tintas Sherwin-Williams da cidade, meu trabalho ficou exposto na vitrine e ganhei dinheiro o bastante para comprar um estojo de pintura de madeira e um jogo de tintas a óleo. Eu vasculhava livrarias e bazares de igreja atrás de livros de arte. Na época era possível encontrar belos volumes por uma ninharia e passei a habitar feliz o mundo de Modigliani, Dubuffet, Picasso, Fra Angelico e Albert Ryder.

Minha mãe me deu *The fabulous life of Diego Rivera* no meu aniversário de dezesseis anos. Transportei-me para o universo de seus murais, suas descrições de viagens e atribulações, seus amores e seu trabalho. Naquele verão arranjei um emprego sem carteira em uma fábrica, conferindo guidons de triciclos. Era um lugar horrível para trabalhar. Eu escapava em meus devaneios enquanto trabalhava. Ansiava por entrar na fraternidade dos artistas: a fome, o modo de vestir, o processo e as orações. Eu me gabava de que um dia seria amante de um artista. Nada parecia mais romântico para minha cabeça de jovem. Eu me imaginava como Frida para Diego, musa e criadora. Sonhava em conhecer um artista para amar e apoiar e trabalhar lado a lado.

Robert Michael Mapplethorpe nasceu numa segunda-feira, 4 de novembro de 1946. Criado em Floral Park, Long Island, o terceiro de seis filhos, ele era um garotinho travesso cuja juventude despreocupada foi delicadamente tingida de um fascínio pela beleza. Seus olhos jovens armazenavam cada jogo de luz, a cintilação de uma joia, a rica ornamentação de um altar, o revestimento dourado de um saxofone ou um campo de estrelas azuis. Ele era charmoso e

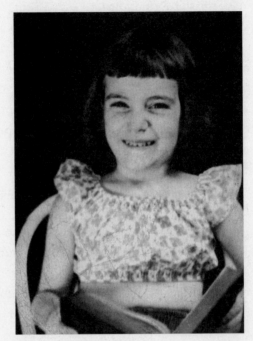
Escola bíblica, Filadélfia

Primeira comunhão, Floral Park, Long Island

tímido, com uma natureza meticulosa. Refreava, desde muito novo, uma agitação e o desejo de agitar.

A luz caiu sobre as páginas de seu livro de colorir, sobre suas mãos de criança. Ele ficava animado ao colorir, não com o ato de preencher o espaço, mas com a escolha de cores que ninguém mais escolheria. No verde das colinas ele via vermelho. Neve roxa, pele verde, sol de prata. Gostava do efeito que isso exercia sobre os outros, de que isso incomodasse seus irmãos. Descobriu que tinha talento para desenhar. Era um desenhista nato e secretamente distorcia e tornava abstratas suas imagens, sentindo seu poder aumentar. Era um artista, e sabia disso. Não se tratava de uma ideia infantil. Ele simplesmente reconhecia o que era seu.

A luz caiu sobre os componentes do amado kit de joalheria de Robert, sobre os frascos de esmalte e os minúsculos pincéis. Seus dedos eram ágeis. Ele se deliciava com sua habilidade de compor e decorar camafeus para a mãe. Não se preocupava que isso fosse coisa de menina, que um estojo de joalheria fosse um presente tradicional de Natal para uma garota. Sua mãe, Joan, acendendo um cigarro no outro, admirava a visão do filho sentado à mesa, zelosamente passando o cordão para lhe fazer outro colar de minúsculas miçangas. Eram precursores dos colares com que ele mais tarde se enfeitaria, depois de romper com o pai, deixando para trás sua confissão católica e sua carreira militar no rastro do LSD e do compromisso de viver apenas para a arte.

Essa ruptura não foi fácil para Robert. Havia algo nele que não podia ser negado, mas ele também queria agradar aos pais. Robert quase nunca falava de sua juventude com a família. Ele sempre comentou que tivera uma boa formação, que se sentira seguro e nada lhe faltara em termos práticos. Mas sempre reprimiu seus verdadeiros sentimentos, mimetizando a natureza estoica do pai.

O sonho de sua mãe era que ele se tornasse padre. Ele gostava de ser coroinha, mas apreciava mais o fato de entrar em lugares secretos, a sacristia, os cômodos proibidos, as túnicas e ritos. Não tinha uma relação religiosa ou devota com a Igreja, mas estética. A emoção da luta entre o bem e o mal o atraía, quem sabe por espelhar seu conflito interior e revelar uma linha que talvez ainda precisasse atravessar. Apesar disso, em sua primeira comunhão, ele estava orgulhoso por ter cumprido uma tarefa sagrada, feliz por ser o centro das atenções. Usou uma enorme gravata baudelairiana e uma fita idêntica à usada no braço por um Arthur Rimbaud muito rebelde.

Não havia nenhuma noção de cultura ou desordem boêmia na casa de seus pais. Era tudo arrumado e limpo, um modelo de sensibilidade de classe média do pós-guerra, revistas no revisteiro, joias na caixa de joias. Seu pai, Harry, sabia ser austero e crítico e Robert herdou dele essas qualidades, assim como seus dedos fortes e sensíveis. Sua mãe lhe deu a noção de ordem e o sorriso de lado que sempre fazia parecer que ele guardava um segredo.

Alguns desenhos de Robert ficavam pendurados na parede da entrada. Enquanto morou na casa dos pais, ele sempre fez o que pôde para ser um filho obediente, até na escolha da carreira que o pai exigiu — comunicação visual. Se descobria alguma coisa sozinho, guardava para si.

Robert adorava ouvir sobre minhas aventuras de infância, mas, quando eu perguntava sobre as suas, ele tinha pouca coisa para contar. Dizia que sua família nunca foi de muita conversa ou de compartilhar sentimentos íntimos. Eles não possuíam uma mitologia própria; nenhuma história de traição, tesouros ou fortes de neve. Foi uma existência segura, mas longe de ser um conto de fadas.

"Você é a minha família", ele dizia.

∗

Quando eu era moça, arrumei um problema.

Em 1966, no final do verão, dormi com um menino ainda mais imaturo que eu e fiquei instantaneamente grávida. Consultei um médico que duvidou da minha preocupação e me dispensou com um sermão um tanto confuso sobre o ciclo da mulher. Mas, conforme as semanas iam passando, eu sabia que estava levando uma criança dentro de mim.

Fui criada em uma época em que sexo e casamento eram absolutamente sinônimos. Não havia métodos anticoncepcionais à disposição e aos dezenove anos eu ainda era ingênua em matéria de sexo. Nossa união foi fugaz; tão delicada que eu nem tive certeza de havermos consumado nossa afeição. Mas a natureza, com toda sua força, teria a palavra final. Não me escapou a ironia de que eu, que nunca desejara ser garota nem crescer, precisasse encarar essa prova. Fui humilhada pela natureza.

O menino, que tinha só dezessete anos, era tão inexperiente que mal poderia ser considerado responsável. Eu teria que me virar sozinha. Na manhã do Dia de Ação de Graças, sentei-me no beliche da lavanderia da casa dos meus pais. Era ali que eu dormia quando trabalhava na fábrica durante o verão, e durante o resto do ano enquanto frequentei o Centro Estadual de Formação de Professores de Glassboro. Dali eu podia ouvir minha mãe e meu pai fazendo café e as risadas dos meus irmãos sentados à mesa. Eu era a mais velha e o orgulho da família, trabalhando enquanto fazia faculdade. Meu pai vivia preocupado porque eu não era bonita o bastante para arrumar marido e achou que a carreira de professora me daria alguma segurança. Seria um grande golpe para ele se eu não me formasse.

Fiquei muito tempo ali sentada, olhando para minhas mãos sobre a barriga. Eu isentara o menino de qualquer responsabilidade. Ele era como uma mariposa debatendo-se dentro do casulo e eu não queria perturbar sua conturbada eclosão no mundo. Eu sabia que não havia nada que ele pudesse fazer. Sabia também que eu seria incapaz de sustentar uma criança. Eu havia pedido ajuda a um professor, que acabara encontrando um casal que queria muito ter uma criança.

Percorri com os olhos meus aposentos: uma lavadora e secadora, um grande cesto de vime transbordando de lençóis sujos, as camisas do meu pai dobradas na tábua de passar. Havia uma mesinha onde eu organizara meus lápis, meu bloco de desenhos e um exemplar de *Illuminations*. Fiquei sentada ali me preparando para encarar meus pais, respirando e rezando ao mesmo tempo. Por um breve momento senti como se fosse morrer; e soube no mesmo instante que daria tudo certo.

Não é exagero dizer que subitamente senti uma grande tranquilidade. A sensação avassaladora de uma missão eclipsou meus temores. Atribuí essa sensação ao bebê, imaginando que ele enfatizava minha situação. Senti-me em plena posse de mim mesma. Cumpriria meu dever e ficaria forte e saudável. Nunca olharia para trás. Não voltaria à fábrica ou à faculdade. Eu seria artista. Provaria meu valor, e com minha nova decisão levantei-me e me aproximei da cozinha.

Fui dispensada da faculdade, mas já não me importava. Eu sabia que não estava destinada a ser professora escolar, embora achasse uma ocupação admirável. Continuei morando na minha lavanderia.

Minha colega de faculdade, Janet Hamill, levantou meu moral. Ela havia perdido a mãe e veio morar com a minha família. Dividi meu pequeno aposento com ela. Ambas alimentávamos sonhos grandiosos, mas também o amor em comum pelo rock and roll, passando longas tardes conversando sobre Beatles versus Rolling Stones. Havíamos ficado horas na fila em frente à loja de discos Sam Goody's para comprar *Blonde on blonde*, vasculhamos toda Filadélfia atrás de um cachecol como o que Bob Dylan usava na capa. Acendemos velas quando ele sofreu o acidente de moto. Deitávamos na grama alta ouvindo "Light my fire" flutuar do rádio do carro velho de Janet parado na beira da estrada com as portas abertas. Cortamos nossas saias compridas até a altura das minissaias de Vanessa Redgrave em *Blow-up: depois daquele beijo*, e procurávamos casacos iguais aos de Oscar Wilde e Baudelaire em bazares.

Janet continuou sendo minha melhor amiga durante toda a gestação, mas conforme minha gravidez avançava tive que procurar refúgio em outro lugar. Vizinhos críticos dificultaram as coisas para minha família, tratando-a como se estivesse abrigando uma criminosa. Encontrei uma família interessada em adoção, também chamada Smith, mais ao sul no litoral. Um pintor e a esposa, uma ceramista, generosamente me acolheram. Eles já tinham um garotinho e o ambiente era regrado mas amoroso, com comida macrobiótica, música clássica e arte. Sentia-me sozinha, mas Janet me visitava sempre que podia. Eu tinha apenas alguns trocados. Todo domingo fazia uma longa caminhada até um café em uma praia deserta e pedia um café e uma rosca com geleia, duas coisas proibidas naquela casa pautada por uma alimentação saudável. Eu me deliciava com esses pequenos prazeres, enfiava uma moeda na jukebox e ficava ouvindo "Strawberry fields" três vezes seguidas. Era meu ritual particular, e as palavras e a voz de John Lennon me davam força quando eu fraquejava.

Depois do feriado da Páscoa, meus pais vieram me buscar. Meu parto coincidiu com a lua cheia. Eles me levaram de carro até o hospital em Camden. Devido ao meu estado civil de solteira, as enfermeiras foram cruéis e ríspidas comigo e me deixaram na maca por várias horas antes de avisar o médico que eu estava entrando em trabalho de parto. Ridicularizaram-me por minha aparência beatnik e meu comportamento imoral, chamando-me de "filha do Drácula" e ameaçando cortar meu cabelo preto comprido. Quando o médico chegou, estava muito irritado. Consegui ouvi-lo berrando com as enfermeiras que eu teria um parto pélvico e não devia ter sido deixada sozinha. Por uma janela aberta, enquanto eu dava à luz, pude ouvir a noite inteira um coro de meninos entoando canções a capela. Harmonias em quatro vozes nas esquinas de Camden, Nova Jersey. Quando a anestesia fez efeito, a última coisa de que me lembro foi do rosto preocupado do médico e dos sussurros das assistentes.

Meu bebê nasceu no aniversário do bombardeio de Guernica. Lembro-me de ter pensado na pintura, uma mãe chorando segurando uma criança morta. Embora meus braços estivessem vazios e eu estivesse chorando, meu filho viveria, saudável, e seria bem tratado. Confiei nisso e acreditei do fundo do coração.

No Dia do Soldado Morto, peguei um ônibus para Filadélfia para visitar a estátua de Joana d'Arc perto do Museu de Arte. Ela não estava ali quando fui pela primeira vez, ainda menina, com meus pais. Como ela estava bonita montada no cavalo, erguendo seu estandarte em direção ao sol, uma adolescente que conduzira seu rei prisioneiro até o trono em Rouen, para ser traída e queimada viva em um poste naquele mesmo dia. Jovem Joana que eu só conheci pelos livros e a criança que eu jamais conheceria. Jurei a ambas que seria alguém na vida, então voltei para casa, parando em Camden, em um bazar de caridade, para comprar uma capa de chuva cinza.

Naquele mesmo dia, no Brooklyn, Robert tomou um ácido. Limpou sua área de trabalho, dispondo seu bloco de desenho e seus lápis e canetas em uma mesa baixa com uma almofada para sentar. Pôs uma folha de papel revestido sobre a mesa. Ele sabia que talvez não conseguisse mais desenhar quando o ácido batesse, mas queria suas ferramentas à mão caso precisasse delas. Já havia tentado trabalhar sob efeito de ácido antes, mas a substância o levava para espaços negativos, regiões que seu autocontrole normalmente evitaria. Muitas vezes a beleza que ele contemplava era frustrante, e os resultados agressivos e desagradáveis. Ele não refletia sobre o que isso significava. Era simplesmente assim.

A princípio o LSD parecia benigno e ele ficava desapontado, como se houvesse ingerido mais que de costume. Havia passado a fase da ansiedade e da agitação nervosa. Adorava essa sensação. Podia sentir a excitação e o medo florescendo em seu estômago. Costumava experimentar a mesma coisa quando era coroinha e ficava atrás das cortinas de veludo com sua pequena bata, segurando a cruz da procissão, aprontando-se para o cortejo.

Ocorreu-lhe que não aconteceria nada.

Ajeitou a moldura dourada sobre o aparador da lareira. Percebeu o sangue correndo em suas veias, atravessando seus punhos e os debruns brilhantes da bainha. Percebeu o ambiente cheio de aviões, sirenes e cães, as paredes pulsantes. Deu-se conta de que estava cerrando os dentes. Percebeu a própria respiração como a respiração de um deus desmoronando. Foi acometido por uma terrível lucidez; uma força quadro a quadro prostrando-o de joelhos. Uma corrente de recordações esticada feito caramelo — rostos acusadores de seus colegas cadetes, água benta inundando a latrina, colegas de classe passando como cães indiferentes, a desaprovação do pai, a expulsão do Centro de Preparação de Oficiais da Reserva e as lágrimas da mãe, o apocalipse de seu mundo sangrando sua própria solidão.

Tentou se levantar. Suas pernas estavam completamente dormentes. Conseguiu ficar de pé e esfregou as pernas. As veias de suas mãos estavam estranhamente saltadas. Tirou a camisa e encharcou-a de luz e suor, livrando-se da prisão da pele.

Olhou para o pedaço de papel na mesa. Conseguia ver ali seu trabalho, embora ainda não estivesse desenhado. Agachou-se outra vez e trabalhou com segurança até os últimos raios de luz da tarde. Completou dois desenhos, aranhosos e amorfos. Anotou as palavras que havia visto e sentiu a gravidade do que havia escrito: Destruição do universo, 30 de maio de 1967.

Está bom, pensou, algo pesaroso. Pois ninguém veria o que ele havia visto, ninguém entenderia. Estava acostumado a essa sensação. Sentira-se assim a vida inteira, mas no passado ele tentara compensá-la, como se fosse culpa sua. Compensara com uma natureza delicada, procurando a aprovação do pai, dos professores, de seus pares.

Ele não tinha certeza se era uma pessoa boa ou não. Se era altruísta. Se era demoníaco. Mas de uma coisa tinha certeza. Era um artista. E jamais pediria desculpas por isso. Encostou-se na parede e fumou um cigarro. Sentiu-se envolvido pela claridade, um pouco trêmulo, mas sabia que era apenas algo físico. Havia outra sensação brotando para a qual ele não tinha um nome. Sentiu-se no controle da situação. Não seria mais um escravo.

Quando a noite caiu, percebeu que estava com sede. Sentiu vontade de tomar leite com chocolate. Havia um lugar aberto. Viu se tinha trocados, virou a esquina e foi na direção da Myrtle Avenue, sorrindo no escuro.

Na primavera de 1967 fiz um balanço da minha vida. Eu havia trazido uma criança saudável ao mundo e a deixara sob a proteção de uma família amorosa e culta. Havia abandonado a faculdade que formava professoras, pois não tinha disciplina, foco nem dinheiro necessários para continuar. Arranjara um emprego de salário mínimo em uma gráfica de livros didáticos em Filadélfia.

Minha preocupação imediata era aonde ir em seguida, e o que fazer quando chegasse lá. Agarrava-me à esperança de que era uma artista, embora soubesse que nunca conseguiria pagar uma escola de artes e que precisava ganhar a vida. Não havia nada que me prendesse em casa, nenhuma perspectiva e nenhum senso de comunidade. Meus pais nos haviam criado em uma atmosfera de diálogo religioso, de compaixão, de direitos civis, mas o sentimento geral do sul rural de Nova Jersey dificilmente seria propício para uma artista. Meus poucos camaradas haviam se mudado para Nova York para escrever poesia e estudar artes e eu me sentia muito sozinha.

Encontrara alívio em Arthur Rimbaud, com quem havia deparado em uma banca de livros do outro lado da rodoviária de Filadélfia quando tinha dezesseis anos. Seu olhar arrogante me encarou da capa de *Illuminations*. Ele possuía uma inteligência irreverente que me acendera, e tomei-o por um compatriota, um parente, e até um amor secreto. Sem ter os 99 centavos para comprar o livro, surrupiei-o.

Rimbaud tinha as chaves para uma linguagem mística que devorei mesmo sem ainda ser capaz de decifrar. Meu amor não correspondido por ele era tão real para mim quanto qualquer coisa que eu já houvesse experimentado. Na gráfica onde eu trabalhara com um grupo de mulheres duras e analfabetas, fui perseguida por causa dele. Desconfiando que eu fosse comunista por ler um livro em língua estrangeira, elas me ameaçaram no banheiro, incitando-me a denunciá-lo. Era nessa atmosfera que eu me consumia. Era por ele que eu escrevia e sonhava. Ele se tornou meu arcanjo, livrando-me dos horrores mundanos da vida fabril. Suas mãos haviam esculpido um manual do céu e nelas rapidamente me agarrei. Conhecê-lo trouxera insolência aos meus passos e isso não podia ser tirado de mim. Joguei meu exemplar de *Illuminations* em uma mala xadrez. Nós fugiríamos juntos.

Eu tinha um plano. Procuraria meus amigos que estudavam no Pratt Institute no Brooklyn. Imaginei que se eu me inserisse no mesmo ambiente, poderia aprender com eles. Quando fui demitida, no final de junho, da fábrica de livros didáticos, considerei aquilo um sinal para dar o fora. Era difícil arranjar emprego no sul de Nova Jersey. Eu estava na lista de espera de uma fábrica de prensagem da Columbia Records em Pitman e da fábrica de sopas Campbell em Camden, mas só de pensar naqueles dois empregos eu sentia náuseas. Tinha dinheiro suficiente para uma passagem de ida. Planejava percorrer todas as livrarias da cidade. Aquilo sim parecia um emprego ideal para mim. Minha mãe, que era garçonete, me dera um par de tamancos brancos e um uniforme novo num embrulho simples.

"Você não daria uma boa garçonete", disse, "mas aposto em você mesmo assim." Era o jeito dela de me mostrar seu apoio.

Era uma manhã de segunda-feira, 3 de julho. Eu havia contornado as despedidas lacrimosas e caminhara até Woodbury, pegara o ônibus da Broadway para Filadélfia, passando por minha amada Camden e acenando respeitosamente com a cabeça para a triste fachada do outrora próspero Walt Whitman Hotel. Senti uma pontada ao abandonar aquela cidade batalhadora, mas não havia trabalho ali para mim. Estavam fechando o grande estaleiro e logo estariam todos procurando emprego.

Saltei na Market Street e parei no Nedick's. Coloquei uma moeda na jukebox, escolhi duas músicas de Nina Simone e pedi um último café com rosca de despedida. Atravessei até a Filbert Street para chegar ao terminal de ônibus do outro lado da banca de livros que eu rondara nos últimos anos. Parei diante do local onde eu havia surrupiado meu Rimbaud. Em seu lugar havia um exemplar velho de *Love on the left bank* com aquelas fotos em preto e branco granuladas da vida noturna de Paris no final dos anos 50. As fotografias da bela Vali Myers, com seus cabelos desgrenhados e seus olhos com delineador, dançando nas ruas do Quartier Latin, me impressionaram profundamente. Não embolsei o livro, mas guardei essa imagem na cabeça.

Foi um grande golpe descobrir que o preço da passagem para Nova York havia dobrado desde a última vez que eu viajara. Eu não conseguiria comprar meu bilhete. Fui até uma cabine telefônica para pensar. Foi um momento realmente Clark Kent. Pensei em ligar para minha irmã, embora estivesse com vergonha de voltar para casa. Mas ali mesmo, na prateleira embaixo do telefone, entre as grossas páginas amarelas, havia uma carteira branca de couro. Continha um medalhão e trinta e dois dólares, quase uma semana de pagamento no meu último emprego.

Contrariando meu melhor juízo, peguei o dinheiro mas deixei a carteira no guichê das passagens na esperança de que a dona pelo menos viesse procurar o medalhão. Não havia nada ali que revelasse a identidade dela. Só posso agradecer, como tenho feito comigo mesma muitas vezes ao longo dos anos, essa benfeitora desconhecida, foi o sinal de boa sorte de uma ladra. Aceitei a doação da pequena carteira branca como a mão do destino me empurrando para a frente.

Aos vinte anos de idade, embarquei naquele ônibus. Estava com meu macacão de algodão, minha blusa de gola olímpica preta e a velha capa de chuva cinza que comprara em Camden. Minha pequena mala, de xadrez amarelo e vermelho, tinha alguns desenhos a lápis, um caderno, as *Illuminations*, algumas mudas de roupas e fotos dos meus irmãos. Eu era supersticiosa. Era uma segunda-feira; eu havia nascido em uma segunda. Era um bom dia para chegar a Nova York. Ninguém estava me esperando. Tudo esperava por mim.

Imediatamente peguei o metrô de Port Authority para Jay Street e Borough Hall, depois para Hoyt-Schermerhorn e DeKalb Avenue. Fazia uma tarde de sol. Eu estava contando com que meus amigos pudessem me acolher até encontrar um lugar para mim. Fui até o prédio de arenito do endereço que eu tinha, mas eles haviam se mudado dali. O novo inquilino era gentil. Foi até o quarto dos fundos do apartamento e sugeriu que talvez seu colega soubesse o novo endereço.

Entrei no quarto. Em uma cama simples de ferro, havia um menino dormindo. Ele era pálido e magro com massas de cachos castanhos, deitado sem camisa com um colar de miçangas no pescoço. Fiquei ali parada. Ele abriu os olhos e sorriu.

Quando contei o meu apuro, ele ficou de pé com um único movimento, calçou suas sandálias e uma camiseta branca e me pediu para acompanhá-lo.

Fiquei observando-o enquanto ele ia na frente, mostrando o caminho com um passo leve, ligeiramente cambaio. Reparei em suas mãos conforme ele tamborilava com os dedos na coxa. Nunca tinha visto alguém assim. Levou-me até outro prédio de arenito na Clinton Avenue, despediu-se de mim com uma breve saudação, sorriu e foi embora.

O dia passou. Fiquei esperando meus amigos. Como quis a sorte, eles não voltaram. Naquela noite, não tendo aonde ir, adormeci na varanda de tijolos. Quando acordei, era Dia da Independência, meu primeiro Quatro de Julho fora de casa, com o conhecido desfile, o piquenique dos veteranos e a queima de fogos. Senti uma agitação inquieta no ar. Grupos de crianças jogaram fogos que explodiram aos meus pés. Eu passaria aquele dia praticamente da mesma forma que passaria as semanas seguintes, em busca de almas gêmeas, abrigo e, o mais urgente de tudo, um emprego. O verão não parecia ser a melhor época para encontrar estudantes simpáticos. Ninguém parecia disposto a me estender a mão. Estava todo mundo na batalha, e eu, uma rata do campo, não passava de uma presença embaraçosa. Por fim, voltei ao centro e dormi no Central Park, não muito longe da estátua do Chapeleiro Maluco.

Ao longo da Fifth Avenue, preenchi formulários de emprego em lojas e livrarias. Eu geralmente parava diante de grandes hotéis, uma observadora alienígena daquele estilo de vida proustiano da classe privilegiada, saindo de seus elegantes carros pretos com sofisticadas malas com detalhes em marrom e dourado. Era um outro lado da vida. Carruagens puxadas por cavalos ficavam paradas entre o Paris Theatre e o Plaza Hotel. Nos jornais descartados eu procurava o entretenimento da noite. Em frente ao Metropolitan Opera, eu observava as pessoas entrando, sentindo sua ansiedade.

A cidade era uma cidade de fato, cambiante e sexual. Fui alegremente atropelada por bandos de jovens marinheiros bêbados à procura de diversão na Forty-Second Street, com seus cinemas pornôs, mulheres ousadas, reluzentes lojas de suvenires e vendedores de cachorro-quente. Vaguei por entre salões de jogos e espiei pelas vitrines do imenso e magnífico Grant's Raw Bar, cheio de homens de paletós pretos deglutindo pilhas de ostras frescas.

Os arranha-céus eram bonitos. Não pareciam meras carapaças corporativas. Eram monumentos ao espírito arrogante mas filantrópico dos Estados Unidos. O caráter de cada conjunto era estimulante e dava para sentir o fluxo de sua história. O velho mundo e o mundo emergente, servidos nos blocos e na argamassa de artesãos e arquitetos.

Eu caminhava por horas de parque em parque. Na Washington Square, ainda se podiam sentir os personagens de Henry James e a presença do próprio autor. Entrando no perímetro do arco, éramos saudados pelos sons de bongôs e violões, dos cantores de protesto, das discussões políticas, dos ativistas panfletando, de velhos enxadristas sendo desafiados por jovens. Essa atmosfera aberta era algo que eu nunca experimentara, uma liberdade simples que não parecia ser opressiva para ninguém.

Estava exausta e faminta, vagando com alguns pertences amarrados em um pano, como uma andarilha, um saco sem um bastão — minha mala ficava escondida no Brooklyn. Era domingo e resolvi tirar o dia de folga e não procurar emprego. Até o fim da noite eu já havia ido e voltado até o fim da linha em Coney Island, tentando cochilar um pouco sempre que podia. Saltei do trem F na estação da Washington Square e fui andando pela Sixth Avenue. Parei para ver os meninos jogando basquete perto da Houston Street. Foi ali que conheci Saint, meu guia, um cherokee negro com um pé na sarjeta e outro na Via Láctea. Ele apareceu de repente, como os vagabundos às vezes se encontram.

Rapidamente eu o analisei de cima a baixo e percebi que não havia problema. Parecia natural falar com ele, embora normalmente eu não falasse com desconhecidos.

"Ei, irmãzinha. Qual é a sua situação?"

"Na Terra ou no universo?"

Ele deu risada e disse: "Certo!".

Reparei melhor enquanto ele olhava para o céu. Tinha algo de Jimi Hendrix, alto, magro, a voz suave, apesar de um pouco rouca. Não inspirava nenhuma ameaça, não fazia nenhuma insinuação sexual, não se referia ao plano físico, exceto o mais básico.

"Fome?"

"Sim."

"Vem."

A rua dos cafés ainda estava acordando. Ele parou em alguns lugares da MacDougal Street. Cumprimentou os colegas que ajeitavam as coisas para começar o dia. "Ei, Saint", diziam, e ele disparava sua ladainha enquanto eu ficava a alguns passos de distância. "Tem alguma coisa para mim?", ele perguntava.

Os cozinheiros o conheciam bem e lhe faziam doações em sacos de papel pardo. Ele devolvia os favores com anedotas sobre viagens de sua terra a Vênus.

Caminhamos até o parque, sentamos num banco e dividimos a féria: um filão de pão amanhecido e um pé de alface. Ele partiu o pão ao meio e me pediu para tirar as folhas externas do alface. A parte interna ainda estava fresca.

"Essas folhas de alface têm água", ele disse. "O pão vai matar a fome."

Pusemos as melhores folhas no pão e comemos felizes.

"Um verdadeiro café da manhã de cadeia", falei.

"É, mas nós estamos livres."

E isso resumia tudo. Ele dormiu um pouco na grama e eu apenas fiquei quieta, sem medo. Quando acordou, procuramos um trecho de terra sem grama até que ele o encontrou. Pegou um graveto e desenhou um mapa do céu. Deu-me algumas lições sobre o lugar do homem no universo, depois sobre o universo interior.

"Você está conseguindo acompanhar?"

"Isso não é nada demais", falei.

Ele riu por um bom tempo.

Nossa rotina calada preencheu meus dias seguintes. À noite nos separávamos. Eu ficava observando enquanto ele ia embora. Estava quase sempre descalço, com as sandálias penduradas no ombro. Eu ficava pasma de ver alguém, mesmo no verão, com a coragem e a dignidade de vagar descalço pela cidade.

Cada um escolhia seu próprio local de pouso. Nunca comentávamos sobre onde dormíamos. De manhã eu o encontrava no parque e fazíamos nossas rondas, "atrás de nutrientes", como ele dizia. Comíamos pão árabe e talos de aipo. No terceiro dia encontrei duas moedas de vinte e cinco centavos na grama do parque. Pedimos café e torradas com geleia, e dividimos um ovo no Waverly Dinner. Cinquenta centavos era dinheiro em 1967.

Naquela tarde, ele fez uma longa recapitulação sobre o homem e o universo. Parecia contente de me ter como aluna, embora estivesse mais distraído do que de costume. Vênus, ele me dizia, era mais do que uma estrela. "Estou esperando para ir embora", ele disse.

Estava fazendo um dia bonito e nos sentamos na grama. Acho que cochilei. Ele já não estava quando acordei. Havia um pedaço de giz vermelho que ele usava para desenhar na calçada. Pus o giz no bolso e segui meu caminho. No dia seguinte esperei um pouco por ele. Mas não voltou. Ele me dera o que eu precisava para continuar.

Não fiquei triste, porque sorria sempre que pensava nele. Imaginei-o saltando de um vagão em uma estrada celeste até o planeta que ele tanto adorava, apropriadamente batizado com o nome da deusa do amor. Fiquei me perguntando por que ele dedicara tanto tempo a mim. Acho que era porque ambos usávamos casacos compridos em julho, éramos da fraternidade de La Bohème.

Fiquei mais desesperada para arranjar um emprego e comecei uma segunda etapa de minha busca, em butiques e lojas de departamento. Logo compreendi que não estava vestida de acordo com esse tipo de trabalho. Nem mesmo na Capezio, uma loja de roupas de dança, me aceitaram, embora eu estivesse com um visual de bailarina beatnik. Percorri toda a Sixtieth e a Lexington e como último recurso deixei um formulário de interesse na Alexander's, sabendo que na verdade nunca trabalharia ali. Então comecei a caminhar até o centro, absorta em minha própria situação.

Era uma sexta-feira, 21 de julho, e inesperadamente deparei com a tristeza de uma era. John Coltrane, o homem que nos deu *A love supreme*, havia morrido. Uma multidão de pessoas se formara em frente à igreja de St. Peter para lhe dizer adeus. Horas se passaram. As pessoas soluçavam enquanto Albert Ayler soprava seu saxofone despertando o clima emocionado. Era como se um santo tivesse morrido, alguém que havia oferecido uma música que curava, mas a quem não fora permitido curar a si mesmo. Assim como muitos desconhecidos, experimentei uma profunda sensação de perda por um homem que eu só conhecera pela música.

Mais tarde desci a Second Avenue, território de Frank O'Hara. A luz cor-de-rosa inundava uma série de edifícios cobertos de tapumes. Luz de Nova York, a luz dos expressionistas abstratos. Pensei que Frank teria adorado aquela luz do dia que findava. Se estivesse vivo, ele poderia ter escrito uma elegia para John Coltrane como fizera para Billie Holiday.

Passei a noite observando a movimentação da St. Mark's Place. Garotos cabeludos passeando de calças boca de sino com listras e jaquetas militares usadas, ao lado de garotas envoltas em roupas tingidas. Panfletos cobriam as ruas anunciando a vinda de Paul Butterfield e Country Joe and the Fish. "White Rabbit" estrondeava das portas abertas do Electric Circus. O ar era pesado de solventes voláteis, bolor e o cheiro forte e terroso de haxixe. Com a gordura das velas, grandes lágrimas de cera gotejavam na calçada.

Não posso dizer que me encaixava ali, mas me senti segura. Ninguém reparava em mim. Eu podia me mover livremente. Havia uma comunidade flutuante de gente jovem, dormindo em parques, em barracas improvisadas, novos imigrantes invadindo o East Village. Eu não era como essas pessoas, mas, graças à atmosfera flutuante e livre, podia perambular por ali. Eu tinha fé. Não sentia nenhum perigo na cidade, nem nunca me deparei com nenhum. Não tinha nada a oferecer a um ladrão e não temia que houvesse homens me espreitando. Ninguém estava interessado em mim, e isso funcionou a meu favor nas primeiras semanas de julho em que fiquei vadiando, livre para explorar durante o dia, dormindo onde conseguia à noite. Eu procurava soleiras, trens de metrô, até um cemitério serviu. Assustada ao acordar sob o céu da cidade ou sacudida pela mão de um estranho. Hora de circular. Circulando.

Quando a coisa apertava, eu voltava para o Pratt, e eventualmente encontrava algum conhecido que me deixava tomar um banho e dormir uma noite. Ou então eu dormia no corredor em frente a alguma porta familiar. Não era muito divertido, mas eu tinha meu mantra: "Estou livre, estou livre". Depois de vários dias assim, meu outro mantra, "estou faminta, estou faminta", parece que tomou a dianteira. Mas eu não estava preocupada. Só precisava de uma chance e não iria desistir. Arrastei minha mala xadrez de porta em porta, tentando não ser inoportuna.

Foi o verão em que Coltrane morreu. O verão de "The crystal ship". Crianças com flores erguiam as mãos vazias e a China lançava sua bomba H. Jimi Hendrix punha fogo na guitarra em Monterey. A rádio AM tocava "Ode to Billie Joe". Havia rebeliões em Newark, Milwaukee e Detroit. Foi o verão de *Elvira Madigan*, o verão do amor. E nessa atmosfera mutante, inóspita, um encontro casual alterou o rumo da minha vida.

Foi o verão em que conheci Robert Mapplethorpe.

SÓ GAROTOS

Estava quente na cidade, mas eu ainda usava minha capa de chuva. Dava-me segurança quando ia para as ruas atrás de trabalho, meu único currículo, uma passagem por uma fábrica, vestígios de uma formação incompleta e um uniforme de garçonete imaculadamente engomado. Arranjei uma vaga em uma pequena cantina italiana chamada Joe's na Times Square. Três horas depois, no meu primeiro turno, derrubei uma travessa de vitela à parmegiana no paletó de tweed de um freguês e fui dispensada das minhas obrigações. Sabendo que nunca daria certo como garçonete, deixei meu uniforme — um pouco manchado — com os tamancos combinando em um banheiro público. Minha mãe me dera aquilo, um uniforme branco e tamancos brancos, investindo suas esperanças no meu bem-estar. Agora pareciam lírios murchos, largados em uma pia branca.

Quanto à nuvem densa de psicodelia da St. Mark's Place, eu não estava preparada para a revolução em andamento. Havia um clima de paranoia, vago e inquietante, uma correnteza profunda de rumores, fragmentos captados de conversas que antecipavam a futura revolução. Eu simplesmente ficava ali sentada tentando imaginar tudo aquilo, o ar impregnado de fumaça de haxixe, o que talvez explique minhas lembranças oníricas. Fui atravessando, à unha, uma rede espessa de consciência cultural que nem sabia que existia.

Eu antes vivia no mundo dos meus livros, a maioria deles escrita no século XIX. Embora estivesse preparada para dormir em bancos, metrôs e cemitérios, até arranjar um emprego, não estava preparada para a fome constante que me consumia. Eu era uma coisinha magricela com um metabolismo acelerado e um grande apetite. O romantismo não conseguia saciar minha necessidade de comida. Até mesmo Baudelaire precisou comer. Suas cartas traziam muitos gritos desesperados de desejo de carne e cerveja.

Eu precisava de um emprego. Fiquei aliviada quando me contrataram como caixa numa filial fora do centro da livraria Brentano. Teria preferido cuidar só da seção de poesia, em vez de encher o caixa vendendo joalheria étnica e artesanato, mas gostava de ficar olhando aquelas bugigangas de países distantes: braceletes berberes, colares de conchas do Afeganistão, um Buda incrustado de joias. Meu objeto favorito era um singelo colar da Pérsia. Era feito de duas placas de metal esmaltado unidas por pesadas contas negras e prateadas, como um escapulário muito velho e exótico. Custava dezoito dólares, o que parecia ser muito dinheiro. Quando as coisas estavam calmas na loja, eu o tirava da caixa e copiava a caligrafia gravada em sua superfície roxa, e sonhava histórias sobre sua origem.

Pouco depois de começar a trabalhar ali, o menino que eu encontrara rapidamente no Brooklyn entrou na loja. Parecia muito diferente com aquela camisa branca e gravata, como um estudante católico. Explicou que trabalhava na Brentano do centro e tinha um crédito sobrando que estava pensando em usar. Passou muito tempo olhando tudo, as miçangas, as miniaturas, os anéis de turquesa.

Enfim falou: "Eu quero este aqui". Era o colar persa.

"Oh, também é o meu favorito", respondi. "Lembra um escapulário."

"Você é católica?", ele me perguntou.

"Não, é que eu gosto de coisas católicas."

"Eu fui coroinha." Sorriu para mim. "Eu adorava balançar o turíbulo."

Fiquei feliz por ele ter escolhido minha peça favorita, apesar de triste por vê-la indo embora. Quando a embrulhei e entreguei a ele, eu disse impulsivamente: "Não vá dar isso a nenhuma outra garota além de mim".

Fiquei instantaneamente constrangida, mas ele apenas sorriu e disse: "Pode deixar".

Depois que ele saiu, olhei para o lugar vazio onde o colar ficava, sobre um pedaço de veludo preto. Na manhã seguinte uma peça mais sofisticada tomou seu lugar, mas lhe faltava o mistério simples do colar persa.

No fim da minha primeira semana eu estava muito faminta e ainda não tinha aonde ir. Comecei a dormir na loja. Eu me escondia no banheiro quando todo mundo ia embora, e depois que o vigia da noite trancava tudo eu dormia em cima da minha capa. De manhã parecia que eu tinha chegado cedo ao trabalho. Eu não tinha um centavo e vasculhava os bolsos dos empregados em busca de trocados para comprar biscoitos na máquina. Desmoralizada pela fome, fiquei chocada ao descobrir que não havia nenhum envelope para mim no dia do pagamento. Eu não havia entendido que a primeira semana era de experiência, e voltei para o vestiário aos prantos.

Quando voltei ao caixa, reparei que havia um sujeito rondando, observando. Ele usava barba e estava com uma camisa de risca de giz e um daqueles paletós com camurça nos cotovelos. O gerente nos apresentou. Era um escritor de ficção científica e queria me levar para jantar fora. Apesar de eu já estar com vinte anos, as palavras de minha mãe me alertando para não sair com desconhecidos ecoaram na minha cabeça. Mas a perspectiva de jantar me amoleceu, embora ele parecesse mais um ator interpretando um escritor.

Fomos andando até um restaurante no térreo do Empire State Building. Nunca tinha comido num lugar bom em Nova York. Tentei pedir alguma coisa não muito cara e escolhi peixe-espada, 5,95 dólares, o mais barato do cardápio. Ainda lembro do garçom colocando o prato na minha frente com uma bolota de purê de batata e uma posta de peixe além do ponto. Embora eu estivesse faminta, mal consegui sentir o gosto. Estava incomodada e não fazia ideia de como lidar com a situação, ou de por que ele queria comer comigo. Achei que ele estava gastando demais e comecei a me preocupar com o que ele esperaria receber em troca.

Depois de comer fomos andando até o centro. Caminhamos para o leste até o Tompkins Square Park e sentamos em um banco. Eu já estava pensando em frases para escapar dali quando ele sugeriu que subíssemos até seu apartamento para beber alguma coisa. Era isso, pensei, o momento decisivo sobre o qual minha mãe me alertara. Olhei para os lados, desesperada, incapaz de responder, quando vi um rapaz se aproximando. Foi como se um pequeno portal para o futuro se abrisse, e dele saiu o menino do Brooklyn que levara o colar persa, como uma resposta a uma oração adolescente. Reconheci na hora seu passo ligeiramente cambaio e seus cachos desgrenhados. Estava de macacão e com um colete de pele de ovelha. No pescoço usava colares de miçangas, um pastorzinho hippie. Corri até ele e agarrei seu braço.

"Oi, lembra de mim?"

"Claro", sorriu.

"Preciso da sua ajuda", expliquei. "Você pode fingir que é meu namorado?"

"Claro", ele disse, como se não estivesse surpreso com minha súbita aparição.

Arrastei-o até o autor de ficção científica. "Este aqui é o meu namorado", disse-lhe ofegante. "Ele estava me procurando. Está louco. Quer que eu vá para casa agora." O sujeito olhou para nós dois intrigadíssimo.

"Corre", gritei, e o menino pegou minha mão e saímos correndo, atravessando o parque até o outro lado.

Sem fôlego, desabamos na escada de uma casa. "Obrigada, você salvou a minha vida", falei. Ele assimilou a informação com uma expressão confusa.

"Eu não me apresentei, meu nome é Patti."

"Meu nome é Bob."

"Bob", eu disse, olhando de fato para ele pela primeira vez. "Acho que você não tem cara de Bob. Tudo bem se eu te chamar de Robert?"

O sol havia se posto sobre a Avenue B. Ele pegou minha mão e vagamos pelo East Village. Me pagou um *egg cream* no Gem Spa, na esquina da St. Mark's Place com a Second Avenue. Praticamente só eu falei. Ele simplesmente sorria e escutava. Contei-lhe minhas histórias de infância, as primeiras de muitas: Stephanie, o Canteiro, o salão de quadrilhas do outro lado da rua. Fiquei surpresa de como me senti à vontade e aberta ao lado dele. Mais tarde ele me contou que estava louco de ácido.

Eu só havia lido sobre LSD em um livrinho chamado *Collages*, de Anaïs Nin. Não sabia que a cultura das drogas estava florescendo no verão de 67. Tinha uma visão romântica das drogas e as considerava algo sagrado, exclusivo de poetas, músicos de jazz e rituais indígenas. Robert não parecia alterado ou estranho como eu talvez imaginasse. Ele irradiava um charme delicado e travesso, tímido e protetor. Passeamos até as duas da manhã e finalmente, quase ao mesmo tempo, descobrimos que nenhum de nós tinha um lugar para ir. Demos risada disso. Mas já era tarde e estávamos cansados.

"Acho que sei um lugar onde podemos ficar", ele disse. Seu último companheiro de quarto estava fora da cidade. "Sei onde ele esconde a chave; acho que não vai se importar."

Pegamos o metrô até o Brooklyn. O amigo dele morava num lugarzinho na Waverly, perto do campus do Pratt. Passamos por um beco, onde ele encontrou a chave escondida embaixo de um tijolo solto, e entramos no apartamento.

Ficamos sem graça ao entrar, não tanto porque estávamos apenas nós dois, mas porque estávamos na casa de outra pessoa. Robert logo me deixou à vontade e então, apesar do adiantado da hora, perguntou se eu gostaria de ver seus trabalhos que estavam guardados no quarto dos fundos.

Robert espalhou-os no chão para que eu pudesse ver tudo. Eram desenhos, gravuras, e pinturas enroladas, que me lembraram o trabalho de Richard Poussette-Dart e de Henri Michaux. Vários fluxos energéticos irradiando-se por entre palavras entretecidas e linhas de caligrafia. Campos de energia construídos de camadas de palavras. Pinturas e desenhos que pareciam emergir do subconsciente.

Havia uma série de discos entrelaçados às palavras EGO LOVE GOD, mesclando-se com seu próprio nome; pareciam recuar e se expandir sobre as superfícies planas. Enquanto eu olhava para eles, senti-me compelida a contar sobre as noites em que era menina e ficava observando padrões circulares se formando no teto.

Ele abriu um livro de arte tântrica.

"Tipo isso aqui?", perguntou.

"Sim."

Reconheci assombrada os círculos celestes da minha infância. Uma mandala.

Fiquei particularmente emocionada com um desenho que ele havia feito no Dia do Soldado. Nunca tinha visto nada parecido. O que também me impressionou foi a data: dia de Joana d'Arc. O mesmo dia em que eu havia jurado ser alguém na vida diante de sua estátua.

Contei isso, e ele respondeu que aquele desenho era um símbolo de seu próprio compromisso com a arte, feito no mesmo dia. Ele me deu o desenho sem hesitar e compreendi que naquele breve intervalo de tempo havíamos aberto mão de nossa solidão, substituindo-a pela confiança mútua.

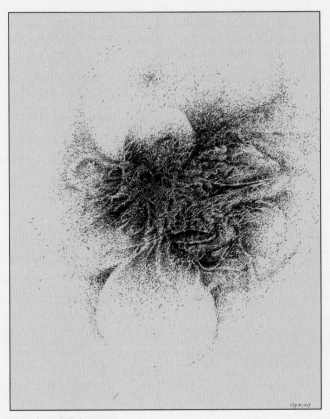

Dia do Soldado, 1967

Ficamos vendo livros sobre dadá e surrealismo e terminamos a noite imersos nos escravos de Michelangelo. Sem palavras, absorvemos os pensamentos um do outro e quando estava amanhecendo adormecemos abraçados. Ao acordarmos, ele me saudou com seu sorriso de lado, e eu soube que ali estava meu cavaleiro.

Como se fosse a coisa mais natural do mundo, ficamos juntos, só saindo do lado um do outro para trabalhar. Nada foi dito; apenas mutuamente compreendido.

Nas semanas seguintes contamos com a generosidade dos amigos de Robert para nos acolher, especialmente Patrick e Margaret Kennedy, em cujo apartamento da Waverly Avenue passamos nossa primeira noite. Nosso quarto era um sótão com um colchão, os desenhos de Robert pendurados nas paredes e suas pinturas enroladas em um canto e apenas minha mala xadrez. Tenho certeza de que não foi fácil para esse casal nos acolher, pois nossos recursos eram mínimos, e eu era desajeitada socialmente. À noite era uma sorte poder desfrutar da mesa dos Kennedy. Dividíamos nosso dinheiro, cada centavo era guardado para um lugar só para nós. Eu trabalhava o dia inteiro na Brentano e deixava de almoçar. Fiquei amiga de outra funcionária, chamada Frances Finley. Ela era deliciosamente excêntrica e discreta. Percebendo meu apuro, me deixava Tupperwares com sopa caseira na mesa do vestiário de funcionários. Esse pequeno gesto ajudou a me fortalecer e selou uma amizade para a vida toda.

Talvez fosse o alívio de finalmente ter um lugar seguro para dormir, mas o fato é que desabei, exausta e emocionalmente exaurida. Embora eu nunca tivesse questionado minha decisão de entregar uma criança para adoção, descobri que gerar uma vida e ir embora não era tão fácil. Virei por algum tempo uma pessoa mal-humorada e deprimida. Chorava tanto que Robert afetuosamente passou a me chamar de *Soakie*, ensopadinha.

A paciência de Robert com minha melancolia aparentemente inexplicável era infinita. Eu tinha uma família amorosa e podia voltar para casa. Eles teriam entendido, mas eu não queria voltar com o rabo entre as pernas. Eles tinham seus próprios problemas e agora eu estava com um companheiro em quem podia confiar. Eu havia contado tudo a Robert sobre minha experiência, e não havia mesmo como disfarçar. Minha cintura era tão estreita que a gravidez tinha literalmente aberto a pele da minha barriga. Nossa primeira intimidade revelou a cicatriz recente e vermelha que ziguezagueava em meu abdômen. Lentamente, com o apoio dele, fui conseguindo conquistar minha autoconsciência profunda.

Quando por fim havíamos economizado o suficiente, Robert procurou um lugar para morarmos. Encontrou um apartamento em um prédio de tijolinhos de três andares, em uma rua arborizada perto do elevado da Myrtle Avenue, de onde dava para ir a pé até o Pratt. Tínhamos o segundo andar inteiro, com janelas para os dois lados, mas as condições agressivamente precárias foram algo inteiramente novo para mim. As paredes estavam sujas de sangue e rabiscos psicóticos, o fogão lotado de seringas usadas, e a geladeira completamente embolorada. Robert fez um acordo com o senhorio, concordando em limpar e pintar sozinho desde que só pagássemos um mês de depósito, em vez dos dois meses de praxe. O aluguel era de oitenta dólares por mês. Pagamos 160 dólares e nos mudamos para o número 160 da Hall Street. Achamos propícia a simetria.

Nossa rua era curta, com antigos estábulos convertidos em garagens baixas cobertas de hera. Podíamos ir a pé até a lanchonete, à cabine telefônica e à loja de materiais artísticos Jake's, onde começa a St. James Place.

A escada até o nosso andar era escura e estreita, com um nicho arqueado escavado na parede, mas nossa porta dava para uma cozinha pequena e ensolarada. Da janela sobre a pia, podia-se ver uma imensa amoreira. O quarto era virado para a rua, com uma fachada de medalhões ornamentais no alto que exibiam gessos originais da virada do século.

Robert havia me garantido que transformaria ali em um bom lar e, mantendo sua palavra, trabalhou para torná-lo nosso. A primeira coisa que fez foi lavar e esfregar o fogão incrustado de sujeira com palha de aço. Encerou o assoalho, limpou as janelas e passou alvejante em todas as paredes.

Nossos poucos pertences foram empilhados no centro de nosso futuro quarto. Dormimos sobre nossos casacos. Nas noites de coleta de lixo rapinamos as ruas e magicamente encontramos tudo de que precisávamos. Um colchão jogado sob um poste de luz, uma pequena estante de livros, luminárias passíveis de conserto, tigelas de cerâmica, imagens de Jesus e Nossa Senhora em velhas molduras ornamentadas e um tapete surrado persa, para o meu canto do nosso mundo.

Esfreguei o colchão com bicarbonato de sódio. Robert trocou a fiação das luminárias, acrescentando cúpulas de camurça tatuadas com seus próprios desenhos. Ele era habilidoso com as mãos, ainda era o menino que fizera joias para a mãe. Trabalhou alguns dias trocando as contas de uma cortina de miçangas e pendurou-a na entrada do nosso quarto. No início fiquei um tanto cética quanto à cortina. Nunca tinha visto aquilo, mas ela acabou harmonizando com meus próprios elementos ciganos.

Voltei para o sul de Nova Jersey e resgatei meus livros e roupas. Enquanto estive fora, Robert pendurou seus desenhos e revestiu as paredes com tecidos indianos. Cobriu o aparador sobre a lareira com artefatos religiosos, velas e suvenires do Dia de Finados, arranjando-os como objetos sagrados sobre um altar. Por fim ele preparou uma área para servir de estúdio para mim, com uma pequena mesa de trabalho e o tapete mágico desfiado.

Misturamos nossos pertences. Meus poucos discos foram colocados no engradado de laranjas com os dele. Meu casaco de inverno, pendurei ao lado do colete de ovelha dele.

Meu irmão nos deu uma agulha nova para o toca-discos e minha mãe fez sanduíches de almôndegas embrulhados em papel-alumínio. Comemos e nos divertimos ouvindo Tim Hardin, suas músicas viraram nossas músicas, a expressão de nosso amor jovem. Minha mãe também mandou um pacote de lençóis e travesseiros. Eram macios e familiares, possuindo o lustre de anos de uso. Lembraram-me dela parada no quintal conferindo satisfeita a roupa no varal, drapejando ao sol.

Meus objetos valiosos se misturaram à roupa suja. Minha área de trabalho era um emaranhado de páginas manuscritas, clássicos bolorentos, brinquedos quebrados e talismãs. Eu pregava fotos de Rimbaud, Bob Dylan, Lotte Lenya, Piaf, Genet e John Lennon sobre uma escrivaninha improvisada onde espalhei minhas penas, meu tinteiro e meus cadernos — meu canto monástico caótico.

Quando vim para Nova York trouxe alguns lápis de cor e uma prancheta de madeira para desenhar. Desenhei uma menina em uma mesa diante de cartas de baralho, uma menina tirando a sorte. Era o único desenho que tinha para mostrar a Robert, e ele gostou muito. Quis que eu experimentasse trabalhar com papéis e lápis bons e dividiu seu material comigo. Trabalhávamos horas lado a lado, em estado de concentração mútua.

Não tínhamos muito dinheiro, mas éramos felizes. Robert trabalhava meio período e cuidava do apartamento. Eu lavava a roupa e fazia nossas refeições, que eram bastante modestas. Havia uma padaria italiana que eu frequentava, virando na Waverly. Escolhíamos um belo filão de pão amanhecido ou cento e poucos gramas de biscoitos velhos que vendiam pela metade do preço. Robert adorava doces, então quase sempre levávamos mesmo os biscoitos. Às vezes a mulher do caixa nos dava um pouco mais e enchia o saco de papel pardo até a boca com cata-ventos doces amarelos e marrons, balançando a cabeça e resmungando uma censura amistosa. Provavelmente ela sabia que seria nosso jantar. Acrescentávamos ainda café para viagem e uma caixa de leite. Robert adorava achocolatado, mas era mais caro, e tínhamos que decidir se gastaríamos aqueles centavos a mais.

Tínhamos nosso trabalho e um ao outro. Não tínhamos dinheiro para ir a concertos e cinema ou para comprar discos novos, mas ouvíamos os que tínhamos sempre e sem parar. Ouvíamos minha *Madame Butterfly* cantada por Eleanor Steber. *A love supreme. Between the Buttons.* Joan Baez e *Blonde on blonde.* Robert me apresentou aos seus favoritos — Vanilla Fudge, Tim Buckley, Tim Hardin — e o seu *History of Motown* era o fundo de nossas noites de alegria compartilhada.

Em um dia de veranico vestimos nossas roupas favoritas, eu com minha sandália beatnik e uma velha echarpe, e Robert com suas amadas miçangas e o colete de ovelha. Pegamos o metrô até a West Fourth Street e passamos a tarde na Washington Square. Tomamos café de uma garrafa térmica, vendo grupos de turistas, gente chapada e cantores de folk. Revolucionários agitados distribuíam panfletos contra a guerra. Enxadristas atraíam uma multidão à parte. Todos coexistiam naquele zum-zum de diatribes verbais, bongôs e cachorros latindo.

Estávamos andando em direção à fonte, o epicentro da ação, quando um casal mais velho parou e ficou abertamente nos observando. Robert gostava de ser notado, e apertou minha mão com carinho.

"Oh, tire uma foto deles", disse a mulher para o marido distraído, "acho que são artistas."

"Ora, vamos logo", ele deu de ombros. "São só garotos."

As folhas estavam ficando cor de vinho e douradas. Havia abóboras esculpidas nas escadas dos prédios de arenito da Clinton Avenue.

Primeiro retrato, Brooklyn

Saíamos para caminhar à noite. Às vezes conseguíamos enxergar Vênus acima de nós. Era a estrela dos pastores e a estrela do amor. Robert a chamava de nossa estrela azul. Ele costumava fazer o *t* de Robert com uma estrela, assinando em azul para eu me lembrar.

Eu estava começando a conhecê-lo. Ele tinha uma segurança absoluta em seu trabalho e em mim, mas estava sempre preocupado com nosso futuro, como sobreviveríamos, com dinheiro. Eu achava que éramos jovens demais para esse tipo de preocupação. Eu estava feliz por ser livre. A incerteza do lado prático da vida o assombrava, embora eu fizesse o máximo para amenizar seus receios.

Ele estava à procura, consciente ou inconscientemente, de si mesmo. Estava em um estado vivo de transformação. Havia removido a pele de seu uniforme militar, e no rastro disso sua bolsa de estudos, sua carreira comercial e as expectativas de seu pai quanto a ele. Aos dezessete anos estivera deslumbrado pelo prestígio dos Pershing Rifles,* seus broches de latão, seus coturnos extremamente lustrosos, galardões e fitas. Era o uniforme que o atraía, assim como a túnica de coroinha o atraíra ao altar. Mas ele estava a serviço da arte, não da Igreja ou do país. Suas miçangas, seu macacão e o colete de ovelha representavam não uma fantasia mas uma expressão de liberdade.

Depois do trabalho, eu o encontrava no centro e caminhávamos através da luz amarelada filtrada no East Village, passando pelo Fillmore East e pelo Electric Circus, lugares por onde andáramos em nosso primeiro passeio juntos.

Era excitante simplesmente ficar parada em frente ao sacrossanto Birdland, que havia sido abençoado por John Coltrane, ou do Five Spot na St. Mark's Place, onde Billie Holiday costumava cantar, e Eric Dolphy e Ornette Coleman abriram o campo do jazz como abridores de lata humanos.

Não podíamos pagar a entrada. Nos outros dias, visitávamos museus de arte. Só havia dinheiro para uma entrada, então um de nós entrava, via a exposição e depois contava para o outro.

Em uma dessas ocasiões, fomos ao então relativamente novo Whitney Museum no Upper East Side. Era minha vez de entrar, e relutei, mas acabei

---

* Organização para universitários que realiza treinamentos militares, exercícios e demonstrações públicas. (N. T.)

entrando sem ele. Já não me lembro da exposição, mas lembro que espiei por uma daquelas janelas trapezoides do museu e vi Robert do outro lado da rua, encostado em um parquímetro fumando um cigarro.

Ficou me esperando, e quando estávamos indo para o metrô ele disse: "Um dia a gente vai entrar junto, e a exposição vai ser nossa".

Algumas noites depois, Robert me pegou de surpresa e fomos juntos pela primeira vez ao cinema. Alguém no trabalho lhe dera dois ingressos para uma pré-estreia de *Que delícia de guerra*, de Richard Lester. John Lennon tinha um papel importante como o soldado Gripweed. Fiquei entusiasmada por ver John Lennon, mas Robert dormiu com a cabeça no meu ombro o filme inteiro.

Robert não gostava muito de cinema. Seu filme favorito era *Clamor do sexo*. O único outro filme a que assistimos naquele ano foi *Bonnie e Clyde*. Ele gostava da frase do cartaz: "Eles são jovens. Eles se amam. Eles roubam bancos". Nesse ele não dormiu. E quando voltamos para casa ficou estranhamente calado e olhava para mim como se quisesse dizer sem palavras tudo o que estava sentindo. Ele tinha visto naquele filme algo de nós dois, mas eu não sabia ao certo o que era. Pensei comigo mesma que ele continha em si todo um universo que eu ainda precisava conhecer.

No dia 4 de novembro, Robert completou 21 anos. Dei-lhe um pesado bracelete de identificação que achara em uma loja de penhores na Forty-second Street. Mandei gravar as palavras *Robert Patti estrela azul*. A estrela azul do nosso destino.

Passamos uma noite tranquila olhando nossos livros de arte. Minha coleção incluía de Kooning, Dubuffet, Diego Rivera, uma monografia sobre Pollock e uma pequena pilha de exemplares da revista *Art International*. Robert tinha grandes livros que comprara na Brentano sobre arte tântrica, Michelangelo, Surrealismo e arte erótica. Acrescentamos catálogos usados de John Graham, Arshile Gorky, Joseph Cornell e R. B. Kitaj, que havíamos comprado por menos de um dólar.

Nossos livros mais amados eram os de William Blake. Eu tinha uma bela edição fac-similar das *Canções da inocência e da experiência*, e eu sempre lia para Robert antes de irmos dormir. Tinha também uma edição de camurça de uma coletânea de escritos de Blake, e ele tinha a edição da Trianon Press de

Milton. Ambos admirávamos a imagem do irmão de Blake, Robert, que morrera jovem, representado com uma estrela a seus pés. Adotamos a paleta de Blake como a nossa paleta, tons de rosa, amarelo cádmio e verde-musgo, cores que pareciam gerar luz.

Uma noite, no final de novembro, Robert chegou em casa um pouco abalado. Havia algumas gravuras à venda na Brentano. Entre elas, uma reprodução de um original de *América: uma profecia*, com a marca-d'água do monograma de Blake. Ele a retirara da pasta e a escondera na perna de sua calça larga. Robert não era de roubar nada; não tinha o sistema nervoso de um ladrão. Roubara por impulso, devido ao nosso amor mútuo por Blake. Mas até o fim do dia ele acabou perdendo a coragem. Achou que estariam olhando e se enfiou no banheiro, tirou a gravura da calça, rasgou-a, jogou no vaso e deu descarga.

Percebi que suas mãos tremiam enquanto ele me contava. Chovera e as gotas escorriam de seus cachos grossos. Ele estava com uma camisa branca, ensopada e grudada à pele. Como Jean Genet, Robert era um péssimo ladrão. Genet foi pego e encarcerado roubando um volume raro de Proust e alguns rolos de seda de um camiseiro. Ladrões estetas. Imagino sua sensação de horror e triunfo enquanto os pedacinhos de Blake desciam em redemoinho até os esgotos de Nova York.

Olhamos para nossas mãos dadas. Respiramos fundo, aceitando nossa cumplicidade, não no roubo, mas na destruição de uma obra de arte.

"Pelo menos eles não a terão nunca", ele disse.

"Quem são eles?"

"Qualquer pessoa além de nós dois", respondeu.

Robert foi mandado embora da Brentano. Passou seus dias de desemprego em contínuas transformações do espaço onde vivíamos. Quando pintou a cozinha, fiquei tão feliz que preparei uma refeição especial. Fiz cuscuz com anchovas e uvas passas, e minha especialidade: sopa de alface. Esse prato consistia de uma canja de galinha acompanhada de folhas de alface.

Mas, logo depois que Robert foi demitido, eu também fui. Deixei de cobrar os impostos de um cliente chinês que comprara um Buda caríssimo.

"Por que eu deveria pagar o imposto?", ele disse. "Não sou americano."

Eu não soube o que responder, então não cobrei. Minha decisão custou meu emprego, mas não lamentei. A melhor coisa naquele lugar havia sido o colar persa e ter conhecido Robert, que manteve sua palavra ao não dar o colar a nenhuma garota. Em nossa primeira noite juntos na Hall Street, ele me deu o adorado colar, embrulhado em um pano roxo e amarrado com uma faixa preta de cetim.

O colar foi e voltou, circulando entre nós, ao longo dos anos. A propriedade era de quem precisasse mais. Nosso pendor mútuo para os códigos se manifestava em diversas brincadeirinhas. A mais frequente se chamava Um Dia Um, Outro Dia Outro. A premissa era simplesmente que um de nós sempre tinha que estar atento, sendo o protetor escolhido. Se Robert tomasse uma droga, eu precisava estar presente e consciente. Se eu estava deprimida, ele precisava estar animado. Se um adoecia, o outro ficava saudável. O importante era que nunca exagerássemos os dois no mesmo dia.

No começo fraquejei, e ele estava sempre lá com um abraço ou uma palavra de estímulo, coagindo-me a sair de dentro de mim mesma e mergulhar no meu trabalho. Mas ele também sabia que eu não falharia se ele precisasse que eu fosse forte.

Robert arranjou um emprego de período integral como vitrinista da FAO Schwarz. Estavam contratando pessoal para as festas de fim de ano e arranjei uma vaga no caixa. Era Natal, mas não havia nenhuma magia por trás da fachada da famosa loja de brinquedos. O salário era baixo, íamos até altas horas e o clima era desanimador. Os funcionários não podiam conversar um com o outro, nem fazer pausas juntos para o café. Só nos víamos por alguns momentos, quando nos encontrávamos em segredo perto do presépio montado sobre um caixote com feno. Foi ali que salvei um carneirinho de presépio que quase foi para o lixo. Robert jurou fazer alguma coisa com ele.

Ele gostava das caixas de Joseph Cornell e sempre transformava quinquilharias, barbantes coloridos, rendas de papel, terços abandonados, recortes e pérolas falsas em poemas visuais. Ficava acordado até tarde da noite, costurando, colando e depois retocando com guache. Quando eu acordava, lá estava uma caixa pronta para mim, como um presente de namorado. Robert fez uma manjedoura de madeira para o carneirinho. Pintou-o de branco com um coração sangrando e acrescentamos números sagrados entrelaçados como gavinhas.

Espiritualmente bonito, ele serviu como nossa árvore de Natal. Colocamos nossos presentes em volta do carneirinho.

Trabalhamos até bem tarde na véspera de Natal, então pegamos um ônibus em Port Authority até o sul de Nova Jersey. Robert estava extremamente nervoso de encontrar minha família, porque era bastante avesso à dele. Meu pai foi nos buscar na rodoviária. Robert deu a meu irmão, Todd, um desenho seu, um pássaro saindo de uma flor. Havíamos feito cartões em casa e trazido livros para minha irmã mais nova, Kimberly.

Para acalmar os nervos, Robert resolveu tomar ácido. Eu jamais cogitaria usar qualquer droga na presença dos meus pais, mas isso parecia mais natural para Robert. Minha família inteira gostou dele e não notou nada de diferente exceto seu sorriso constante. Ao longo da noite, Robert ficou olhando a enorme coleção de bibelôs de minha mãe, absorto em vaquinhas de todos os tipos. Ficou especialmente interessado em um pote de doce marmorizado com uma vaca violeta na tampa. Talvez fosse o turbilhão vidrado de seu estado alterado pelo LSD, mas o fato é que ele não conseguiu parar de olhar para o pote.

Na noite de Natal nos despedimos, e minha mãe deu a Robert uma sacola de compras cheia com seus tradicionais presentes para mim: livros de arte e biografias. "Tem uma coisa aí para você." Ela piscou para Robert. Quando entramos no ônibus de volta a Port Authority, Robert espiou na sacola e encontrou o pote com tampa de vaca violeta embrulhado em um pano de prato. Ele ficou maravilhado com aquilo, tanto que anos mais tarde, depois que morreu, o pote seria encontrado entre seus valiosos vasos italianos.

No meu aniversário de 21 anos, Robert me fez um pandeiro, tatuando a pele de cabra com signos do zodíaco e amarrando fitas multicoloridas na base. Colocou Tim Buckley cantando "Phantasmagoria in two", então se ajoelhou e me deu um livrinho sobre tarô que ele havia reencapado com seda preta. Dentro havia escrito alguns versos, retratando-nos como a cigana e o louco, uma criando silêncio; o outro ouvindo o silêncio atentamente. No turbilhão retumbante de nossas vidas, esses papéis se inverteriam várias vezes.

A noite seguinte seria véspera do ano-novo, nosso primeiro juntos. Fizemos nossas promessas. Robert resolveu que se candidataria a um empréstimo e voltaria ao Pratt, não para estudar design gráfico, como seu pai desejava, mas para dedicar todas as suas energias apenas à arte. Ele me escreveu um bilhete dizendo que faríamos arte juntos e conseguiríamos, com ou sem o resto do mundo.

Quanto a mim, prometi em silêncio que iria ajudá-lo a alcançar seu objetivo, atendendo-lhe em suas necessidades práticas. Eu havia saído da loja de brinquedos depois das festas e ficara desempregada por alguns dias. Isso nos atrapalhou um pouco, mas me recusei a ficar confinada a uma caixa registradora. Estava decidida a arranjar um emprego que pagasse melhor e fosse mais satisfatório, e tive a sorte de ser contratada pela livraria Argosy na Fifty-ninth Street. Eles só trabalhavam com livros antigos e raros, gravuras e mapas. Não havia vaga para estagiária, mas o responsável, talvez impressionado com meu entusiasmo, contratou-me como aprendiz de restauração. Eu ficava em minha mesa escura e pesada, coberta de Bíblias do século XVIII, tiras de linho, fitas adesivas, cola de colágeno, cera de abelha e agulhas de encadernação, completamente estupefata. Infelizmente não tinha aptidão para aquela tarefa, e apesar da minha relutância ele teve que me dispensar.

Voltei para casa tristonha. Seria um inverno difícil. Robert estava deprimido trabalhando o dia inteiro na FAO Schwarz. Trabalhar como vitrinista acendeu sua imaginação, e ele passou a fazer esboços de instalações. Mas desenhava cada vez menos. Vivíamos à base de pão amanhecido e latas de cozido de carne Dinty Moore. Não tínhamos dinheiro para ir a lugar nenhum, não tínhamos televisão, telefone nem rádio. Mas tínhamos nosso toca-discos e voltávamos o braço para que o disco escolhido tocasse sem parar, até que pegávamos no sono.

Eu precisava arranjar outro emprego. Minha amiga Janet Hamill havia sido contratada pela livraria Scribner's, e mais uma vez, como fizera na faculdade, deu um jeito de compartilhar de sua sorte. Ela conversou com seus chefes, e eles me ofereceram uma vaga. Parecia um emprego dos sonhos, trabalhar na livraria da prestigiada editora, casa de autores como Hemingway e Fitzgerald, e seu editor, o grande Maxwell Perkins. Onde os Rothschild compravam seus livros, onde havia pinturas de Maxfield Parrish na parede da escada.

A Scribner's ficava em um edifício histórico no número 597 da Fifth Avenue. A fachada de vidro neoclássica fora projetada por Ernest Flagg em 1913. Havia um espaço de dois andares e meio atrás daquela luxuosa extensão de vidro

Hall Street, Brooklyn, 1968

e ferro, sob o teto de arcadas e o clerestório de janelas laterais. Todo dia eu acordava, vestia-me com apuro e fazia três baldeações até o Rockefeller Center. Meu uniforme na Scribner's foi tirado de Anna Karina em *Bande à part*: malha preta, saia xadrez, meia-calça preta e sapato baixo. Fui designada para atender o telefone, sob a supervisão da generosa e prestativa Faith Cross.

Senti que foi uma sorte estar associada a uma livraria histórica. Meu salário era maior, e tinha Janet como confidente. Eu raramente me entediava, e, quando ficava inquieta, escrevia no verso do papel de carta da Scribner's, como Tom em *À margem da vida*, rascunhando poemas no lado de dentro de caixas de papelão.

Robert estava cada vez mais deprimido. Trabalhava muito e ganhava menos do que em seu emprego de meio período na Brentano. Quando chegava em casa, ele estava exausto e sem ânimo e por algum tempo parou de criar.

Implorei para ele se demitir. Aquele emprego e o cheque magro não valiam o sacrifício. Depois de noites de discussão, concordou mesmo relutante. Em troca, passou a trabalhar com afinco, sempre ansioso para me mostrar o que havia feito enquanto eu estava na Scribner's. Não me lamentei por ter aceitado o emprego que nos sustentaria. Meu temperamento era mais resistente. Eu ainda conseguia criar à noite e fiquei orgulhosa de propiciar uma situação que lhe permitisse fazer seu trabalho sem nenhuma concessão.

À noite, depois de atravessar a neve, eu o encontrava me esperando em nosso apartamento, pronto para esfregar minhas mãos e aquecê-las. Ele parecia estar sempre em movimento, aquecendo água no fogo, desamarrando minhas botas, pendurando meu casaco, sempre de olho no desenho em que estivesse trabalhando. Parava um pouco se reparasse em alguma coisa. A maior parte do tempo, parecia que o trabalho estava totalmente pronto em sua cabeça. Ele não era de improvisar. Era mais uma questão de executar algo que vislumbrara em um lampejo.

Vivendo em silêncio o dia inteiro, ele estava sempre ansioso por ouvir minhas histórias dos fregueses excêntricos da livraria, de Edward Gorey com seus tênis imensos, de Katherine Hepburn vestindo a capa de Spencer Tracy com um lenço verde de seda na cabeça ou dos Rothschild com seus longos sobretudos negros. Depois, sentávamos no chão e comíamos espaguete olhando o novo trabalho dele. Fui atraída pelo trabalho de Robert porque seu vocabulário visual se relacionava ao meu vocabulário poético, mesmo quando parecíamos estar indo em direções diferentes. Robert sempre me dizia: "Nada está terminado até você olhar".

Nosso primeiro inverno juntos foi duro. Mesmo com meu salário melhor na Scribner's, tínhamos muito pouco dinheiro. Tantas vezes parávamos na esquina gelada da St. James Place com um olho no restaurante grego e outro na loja de materiais de arte do Jake, decidindo como iríamos gastar nossos últimos dólares — tirando na moeda dois sanduíches de queijo quente ou material de pintura. Às vezes, incapaz de ver que a fome era maior, Robert ficava olhando nervoso para o restaurante, enquanto eu, tomada pelo espírito de Genet, embolsava o necessário apontador de latão ou lápis de cor. Eu tinha uma visão mais romântica a respeito da vida de artista e dos sacrifícios. Li uma vez que Lee Krasner chegou a roubar material de pintura para Jackson Pollock. Não sei se isso é verdade, mas me serviu de inspiração. Robert se corroía por não ser capaz de nos sustentar. Eu dizia para ele não se preocupar, que o compromisso com a grande arte é a própria recompensa.

À noite em nosso velho toca-discos ouvíamos o que gostávamos de ouvir para desenhar. Às vezes fazíamos uma brincadeira chamada Disco da Noite. A capa do álbum escolhido ficava exposta com destaque sobre a lareira. Tocávamos o disco sem parar, e a música informava a trajetória da noite.

Não me importava trabalhar na obscuridade. Eu era apenas uma estudante. Ao passo que Robert, embora tímido, não verbal e aparentemente desconectado dos outros à sua volta, era muito ambicioso. Ele considerava Duchamp e Warhol seus modelos. A grande arte e a alta sociedade; ele aspirava a ambas. Éramos uma mistura curiosa de *Cinderela em Paris* e Fausto.

Ninguém pode imaginar a felicidade mútua que sentíamos quando sentávamos para desenhar juntos. Íamos assim embalados por horas. Sua capacidade de se concentrar por longos períodos me contagiou, e fui aprendendo com ele, trabalhando lado a lado. Quando fazíamos uma pausa, eu fervia água para um Nescafé.

Depois de um bom estirão de trabalho, saíamos para andar à toa pela Myrtle Avenue, procurando Mallomars, cedendo ao apelo do doce favorito de Robert, um biscoito com marshmallow coberto com chocolate.

Embora passássemos a maior parte do tempo juntos, não estávamos isolados. Nossos amigos vinham nos visitar. Harvey Parks e Louis Delsarte eram pintores; às vezes trabalhavam no chão ao nosso lado. Louis fez retratos de nós dois, um de Robert com colar indígena e um em que estou de olhos fechados. Ed Hansen compartilhava sua sabedoria e suas colagens e Janet Hamill nos lia seus poemas. Eu mostrava meus desenhos e contava histórias sobre eles, como a Wendy entretendo os Meninos Perdidos da Terra do Nunca. Éramos um time de desajustados, mesmo dentro da topografia liberal de uma escola de arte. Sempre brincávamos que éramos um "salão de fracassados".

Em ocasiões especiais, Harvey, Louis e Robert acendiam um baseado e tocavam seus tambores. Robert tinha seus próprios tablas. E se acompanhavam recitando as *Psychedelic prayers*, de Timothy Leary, um dos poucos livros que Robert leu de fato. De vez em quando eu lia cartas para eles, criando significados a partir de uma mistura de Papus e de minha própria intuição. Foram noites como nunca experimentara no sul de Nova Jersey, extravagantes e cheias de amor.

Uma nova amiga entrou na minha vida. Robert me apresentou a Judy Linn, sua colega estudante de comunicação visual, e gostamos uma da outra logo de cara. Judy morava muito perto, na Myrtle Avenue, em cima da Laundromat onde eu lavava nossas roupas. Era linda e inteligente, com um senso de humor muito peculiar, uma espécie de Ida Lupino jovem. Ela acabou enveredando pela fotografia, e passou anos aperfeiçoando sua técnica no laboratório. Com o tempo acabei me tornando tema de suas fotos e ela realizou algumas das primeiras imagens de Robert comigo.

No Dia dos Namorados, Robert me deu um cristal de ametista. Era roxo-pálido e quase do tamanho de meia toranja. Ele o colocou embaixo da água e ficamos olhando o cristal reluzir. Quando criança sonhava em ser geóloga. Contei-lhe várias vezes que ficava horas olhando tipos de rochas, levando um martelo velho amarrado na cintura. "Não, Patti, não", ele dava risada.

Meu presente para ele foi um coração de marfim com uma cruz entalhada no meio. Alguma coisa nesse objeto lembrou-lhe de uma velha história da infância, e ele me contou como junto com outros coroinhas uma vez havia bisbilhotado no armário dos padres e bebido o vinho da missa. Não se interessara pelo vinho; mas a sensação estranha no estômago excitara-o, pela emoção de estar fazendo uma coisa proibida.

No começo de março, Robert arranjou um trabalho temporário como lanterninha do recém-aberto Fillmore East. Ele apareceu para trabalhar com um macacão laranja. Estava muito ansioso para ver Tim Buckley. Mas quando voltou para casa estava mais entusiasmado com outra pessoa. "Vi alguém que vai ser realmente grande", disse. Era Janis Joplin.

Não tínhamos dinheiro para ir a shows, mas antes que Robert saísse do Fillmore East me arranjou um passe para assistir aos Doors. Janet e eu havíamos devorado o primeiro disco deles e me senti quase culpada por ir ao show sem ela. Mas tive uma estranha reação ao ver Jim Morrison. Enquanto todo mundo à minha volta parecia em transe, fiquei observando cada movimento dele em um estado de hiperconsciência fria. Lembro-me dessa sensação muito mais que do próprio show. Senti, ao ver Jim Morrison, que eu podia fazer aquilo. Não sei dizer por que pensei nisso. Não havia nada na minha experiência que pudesse me fazer achar que isso algum dia seria possível, mas guardei essa opinião. Senti tanto simpatia quanto desdém por ele. Pude sentir sua autoconsciência e sua suprema segurança. Ele exalava uma mistura de beleza e autodepreciação, e uma dor mística, como um são Sebastião da Costa Oeste. Quando alguém perguntava que tal os Doors, eu simplesmente dizia que eram ótimos. Fiquei um pouco envergonhada por ter reagido assim àquele show.

Em *Poems a Penny Each*, James Joyce escreveu um verso que me perseguiu: os sinais que zombam de mim quando passo. Esse verso me ocorreu algumas semanas depois do show dos Doors, e comentei com Ed Hansen. Sempre gostei do Ed. Era pequeno mas robusto, e, com seu sobretudo marrom, cabelo castanho-claro, olhos de duende e boca grande, lembrava-me o pintor Soutine. Foi baleado no pulmão, na DeKalb Avenue, por um bando de garotos ensandecidos, apesar de ele mesmo ainda ter algo de infantil na aparência.

Ele não disse nada sobre a citação de Joyce, mas certa noite me trouxe um disco dos Byrds. "Essa música vai ser importante para você", ele disse ao pousar a agulha sobre "So you want to be a rock 'n' roll star". Algo no final da canção me excitou e me irritou, mas não consegui alcançar o que ele tinha em mente.

Em uma noite do inverno de 1968, alguém bateu em nossa porta e disse que Ed estava com problemas. Robert e eu fomos encontrá-lo. Peguei a ovelhinha negra de brinquedo que Robert tinha me dado e fui. Era o presente de uma ovelha negra para outra ovelha negra. Ed também era uma ovelha negra, então levei-a como um talismã para consolá-lo.

Ed estava pendurado no alto de um guindaste; e não queria descer. Era uma noite fria, aberta, e, enquanto Robert conversava com ele, subi no guindaste e dei-lhe a ovelha. Ele estava tremendo. Éramos rebeldes sem causa, e ele era nosso Sal Mineo. Griffith Park no Brooklyn.

Ed desceu lá de cima comigo, e Robert foi levá-lo em casa.

"Não se preocupe com a ovelha", ele disse ao voltar. "Eu arranjo outra para você."

Perdemos contato com Ed, mas uma década depois ele esteve comigo outra vez de modo inesperado. Quando me aproximei do microfone com minha guitarra elétrica para cantar o verso de abertura, "So you wanna be a rock and roll star", lembrei das palavras dele. Pequenas profecias.

Havia dias, dias de chuva cinzentos, em que as ruas do Brooklyn mereciam uma fotografia, cada janela, as lentes de uma Leica, uma visão granulada e imóvel. Juntávamos nossos lápis de cor e folhas de papel e desenhávamos feito crianças ensandecidas, ferozes, noite adentro, até que, exaustos, caíamos na cama. Deitávamos abraçados, ainda desajeitados, mas felizes, trocando beijos sufocantes até dormir.

O menino que eu conhecera era tímido e pouco articulado. Gostava de ser pego, levado pela mão e de se entregar completamente a um novo mundo. Era másculo e protetor, mesmo sendo feminino e submisso. Meticuloso em seu modo de vestir e se portar, era também capaz de um caos assustador em seu trabalho. Seus mundos particulares eram solitários e perigosos, ansiosos por liberdade, êxtase e desprendimento.

Às vezes eu acordava e o encontrava trabalhando na penumbra de velas votivas. Acrescentando detalhes a um desenho, virando seu trabalho de um lado, de outro, examinando-o por todos os ângulos. Pensativo, preocupado, ele se virava e me via a observá-lo e sorria. Aquele sorriso ultrapassava tudo o que estivesse sentindo ou experimentando — mesmo depois, quando estava morrendo, com dores fatais.

Na guerra entre a magia e a religião, a vitória final teria ficado com a magia? Talvez o sacerdote e o mágico tenham sido um dia um só, mas o sacerdote, havendo aprendido a humildade diante de Deus, tenha trocado o encanto pela oração.

Robert confiava na lei da empatia, segundo a qual seria capaz, por sua vontade, de se transferir para um objeto ou uma obra de arte, e assim influenciar o mundo externo. Ele não se sentia redimido pelo trabalho que fazia. Não buscava redenção. Procurava ver o que outros não viam, a projeção de sua imaginação.

Achava o próprio trabalho penoso porque antevia rápido demais o resultado. Sentia-se atraído pela escultura, mas achava o meio obsoleto. Ainda assim, passava horas estudando *Os escravos* de Michelangelo, desejando sentir que trabalhava com a forma humana sem precisar do martelo e do cinzel.

Ele pensou em um projeto de animação retratando-nos em um Jardim do Éden Tântrico. Precisava de fotos de nós dois nus para fazer recortes para o jardim geométrico que florescia em sua mente. Pediu a um colega de classe, Lloyd Ziff, que fizesse as fotos dos nus, mas não fiquei satisfeita. Não me sentia muito à vontade para posar, pois ainda estava um tanto incomodada com a cicatriz na barriga.

As imagens ficaram duras, não como Robert havia imaginado. Eu tinha uma velha câmera de 35 mm e sugeri que ele mesmo fizesse as fotografias, mas ele não tinha paciência para revelar e ampliar. Usava tantas imagens fotográficas de outras fontes que achei que ele poderia chegar aos resultados que buscava se ele mesmo fotografasse. "Eu só queria projetar tudo no papel", disse. "Quando estou na metade, já penso em outra coisa." O jardim foi abandonado.

Os primeiros trabalhos de Robert estão claramente associados às suas experiências com LSD. Seus desenhos e pequenos objetos tinham o charme datado dos surrealistas e a pureza geométrica da arte tântrica. Lentamente seu trabalho foi se aproximando do catolicismo: o cordeiro, a Virgem e o Cristo.

Ele tirou os tecidos indígenas das paredes e tingiu nossos lençóis de preto e roxo. Grampeou-os nas paredes e pendurou crucifixos e imagens religiosas por cima. Não era difícil encontrarmos imagens emolduradas de santos em lixeiras ou nas lojas do Exército da Salvação. Robert tirava as gravuras e as coloria à mão ou as retrabalhava em desenhos maiores, colagens ou objetos.

Mas Robert, desejando se livrar do jugo católico, mergulhou em outro lado do espírito, cujo rei era o Anjo da Luz. A imagem de Lúcifer, o anjo caído, passou a eclipsar os santos que ele usava em suas colagens e envernizava em suas caixas. Em uma pequena caixa de madeira, aplicou o rosto do Cristo; dentro, uma Madona com o Menino e uma pequena rosa branca; e, na parte interna do tampo, fiquei surpresa ao encontrar o rosto do Diabo, com sua língua de fora.

Voltei para casa e encontrei Robert com um traje marrom de monge, uma túnica de jesuíta que ele havia encontrado em um brechó, mergulhado em panfletos sobre alquimia e magia. Pediu-me que trouxesse livros de tendência ocultista. A princípio ele não lia esses livros, mas utilizava seus pentagramas e imagens satânicas, desconstruindo-as e as reconfigurando. Ele não era mau, mas, conforme os elementos obscuros se infiltraram em seu trabalho, foi se tornando uma pessoa mais calada.

Passou a se interessar cada vez mais por criar encantamentos visuais, que pudessem servir para conjurar Satã, como se invocasse um gênio. Imaginava que se pudesse fazer um pacto que lhe desse acesso ao próprio Satã, o ser da luz, reconheceria uma alma gêmea, e Satã lhe concederia fama e riqueza. Ele não precisaria pedir por grandeza, ou pela habilidade de ser um artista, pois acreditava que isso ele já possuía.

"Você está querendo cortar caminho", falei.

"Para que pegar a estrada inteira?", respondeu ele.

Às vezes, durante o almoço na Scribner's, eu ia à igreja de St. Patrick para visitar o jovem são Estanislau. Rezava pelos mortos, a quem eu parecia amar tanto quanto aos vivos: Rimbaud, Seurat, Camille Claudel e a amante de Jules Laforgue. E rezava por nós.

As orações de Robert eram como desejos. Sua ambição era por obter conhecimentos secretos. Ambos rezávamos pela alma de Robert, ele para vendê-la e eu para salvá-la.

Mais tarde ele diria que a igreja o levou a Deus e que o LSD o levou ao universo. Dizia também que a arte o levara ao diabo e que o sexo fizera com que permanecesse com o diabo.

Alguns dos sinais e portentos foram muito dolorosos de reconhecer. Uma noite na Hall Street parei na entrada de nosso quarto enquanto Robert estava dormindo, e tive uma visão dele amarrado a um estrado, sua camisa branca se esfacelando enquanto ele virava pó diante dos meus olhos. Ele acordou e viu que eu estava apavorada. "O que foi que você viu?", gritou.

"Nada", respondi, dando as costas, preferindo não admitir o que havia visto. Muito embora um dia eu viesse a segurar suas cinzas em minhas mãos.

Robert e eu raramente brigávamos, mas ficávamos nos provocando feito crianças — geralmente sobre a melhor forma de usar os nossos parcos rendimentos. Meu salário era de 65 dólares por semana, e Robert arranjava seus bicos esquisitos de vez em quando. Com o aluguel de oitenta dólares por mês, mais as contas, cada centavo era contado. As passagens de metrô custavam vinte centavos, e eu precisava pegar dez por semana. Robert fumava, e o maço de cigarro custava 2,35 dólares. Minha fraqueza ao usar o telefone público no restaurante era o mais problemático. Ele não conseguia entender minha ligação profunda com meus irmãos. Um punhado de moedas no telefone podia significar uma refeição a menos. Minha mãe às vezes colocava uma nota de um dólar em seus cartões ou cartas. Esse gesto aparentemente singelo representava várias moedas de seu vidro de gorjetas como garçonete e era sempre bem-vindo.

Nós gostávamos de ir ao Bowery, de ficar analisando vestidos de seda puídos, sobretudos de caxemira esfiapados e jaquetas de motociclista usadas. Na Orchard Street, caçávamos nossos materiais baratos mas interessantes para um novo trabalho: folhas de celofane, peles de lobo, equipamentos obscuros. Passávamos horas na Pearl Paint da Canal Street e então pegávamos o metrô até Coney Island para caminhar pelo calçadão e dividir um cachorro-quente do Nathan.

Meus modos à mesa deixavam Robert horrorizado. Eu podia ver pelos olhares dele, pelo modo como virava a cabeça. Quando comia com a mão, ele achava que eu estava chamando muita atenção, mesmo que ele estivesse sentado no banco de peito nu, usando vários colares de miçanga e um colete de pele de ovelha todo bordado. Nossa implicância mútua em geral acabava em risadas, principalmente quando eu comentava esse tipo de incoerência. Continuamos com essas discussões durante o jantar ao longo de toda nossa amizade. Meus modos nunca melhorariam, mas as roupas dele passariam por transformações extremamente sofisticadas.

Naquele tempo, o Brooklyn era um bairro bem afastado e parecia muito longe da agitação da "cidade". Robert adorava ir a Manhattan. Sentia-se vivo quando cruzava o East River, e seria lá onde ele passaria por rápidas transformações, pessoais e artísticas.

Eu vivia em meu próprio mundo, sonhando com os mortos e seus séculos desaparecidos. Quando menina passara horas copiando a escrita elegante que formava as palavras da Declaração de Independência. Sempre fui fascinada por caligrafia. Agora conseguia integrar essa obscura habilidade em meus próprios desenhos. Tornei-me fascinada pela caligrafia islâmica, e às vezes tirava o colar persa do tecido que o envolvia e colocava-o diante de mim enquanto estava desenhando.

Fui promovida na Scribner's de telefonista a vendedora. Naquele ano, os grandes sucessos de venda eram *O jogo do dinheiro*, de Adam Smith, e *O teste do ácido do refresco elétrico*, de Tom Wolfe, resumindo a polarização de tudo que era excessivo no país. Eu não me identificava com nenhum dos dois. Sentia-me desconectada de tudo o que estava fora do mundo que Robert e eu havíamos criado entre nós.

Nos períodos em que me sentia por baixo, perguntava-me qual era o sentido em criar arte. Para quem? Estávamos animando Deus? Estávamos falando com nós mesmos? E qual era a meta final? Ter a própria obra engaiolada nos grandes zoológicos da arte — o Modern, o Met, o Louvre?

Eu ansiava por honestidade, mas encontrava desonestidade em mim mesma. Por que se comprometer com a arte? Pela autorrealização ou pela arte em si mesma? Parecia um capricho somar-se à massa de excessos, a não ser que isso oferecesse iluminação.

Muitas vezes eu me sentava e tentava escrever ou desenhar, mas toda aquela agitação maníaca nas ruas, somada à Guerra do Vietnã, fazia meus esforços parecerem sem sentido. Eu não conseguia me identificar com movimentos políticos. Quando tentava participar de algum, sentia-me tomada por outra forma de burocracia. Perguntava-me se alguma coisa que fazia tinha importância.

Robert tinha pouca paciência para esses meus acessos de introspecção. Ele parecia nunca questionar seus impulsos artísticos, e seguindo seu exemplo aprendi que o que importava era o trabalho: a cadeia de palavras impulsionadas por Deus que virava um poema, a trama de cor e grafite rabiscados sobre a folha que amplificava os movimentos Dele. Alcançar com o trabalho um equilíbrio perfeito de fé e execução. A partir desse estado de espírito, surge uma luz, carregada de vida.

Picasso não se encolheu em uma concha quando seu amado país basco foi bombardeado. Ele reagiu criando uma obra-prima em *Guernica* para nos lembrar das injustiças cometidas contra sua gente. Quando eu tinha um dinheiro sobrando, ia ao Museu de Arte Moderna e ficava horas diante de *Guernica*, pensando no cavalo abatido e no olho da lâmpada brilhando sobre os tristes despojos da guerra. Então voltava para o trabalho.

Naquela primavera, poucos dias antes do Domingo de Ramos, Martin Luther King foi baleado no Lorraine Hotel em Memphis. Saiu uma foto de Coretta Scott King no jornal, consolando sua filhinha, seu rosto coberto de lágrimas por trás do véu de viúva. Senti uma dor no coração, como quando era adolescente e fiquei assistindo a Jacqueline Kennedy, com seu véu preto esvoaçante, parada com as crianças enquanto o corpo do marido passava em um esquife puxado por um cavalo. Tentei falar dos meus sentimentos em um desenho ou um poema, mas não consegui. Parecia que sempre que eu queria expressar a injustiça não conseguia acertar uma linha.

Robert havia comprado um vestido branco para me dar na Páscoa, mas resolveu me dar no Domingo de Ramos para aliviar minha tristeza. Era um vestido de chá da tarde vitoriano, branco e puído, de organdi. Eu adorei e usava-o em nosso apartamento, uma frágil armadura contra os fatídicos portentos de 1968.

Meu vestido de Páscoa não era apropriado para o jantar na casa dos Mapplethorpe, nem tampouco nenhuma outra roupa das poucas que eu tinha.

Eu era bastante independente dos meus pais. Adorava-os, mas não me preocupava sobre o que achavam de eu morar com Robert. Mas Robert não era tão livre. Ainda era o filho católico, incapaz de contar à família que morávamos juntos e não éramos casados. Ele havia sido recebido calorosamente na casa dos meus pais, mas receava que eu não fosse tão bem recebida pelos pais dele.

A princípio Robert achou melhor me apresentar aos poucos, quando telefonava para os pais. Depois resolveu dizer que havíamos fugido para Aruba e nos casado por lá. Um amigo dele estava no Caribe; Robert escreveu uma carta para a mãe, e o amigo postou a carta de Aruba.

Eu achava que era trabalho demais por uma fraude desnecessária. Ele deveria apenas contar a verdade, confiando que eles acabariam nos aceitando como éramos. "Não", disse aflito. "Eles são totalmente católicos."

Só quando fomos visitar sua família entendi sua preocupação. O pai nos cumprimentou com um silêncio gelado. Eu não conseguia entender como um pai não abraçava o filho.

Toda a família estava reunida na mesa da sala de jantar — a irmã e o irmão mais velhos com o marido e a esposa e os quatro irmãos menores. A mesa estava posta, tudo no lugar para uma refeição perfeita. O pai mal olhava para mim, e não disse nada a Robert, exceto: "Você devia cortar esse cabelo. Está parecendo uma menina".

A mãe de Robert, Joan, fez o que pôde para mostrar um pouco de afeto. Depois do jantar, discretamente tirou algum dinheiro do avental e deu a Robert e me levou ao quarto dela, onde abriu sua caixa de joias. Olhando para minha mão, tirou um anel de ouro. "Nós não tínhamos dinheiro para a aliança", falei.

"Você deveria usar um anel na mão esquerda", disse, pressionando-o em minha mão.

Robert era muito terno com Joan quando Harry não estava por perto. Joan era espirituosa. Tinha o riso solto, acendia um cigarro no outro, e limpava obsessivamente a casa. Entendi que a noção de ordem de Robert não viera apenas da Igreja católica. Joan apoiava Robert e parecia sentir um orgulho secreto do caminho que ele escolhera. O pai havia desejado que ele fosse designer gráfico, mas ele se recusara. Era movido pelo desejo de provar que o pai estava errado.

A família se abraçou e nos deu os parabéns quando fomos embora. Harry ficou mais atrás. "Eu não acredito que eles tenham se casado mesmo", o ouvimos dizer.

Robert estava recortando fotos de shows de aberrações de um livrão sobre Tod Browning. Havia hermafroditas, microcéfalos e siameses espalhados por todo lado. Aquilo me confundiu, pois não consegui perceber a ligação entre aquelas imagens e o recente interesse de Robert por magia e religião.

Como sempre, eu dava um jeito de acompanhá-lo com meus próprios desenhos e poemas. Desenhei personagens de circo e criei histórias para eles, Hagen Waker, o funâmbulo noturno, Balthazar, o menino com cara de burro, e Aratha Kelly, com cabeça em forma de lua. Robert não sabia explicar por que fora atraído por aquelas aberrações, nem eu sabia por que criara aqueles personagens.

Foi nesse espírito que fomos a Coney Island para assistir aos shows. Chegamos a procurar pelo Hubert's na Forty-second Street, que apresentara Wago, a Princesa da Serpente, e um circo de pulgas, mas haviam fechado em 1965. Encontramos um pequeno museu com partes do corpo e embriões humanos em potes de vidro, e Robert ficou obcecado com a ideia de usar algo do gênero em uma *assemblage*. Ele perguntou para algumas pessoas onde poderia encontrar algo parecido, e um amigo comentou sobre o velho City Hospital abandonado na Welfare (mais tarde Roosevelt) Island.

Um domingo, fomos até lá com nossos amigos do Pratt. Visitamos dois lugares na ilha. O primeiro era um velho edifício do século XIX, caindo aos pedaços, com uma aura de manicômio; era o Hospital da Varíola, o primeiro lugar no país a receber vítimas da doença. Separados apenas por arame farpado e vidros quebrados, imaginamos como seria morrer de lepra ou pela peste.

As outras ruínas eram do que havia sido o antigo City Hospital, com sua sombria arquitetura institucional, finalmente demolido em 1994. Ao entrarmos, ficamos impressionados com o silêncio e o estranho cheiro de remédio. Fomos de sala em sala e vimos prateleiras de amostras de tecidos humanos em potes de vidro. Muitos estavam quebrados, vítimas do vandalismo dos roedores que passavam por lá. Robert vasculhou todas as salas até encontrar o que estava procurando, um feto nadando em formol dentro de um útero de vidro.

Todos concordamos que Robert provavelmente faria bom uso daquilo. Ele foi agarrado ao seu precioso achado durante toda a viagem para casa. Mesmo calado, eu podia sentir sua excitação e ansiedade, imaginando como conseguiria fazer aquilo funcionar como arte. Deixamos nossos amigos na Myrtle Avenue. E, quando viramos a esquina na Hall Street, o pote de vidro escorregou inexplicavelmente de suas mãos e se espatifou na calçada, a poucos passos da nossa porta.

Olhei para ele. Estava tão abatido que nenhum de nós conseguiu dizer nada. O vidro roubado ficara em uma prateleira por décadas, imperturbável. Era quase como se ele tivesse tirado sua vida. "Pode subir", disse. "Eu vou limpar isso aqui." Nunca mais tocamos no assunto. Havia alguma coisa naquele vidro. Os cacos grossos parecem ter sido o prenúncio do acirramento de nossos dias; não falamos sobre isso, mas cada um de nós parece que foi acometido de uma vaga inquietação interna.

No começo de junho, Valerie Solanas atirou em Andy Warhol. Embora tendesse a não ser romântico com relação aos artistas, Robert ficou muito abalado com o fato. Ele adorava Warhol e o considerava o artista vivo mais importante. Foi o mais próximo da idolatria de um herói que chegou na vida. Respeitava artistas como Cocteau e Pasolini, que misturavam vida e arte, mas, para Robert, o mais interessante de todos era Warhol, documentando a mise-en-scène humana em sua Factory prateada.

Eu não me sentia como Robert em relação a Warhol. Seu trabalho refletia uma cultura que eu queria evitar. Odiava aquela sopa e não ligava para a lata. Eu preferia um artista que transformasse seu tempo, não que o espelhasse.

Pouco depois, um de meus clientes e eu começamos uma discussão sobre nossas responsabilidades políticas. Era ano de eleição e ele apoiava Robert Kennedy. As primárias na Califórnia estavam para começar e combinamos de nos encontrar depois da contagem. Fiquei animada com a perspectiva de trabalhar para alguém com ideais que eu valorizava e que prometia acabar com a guerra no Vietnã. Vi a candidatura de Kennedy como um caminho pelo qual o idealismo podia ser convertido em uma ação política significativa, que algo podia ser conquistado para ajudar de fato quem mais precisava.

Ainda abalado com o tiro contra Warhol, Robert ficou em casa fazendo um desenho em homenagem a Andy. E eu fui visitar meu pai. Ele era um homem sábio e justo, e eu queria saber sua opinião sobre Robert Kennedy. Sentamos juntos no sofá e ficamos acompanhando a apuração das primárias. Fiquei toda orgulhosa ao ouvir o discurso da vitória de RFK. Vimos quando desceu do palanque, e meu pai piscou para mim, satisfeito com a promessa de nosso jovem candidato e com meu entusiasmo. Por alguns momentos inocentes, acreditei de verdade que tudo ficaria bem. Vimos quando ele passou pela multidão eufórica, apertando mãos e emanando esperança com aquele clássico sorriso dos Kennedy. Então ele caiu. Vimos sua esposa ajoelhando-se ao lado dele.

O senador Kennedy estava morto.

"Papai, papai", solucei, escondendo o rosto em seu ombro.

Meu pai me abraçou. Não disse nada. Acho que ele já tinha visto tudo aquilo antes. Mas me pareceu que o mundo lá fora estava se desfazendo, e, ao mesmo tempo, cada vez mais, meu mundo ia se desfazendo junto.

Voltei para casa e lá estavam os recortes de estátuas, torsos e bundas dos gregos, *Os escravos* de Michelangelo, imagens de marinheiros, tatuagens e estrelas. Para acompanhá-lo, li para Robert passagens do *Milagre da rosa*, mas ele estava sempre um passo à frente. Enquanto eu lia Genet, era como se ele estivesse se tornando Genet.

Abandonou seu colete de ovelha e suas miçangas e encontrou um uniforme de marinheiro. Ele que nem gostava do mar. Com sua roupa e seu boné de marinheiro, parecia um desenho de Cocteau ou o Robert Querelle da criação de Genet. Ele não se interessava pela guerra, mas as relíquias e rituais de guerra o atraíam. Admirava a beleza estoica dos camicases japoneses que tiravam suas roupas — camisa meticulosamente dobrada, a echarpe de seda branca — para serem doadas antes das batalhas.

Eu gostava de participar dessas fascinações dele. Encontrei para ele um casaco de marinheiro e uma echarpe de seda de piloto, embora para minha percepção da Segunda Guerra estivesse enviesada pela Bomba e pelo *Diário de Anne Frank*. Eu reconhecia seu mundo ao mesmo tempo que ele entrava de bom grado no meu. Às vezes, no entanto, ficava aturdida e até irritada com uma transformação súbita. Quando ele cobriu as paredes e os medalhões do teto do quarto com celofane, eu me senti excluída, porque parecia mais algo só para ele do que para mim. Ele contava que seria estimulante, mas achei que ficou com o efeito distorcido de uma casa de espelhos. Lamentei a desmontagem da capela romântica onde dormíamos.

Ele ficou frustrado por eu não ter gostado. "Onde você estava com a cabeça?", perguntei.

"Cabeça?", insistiu. "Eu não penso, eu sinto."

Robert era bom para mim, embora eu soubesse que ele estava em outro lugar. Estava acostumada com ele ser calado, mas não taciturno e calado. Alguma coisa vinha incomodando-o, alguma coisa que não era dinheiro. Ele nunca deixou de ser afetuoso comigo, mas parecia de fato atormentado.

Dormia o dia inteiro e trabalhava a noite toda. Eu acordava e lá estava ele encarando os corpos cinzelados por Michelangelo, pregados, enfileirados na parede. Até preferiria uma discussão àquele silêncio, mas não era o jeito dele. Eu já não conseguia decifrar seus humores.

Reparei que à noite não havia mais música. Ele se afastava de mim e ficava andando, sem foco, sem realizar completamente seu trabalho. Montagens inacabadas de aberrações, santos e marujos espalhados pelo chão. Ele não costumava deixar seu trabalho daquele jeito. Aquilo era algo que sempre criticara em mim. Senti-me impotente para penetrar a treva de estoicismo que o cercava.

Sua agitação aumentava conforme ia ficando insatisfeito com o trabalho. "O velho imaginário já não funciona comigo", ele dizia. Uma tarde de domingo, soldou um pedaço de ferro na virilha de uma Madona. Depois que terminou, simplesmente deu de ombros. "Foi só um momento de insanidade", disse ele.

Até que chegou um momento em que a estética de Robert se tornou tão absorvente que eu não sentia mais se tratar do nosso mundo, mas do mundo dele. Acreditava nele, mas ele havia transformado nosso lar em um teatro que ele mesmo projetara. O pano de fundo aveludado de nossa fábula, substituído por persianas metálicas e cetim preto. A amoreira branca, coberta por uma rede pesada. Eu andava enquanto ele dormia, hesitante feito uma pomba, derrapando, nos confins solitários de uma caixa de Joseph Cornell.

Nossas noites sem palavras me deixavam irrequieta. Alguma coisa na mudança do tempo marcou uma mudança também em mim. Eu sentia saudade, curiosidade e uma vibração que pareciam sufocadas quando voltava à noite do trabalho, do metrô até a Hall Street. Comecei a parar mais vezes na casa da Janet na Clinton, mas, se eu demorava muito, Robert ficava estranhamente irritado, e cada vez mais possessivo. "Fiquei esperando você o dia inteiro", ele dizia.

Lentamente comecei a passar mais tempo com velhos amigos na região do Pratt, especialmente com o pintor Howard Michaels. Ele era o menino que eu estava procurando no dia em que conheci Robert. Havia se mudado para a Clinton com o artista Kenny Tisa, mas na época estava morando sozinho. Suas pinturas imensas lembravam a força física da escola de Hans Hoffmann e seus desenhos, embora únicos, tinham algo dos de Pollock e de Kooning.

Em minha fome de comunhão, aproximei-me dele. Comecei a visitá-lo com frequência quando voltava do trabalho para casa. Howie, como era conhecido, era um sujeito articulado, passional, culto e politicamente ativo. Era um alívio conversar com alguém sobre qualquer assunto, de Nietzsche a Godard. Eu admirava seu trabalho e comecei a contar com a afinidade que partilhávamos nessas visitas. Mas conforme o tempo foi passando fui ficando menos sincera com Robert sobre a natureza de nossa intimidade cada vez maior.

Em retrospecto, o verão de 1968 marcou uma época de despertar físico tanto para Robert quanto para mim. Eu ainda não havia compreendido que o comportamento conflituoso de Robert estava associado à sua sexualidade. Sabia que ele gostava profundamente de mim, mas me ocorreu que havia se cansado de mim fisicamente. Em certos aspectos, senti-me traída, mas na verdade fui eu quem traí.

Fui embora de nossa casinha na Hall Street. Robert ficou arrasado, embora ainda não conseguisse explicar o silêncio que nos envolveu.

Não foi fácil para mim livrar-me do mundo que Robert e eu compartilhamos. Eu não tinha certeza de aonde ir em seguida, então, quando Janet ofereceu dividirmos o sexto andar de um prédio sem elevador no Lower East Side, aceitei. Esse acordo, embora doloroso para Robert, foi muito melhor do que se eu fosse morar sozinha ou com Howie.

Por mais perturbado que Robert estivesse com a minha partida, ele me ajudou a levar as coisas para o novo apartamento. Pela primeira vez, eu teria meu próprio quarto, para arrumar como eu quisesse, e comecei uma nova série de desenhos. Deixando meus animais de circo para trás, virei meu próprio tema, produzindo autorretratos que enfatizavam um lado meu mais feminino, terreno. Comecei a usar vestido e ondas no cabelo. Ficava esperando meu pintor, mas ele quase nunca aparecia.

Robert e eu, incapazes de romper nossos laços, continuamos a nos ver. Mesmo enquanto minha relação com Howie cresceu e depois minguou, ele implorou que eu voltasse. Queria que voltássemos como se nada tivesse acontecido. Estava disposto a me perdoar, embora eu não estivesse arrependida. Não queria voltar atrás, especialmente porque Robert ainda parecia conter um tumulto interior que ele se recusava a declarar.

No início de setembro, Robert apareceu na Scribner's sem avisar. Vestido com um sobretudo de couro cor de vinho, amarrado na cintura, ele me pareceu lindo e perdido. Havia voltado ao Pratt e pedira um empréstimo estudantil, com o qual comprara o sobretudo e uma passagem para São Francisco.

Disse que queria conversar comigo. Saímos da loja e paramos na esquina da Forty-eight com Fifth Avenue. "Volta, por favor", ele disse, "senão eu vou embora para São Francisco."

Eu não podia imaginar por que ele queria ir para lá. A explicação foi desconexa, vaga. Liberty Street, alguém que conhecia o esquema por lá, um lugar na Castro.

Pegou minha mão. "Vem comigo. Lá tem liberdade. Preciso descobrir quem eu sou."

A única coisa que eu sabia de São Francisco era do grande terremoto e de Haight-Asbury. "Eu já sou livre", falei.

Ele me encarou com uma intensidade desesperada. "Se você não vier, vou ficar com um cara. Vou virar homossexual", ameaçou.

Simplesmente olhei para ele, sem entender nada. Nunca houve nada na nossa história que pudesse me preparar para tal revelação. Todos os sinais que ele enviara obliquamente eu havia interpretado como evoluções de sua arte. Não dele mesmo.

Não mostrei compaixão, fato que mais tarde eu lamentaria. Seus olhos davam a impressão de que ele havia trabalhado a noite inteira com estimulantes. Sem dizer nada me passou um envelope.

Fiquei observando-o ir embora e desaparecer na multidão.

A primeira coisa que me chamou a atenção foi que ele escrevera a carta no papel timbrado da Scribner's. Sua caligrafia, geralmente ponderada, tensa de contradições, oscilava do comportado e preciso ao garrancho infantil. Mas, mesmo antes de ler as palavras, o que me comoveu mais profundamente foi o cabeçalho simples: "Patti — o que eu penso — Robert". Eu havia pedido, até implorado, tantas vezes antes de ele ir embora, que me dissesse o que estava pensando, o que estava passando por sua cabeça. Ele não tinha palavras para mim.

Percebi, olhando para essas folhas de papel, que ele havia descido fundo em si mesmo por minha causa e havia tentado expressar o inexprimível. Imaginar a angústia que o levara a escrever essa carta me levou às lágrimas.

"Eu abro portas, fecho portas", escreveu. Ele não amava ninguém, ele amava todo mundo. Ele adorava sexo, ele odiava sexo. A vida é uma mentira, a verdade é uma mentira. Seus pensamentos terminavam com uma ferida aberta. "Fico nu quando desenho. Deus segura minha mão e cantamos juntos." Seu manifesto como artista.

Deixei os aspectos confessionais de lado, e aceitei aquelas palavras como uma hóstia de comunhão. Ele havia jogado a linha que me seduziria, unindo-nos definitivamente. Dobrei a carta e guardei de volta no envelope, sem saber o que viria em seguida.

As paredes estavam cobertas de desenhos. Imitei Frida Kahlo, criando uma suíte de autorretratos, cada um contendo um fragmento de poesia que acompanhava meu estado emocional fragmentado. Imaginei o grande sofrimento dela, que fez o meu parecer pequeno. Certa tarde estava subindo a escada do apartamento e Janet me encontrou na metade do caminho. "Fomos assaltadas", gritou. Subi atrás dela. Imaginei que tínhamos muito pouca coisa que interessasse a um ladrão. Fui até o meu quarto. Os ladrões, frustrados com nossa falta de bens venais, haviam rasgado a maioria dos meus desenhos. Os poucos ainda intactos estavam cobertos de lama e marcas de botas.

Profundamente abalada, Janet decidiu que era hora de sair do apartamento e morar com o namorado. O lado leste da Avenue A no East Village ainda era uma área perigosa, e, como eu havia prometido a Robert que não ficaria ali sozinha, voltei para o Brooklyn. Encontrei uma quitinete na Clinton Avenue, a um quarteirão da escadaria onde eu dormira no verão anterior. Preguei os desenhos sobreviventes na parede. Então, por impulso, andei até a loja de material artístico chamada Jake's e comprei tinta a óleo, pincéis e telas. Resolvi que iria pintar.

Havia observado Howie pintando quando estava com ele. Seu processo era físico e abstrato de um modo que o de Robert não era, e me lembrei de minhas próprias ambições juvenis, tomada de um desejo de também pegar um pincel. Levando minha câmera ao MOMA, fui em busca de inspiração. Fiz uma série de fotos em preto e branco de *Mulher 1*, de De Kooning, e as revelei. Colei-as na parede e comecei a desenhar o retrato. Gostei da ideia de fazer um retrato de um retrato.

Robert ainda estava em São Francisco. Ele havia escrito dizendo que estava com saudade, e que havia conseguido realizar sua missão, descobrindo novas coisas sobre si mesmo. Até quando me contava de suas experiências com outros homens, garantia que ainda me amava.

Minha reação ao que ele agora admitia foi mais emocional do que eu havia

Autorretrato, *Brooklyn, 1968*

imaginado que seria. Nada em minha experiência me habilitara para aquilo. Senti como se houvesse falhado com ele. Achava que um homem virava homossexual quando não havia encontrado uma mulher que o salvasse, um equívoco que eu havia criado a partir da trágica união de Rimbaud e Paul Verlaine. Rimbaud lamentava até o fim da vida não ter conseguido encontrar uma mulher com quem pudesse compartilhar todo o seu ser, física e intelectualmente.

Em minha imaginação literária, a homossexualidade era uma maldição poética, noção que eu havia tirado de Mishima, Gide e Genet. Na verdade eu não sabia nada sobre homossexualidade. Achava que era algo irremediavelmente associado à afetação e ao exagero. Eu, que sempre me orgulhara de não julgar, vi que minha compreensão era estreita e provinciana. Mesmo ao ler Genet, eu via seus homens como uma raça mística de ladrões e marujos. Não compreendia inteiramente seu mundo. Considerava Genet um poeta.

Estávamos nos desenvolvendo com necessidades diferentes. Eu precisava explorar o mundo para além de mim mesma e Robert precisava buscar dentro de si. Ele havia explorado o vocabulário de seu trabalho, e, conforme esses componentes mudavam e se transformavam, ele estava na verdade criando um diário de sua evolução interior, anunciando a emergência de uma identidade sexual reprimida. Nunca me dera nenhuma indicação em seu comportamento que eu pudesse interpretar como homossexual.

Percebi que ele havia tentado renunciar à sua natureza, negar seus desejos, fazer o que era certo para nós. Quanto a mim, fiquei me perguntando se devia ter sido capaz de dissipar esses impulsos. Ele fora muito tímido e respeitoso e receoso demais para falar sobre essas coisas, mas não havia dúvida de que ele ainda me amava, eu o amava.

Quando Robert voltou de São Francisco, parecia ao mesmo tempo triunfante e perturbado. Torcia para que ele voltasse transformado, e voltou, mas não como eu imaginava. Estava com um brilho ainda maior do que antes, e mais afetuoso comigo do que nunca. Embora estivesse experimentando seu despertar sexual, ele ainda esperava que pudéssemos encontrar um modo de continuar nossa relação. Eu não tinha certeza se saberia lidar com sua nova concepção de si mesmo, ou ele com a minha. Como eu suspeitava, ele havia conhecido alguém, um menino chamado Terry, e embarcara em seu primeiro caso com um homem.

Quaisquer que tenham sido suas outras relações e experiências em São Francisco, foram casuais e experimentais. Terry foi um namorado de verdade, bom e bonito, com cabelo castanho ondulado. Os dois tinham um ar narcisista, em seus casacos com cintos combinando e olhares astutos. Eram um a imagem do outro, não tanto na semelhança física, mas na linguagem corporal, sincronizados. Senti um misto de compreensão e inveja pela intimidade e pelos segredos que imaginei que compartilhassem.

Robert conhecera Terry por intermédio de Judy Linn. Terry, de voz macia, compreensivo, aceitou o carinho de Robert por mim, e me tratava com afeto e compaixão. Com Terry e Robert, descobri que a homossexualidade era um modo natural de ser. Mas, conforme os sentimentos entre Terry e Robert se aprofundavam, e a relação intermitente com meu pintor esfriava, eu me vi completamente sozinha e confusa.

Robert e Terry me visitavam sempre, e, embora não houvesse nada de negativo entre nós três, algo se rachou dentro de mim. Talvez fosse o frio, a filha pródiga que voltava ao Brooklyn ou a falta de costume com a solidão, mas passei a me ver tomada por longos acessos de choro. Robert fazia tudo o que podia para eu me sentir melhor, enquanto Terry ficava ali desamparado. Quando Robert vinha sozinho, eu implorava para ele ficar. Ele me dizia que estava sempre pensando em mim.

Com as férias de fim de ano chegando, concordamos em trabalhar em livros de desenhos como um presente mútuo. De alguma forma, Robert estava me dando uma tarefa para ajudar a me recuperar, alguma coisa criativa em que me concentrar. Enchi um livro encadernado de couro com desenhos e poemas para ele, e em troca ele me deu um livro de papel quadriculado com desenhos muito parecidos com os que eu vira em nossa primeira noite. Fez a capa de seda púrpura, bordada à mão com linha preta.

O que ficou em minha lembrança do final de 1968 é a expressão preocupada de Robert, a neve forte, telas de naturezas-mortas e um pouco de alívio oferecido pelos Rolling Stones. No meu aniversário, Robert veio me ver sozinho. Trazia um disco novo. Colocou a agulha no lado um e piscou. "Sympathy for the Devil" soou nas caixas e nós dois começamos a dançar. "É a minha música", ele disse.

* * *

 Aonde tudo aquilo levaria? O que seria de nós? Essas eram nossas perguntas juvenis, e as respostas juvenis a elas seriam reveladas.

 Aquilo nos levou um para o outro. Nós nos tornamos nós mesmos.

 Durante algum tempo, Robert me protegeu, depois foi dependente de mim, e depois possessivo. Sua transformação foi a rosa de Genet, e ele foi profundamente dilacerado por seu próprio florescimento. Eu também desejava sentir mais o mundo. Embora às vezes esse desejo não passasse de uma vontade de voltar àquele lugar onde nossa luz silenciosa se irradiava de luminárias pendentes com painéis espelhados. Havíamos nos aventurado como as crianças de Maeterlinck atrás do pássaro azul e ficamos enredados nos espinhos retorcidos de nossas novas experiências.

 Robert reagiu como meu gêmeo amado. Seus cachos escuros mesclavam-se ao emaranhado do meu cabelo, enquanto eu vertia lágrimas. Jurou que poderíamos voltar a como as coisas eram antes, como nós éramos antes, prometendo-me tudo se eu parasse de chorar.

 Uma parte de mim queria simplesmente voltar, embora eu soubesse que não conseguiríamos regressar àquele lugar nunca mais, mas apenas ir e vir como as crianças do barqueiro, através do nosso rio de lágrimas. Eu queria muito viajar, ir a Paris, ao Egito, a Samarcanda, para longe dele, longe de nós dois.

 Ele também tinha uma trilha a seguir e não teria outra escolha senão me deixar para trás.

 Ambos descobrimos que queríamos demais. Só éramos capazes de doar a partir da perspectiva do quem éramos e do que cada um tinha a oferecer. Separados, fomos capazes de enxergar com mais clareza que um não queria mais ficar sem o outro.

 Eu precisava de alguém com quem conversar. Fui a Nova Jersey para o aniversário de 21 anos da minha irmã Linda. Estávamos as duas passando pela dor do crescimento e uma consolou a outra. Levei-lhe um livro de fotos de Jacques-Henri Lartigue, e enquanto folheávamos o livro sentimos vontade de visitar a França. Passamos a noite planejando, e, antes de dormir, juramos que iríamos juntas a Paris, algo nada simples para duas garotas que nunca tinham entrado em um avião.

Essa ideia me manteve firme durante o longo inverno. Fiz horas extras na Scribner's, economizando e planejando nossa viagem, localizando os ateliês e as sepulturas, desenhando um itinerário para minha irmã e para mim, como eu antes traçara a movimentação tática do exército de meus irmãos.

Acho que esse não foi um período artisticamente produtivo para Robert nem para mim. Robert estava emocionalmente abalado pela intensidade do enfrentamento de uma natureza que ele havia reprimido quando estava comigo e descobrira com Terry. Mas, se por um lado se sentia grato, por outro parecia sem inspiração, quando não até entediado, e talvez não conseguisse evitar de fazer comparações entre a atmosfera da vida deles e a nossa.

"Patti, ninguém vê as coisas como nós", ele me contou.

Alguma coisa no ar da primavera e o poder restaurador da Páscoa fez com que Robert e eu voltássemos a ficar juntos. Sentamos no restaurante perto do Pratt e pedimos nossa refeição favorita — queijo quente no pão de centeio com tomates e um chocolate quente. Agora tínhamos dinheiro o bastante para dois sanduíches.

Os dois haviam se entregado a outras pessoas. Hesitamos e perdemos todo mundo, mas encontramos um ao outro novamente. Queríamos, ao que parecia, o que já tínhamos antes, um amante amigo para criar junto, lado a lado. Ser leal, mas livre.

Resolvi que era a hora de ir embora. Meus serões na livraria sem tirar férias haviam valido a pena, e me garantiram uma licença. Minha irmã e eu fizemos nossas malas de lona. Relutantemente, deixei para trás meu material de desenho, para não carregar peso. Levei apenas um caderno e dei minha câmera para minha irmã.

Robert e eu prometemos que trabalharíamos duro enquanto estivéssemos separados, eu lhe escreveria poemas e ele faria desenhos para mim. Ele jurou que escreveria e me manteria a par de suas pesquisas.

Quando nos abraçamos para nos despedir, ele recuou e me olhou com um propósito nos olhos. Não dissemos nada.

Com nossas parcas economias, Linda e eu fomos a Paris via Islândia em um avião de brinquedo. Foi uma viagem árdua, e, embora eu estivesse animada, fiquei dividida por deixar Robert para trás. Tudo o que era nosso ficou amontoado em dois quartinhos da Clinton Street no Brooklyn sob a guarda de um velho zelador que definitivamente estava de olho em nossas coisas.

Robert havia se mudado da Hall Street e estava morando com amigos perto da Myrtle Avenue. Diferentemente de mim, Robert não gostava de viajar. A perspectiva de se tornar financeiramente independente através de seu trabalho era seu principal objetivo, mas enquanto isso ele dependia de bicos estranhos e do dinheiro de seu empréstimo universitário.

Linda e eu ficamos mais do que felizes por estar em Paris, a cidade dos nossos sonhos. Escolhemos um hotel barato em Montmartre e percorremos toda a cidade em busca dos lugares onde Piaf havia cantado, Gérard de Nerval havia dormido e Baudelaire estava enterrado. Encontrei alguns grafites na Rue des Innocents que me inspiraram a desenhar. Linda e eu achamos uma loja de material artístico e ficamos horas examinando lindos papéis de desenho franceses com incríveis marcas-d'água de anjos. Comprei alguns lápis, algumas folhas de Arches, e escolhi uma pasta vermelha grande com fitas de lona, e a

usei como mesa improvisada sobre a cama. Com uma perna cruzada, a outra balançando de lado, desenhei com segurança.

Levei minha pasta de galeria em galeria. Seguimos um grupo de músicos de rua e ficamos improvisando por alguns trocados. Trabalhei nos meus desenhos e escrevi, e Linda tirou fotos. Comíamos pão com queijo, bebíamos vinho argelino, pegamos piolho, usamos camisas de gola canoa e percorremos felizes as vielas de Paris.

Assistimos a *One plus one* de Godard. O filme me causou uma forte impressão em termos políticos e renovou meu amor pelos Rolling Stones. Poucos dias depois, os jornais franceses estampavam o rosto de Brian Jones: *est mort, 24 ans*. Lamentei o fato de não podermos ir ao show gratuito que os outros Stones fizeram em homenagem a ele para 250 mil pessoas no Hyde Park, que culminou com Mick Jagger soltando várias pombas brancas no céu de Londres. Deixei meus lápis de lado e comecei um ciclo de poemas para Brian Jones, expressando pela primeira vez meu amor pelo rock and roll dentro do meu trabalho.

Um dos pontos altos daqueles dias era nossa ida ao escritório da American Express para mandar e receber correspondências. Sempre havia alguma coisa de Robert, pequenas cartinhas divertidas descrevendo seu trabalho, sua saúde, seus apuros, e sempre com seu amor.

Ele havia se mudado temporariamente do Brooklyn para Manhattan, dividindo um loft na Delancey Street com Terry, com quem ainda tinha um relacionamento amigável, e um casal de amigos de Terry que tinha uma empresa de mudanças. Trabalhar com mudanças deu algum dinheiro a Robert, e o loft tinha espaço livre o bastante para ele continuar a desenvolver sua arte.

Suas primeiras cartas pareciam um pouco deprimidas, mas se animaram quando ele descreveu ter visto *Perdidos na noite* pela primeira vez. Era raro Robert ir ao cinema, mas levou esse filme a sério. "É sobre um caubói que faz michê na Forty-second Street", ele me escreveu, dizendo que era uma "obra-prima". Sentiu uma profunda identificação com o herói, o que instilou a ideia do michê em seu trabalho, e depois em sua vida. "Michê-michê-michê. Acho que é isso que eu sou."

Às vezes ele parecia perdido. Eu lia suas cartas desejando estar em casa a seu lado. "Patti, queria chorar muito", escreveu, "mas as minhas lágrimas estão aqui dentro. Estão vendadas aqui dentro. Hoje não consigo enxergar. Patti, eu não sei nada."

Ele pegava o trem F até a Times Square, misturando-se a vigaristas, gigolôs e prostitutas no que chamava de "o Jardim da Perversão". Deu-me uma foto sua feita em uma cabine fotográfica, usando o casaco de marujo que eu lhe dera, olhando-me de lado em seu velho quepe naval francês; sempre foi minha foto favorita dele.

Em resposta fiz um desenho com colagem chamado *Meu michê*, usando uma carta dele na composição. Mesmo tendo dito que não havia com que se preocupar, ele parecia estar se aprofundando no submundo sexual, que passou a retratar em sua arte. Parecia atraído pelo imaginário sadomasoquista — "não tenho certeza do que tudo isso significa — só sei que é bom", e me descreveu trabalhos intitulados *Calças justas para trepar* e desenhos em que ele havia dilacerado personagens sadomasoquistas com um estilete. "Pus um gancho onde ficaria o pau, onde vou pendurar aquela corrente com dados e caveiras." Ele falava em usar curativos sangrentos e pedaços de gaze estrelados.

Não era mera masturbação. Ele estava filtrando aquele mundo através de sua própria estética, criticando um filme chamado *Male Magazine* como "pura exploração usando um elenco masculino". Quando foi ao Tool Box, um bar sadomasoquista, achou que era só "um monte de correntes enormes e porcarias na parede, nada realmente excitante", e pensou em projetar um lugar como aquele.

Conforme as semanas foram passando, fiquei preocupada que ele não estivesse bem. Não era típico dele reclamar de sua condição física. "Minha boca não está bem", escreveu, "a gengiva está branca e doendo." Às vezes ele não tinha dinheiro para comer.

Mas o PS ainda trazia uma bravata de Robert. "Fui acusado de me vestir como um michê, de ter cabeça de michê e também corpo de michê."

"Mas ainda amo você apesar de tudo", ele terminava, assinando "Robert" com o t formando uma estrela azul, nosso sinal.

Minha irmã e eu voltamos para Nova York no dia 21 de julho. Todo mundo só falava da Lua. Um homem havia andado nela, mas eu mal me dei conta. Arrastando minha mala de lona e minha pasta, encontrei o loft onde Robert estava morando na Delancey Street, embaixo da ponte Williamsburg. Ficou muito feliz de me ver, mas achei que ele estava em péssima forma. Suas cartas não haviam me preparado inteiramente para seu estado terrível. Ele vinha sofrendo com a gengiva inflamada e febres altas, e havia perdido peso. Tentou disfarçar sua fraqueza, mas toda vez que se levantava sentia tontura. No entanto continuava produtivo.

Estávamos a sós; os outros rapazes com quem ele dividia o loft haviam viajado para Fire Island no fim de semana. Li para ele alguns dos meus poemas novos e ele pegou no sono. Fui conhecer o loft. O assoalho encerado estava repleto dos trabalhos que ele descrevera tão vividamente nas cartas. Tinha motivos para estar tão seguro. Era bom. Sexo masculino. Havia também um trabalho sobre mim, com meu chapéu de palha em um campo de retângulos cor de laranja.

Arrumei suas coisas. Seus lápis de cor, apontadores de latão, restos de revistas masculinas, estrelas douradas e gaze. Então me deitei a seu lado, pensando em meu próximo passo.

Antes de amanhecer o dia fomos acordados por uma série de disparos e gritos. A polícia nos orientou para trancar todas as portas e não sair por algumas horas. Um rapaz havia sido assassinado bem na nossa porta. Robert ficou horrorizado por estarmos tão perto do perigo na noite da minha volta.

De manhã, quando abri a porta, fiquei abalada ao ver a silhueta de giz do corpo da vítima. "Não podemos ficar aqui", ele disse. Ficou preocupado com a nossa segurança. Deixamos quase tudo para trás — minha sacola de lona com as lembranças de Paris, o material de arte dele e nossas roupas —, levamos apenas nossos pertences mais preciosos, nossas pastas, e atravessamos a cidade até o Hotel Allerton na Eight Avenue, um lugar famoso por seus quartos baratíssimos.

Esses dias marcaram o ponto mais baixo da nossa vida juntos. Não me lembro de como fomos parar no Allerton. Era um lugar terrível, escuro e abandonado, com janelas empoeiradas que davam para a rua barulhenta. Robert me deu vinte dólares que ganhara transportando pianos; a maior parte foi para o depósito do quarto. Comprei leite, pão e pasta de amendoim, mas ele não conseguiu comer. Sentei-me ali vendo-o suar e tremer sobre uma cama de ferro. As molas do velho colchão apareciam por baixo do lençol manchado. O lugar fedia a urina e inseticida, o papel de parede descascando como pele morta no verão. Não havia água corrente na pia estropiada, apenas uma ou outra gota enferrujada pingando a noite inteira.

Apesar de doente, ele quis fazer amor, e talvez nossa união tenha sido algum alívio, pois eliminou seu suor. De manhã saiu no corredor para ir ao banheiro e voltou visivelmente irritado. Estava com indícios de gonorreia. A imediata sensação de culpa e preocupação que eu pudesse ter pego aumentou sua angústia com nossa situação.

Ainda bem que ele dormiu a tarde inteira quando fui andar pelos corredores. O lugar era infestado de vagabundos e viciados. Hotéis baratos não eram nenhuma novidade para mim. Minha irmã e eu havíamos ficado em Pigalle no sexto andar de um prédio sem elevador, mas nosso quarto era limpo, até alegre, com uma vista romântica dos telhados de Paris. Não havia nada de romântico naquele lugar, vendo caras seminus tentando encontrar uma veia nos braços cheios de feridas. Todas as portas ficavam abertas porque era muito quente, e eu tinha que desviar os olhos toda vez que ia e voltava do banheiro para molhar os panos que usava na testa de Robert. Senti-me como uma criança no cinema tentando não olhar para a cena do chuveiro em *Psicose*. Foi uma imagem que fez Robert dar risada.

Seu travesseiro empelotado estava repleto de piolhos, que se escondiam em seus cachos empapados de suor. Eu havia visto muito piolho em Paris e pelo menos conseguira associá-los ao mundo de Rimbaud. Aquele travesseiro sujo era ainda mais triste.

Fui buscar um pouco de água para Robert e uma voz me chamou do meio do corredor. Foi difícil saber se era uma voz de homem ou de mulher. Olhei e vi uma bicha um tanto velhusca embrulhada em um robe de chiffon puído sentada na beira da cama. Senti-me segura quando me contou sua história. Havia sido bailarino, mas hoje era um viciado em morfina, um misto de Nureyev e Artaud. Suas pernas ainda eram musculosas, mas já havia perdido quase todos os dentes. Devia ter sido maravilhoso com seus cabelos dourados, ombros largos e maxilas salientes. Sentei-me no corredor diante de sua porta, a única plateia para sua performance delirante, dançando pelo corredor como uma Isadora Duncan de chiffon, enquanto cantava uma versão atonal de "Wild is the wind".

Ele me contou as histórias de alguns dos vizinhos, de cada um dos quartos, e sobre o que haviam sacrificado pelo álcool e pelas drogas. Eu nunca tinha visto tanta miséria e falta de esperança juntas, almas perdidas que haviam estragado suas vidas. Ele parecia presidir aquilo tudo, delicadamente lamentando sua carreira fracassada, dançando pelos corredores com seu pálido trapo de chiffon.

Sentada ao lado de Robert, analisando nossa própria sina, quase lamentei a busca do caminho da arte. As pastas pesadas apoiadas na parede manchada, a minha vermelha com fitas cinzas, a dele preta com fitas pretas, pareciam um fardo material. Houve ocasiões, quando eu estava em Paris, em que quis simplesmente largar tudo aquilo em um beco e ser livre. Mas, quando as abri e olhei para nosso trabalho, senti que estávamos no caminho certo. Só precisávamos de um pouco de sorte.

À noite, Robert, geralmente tão resignado, chorou. Suas gengivas formaram abscessos, ele estava muito vermelho, e o lençol estava empapado de suor. Procurei o anjo da morfina. "Você tem alguma coisa para ele?", supliquei. "Alguma coisa para aliviar a dor?", arrisquei, tentando atravessar seu véu opiáceo. Ele me concedeu outro momento de lucidez, e foi até nosso quarto. Robert estava lá deitado, delirando de febre. Achei que fosse morrer.

"Você precisa levá-lo ao médico", disse o anjo da morfina. "Vocês precisam sair daqui. Este lugar não é para vocês." Olhei para a cara dele. Tudo pelo que ele havia passado estava expresso naqueles olhos azuis mortiços. Por um momento eles se acenderam. Não por ele, mas por nós.

Não tínhamos dinheiro para pagar nossa conta. Com a primeira luz do dia, acordei Robert, ajudei-o a se vestir, e saímos pela escada de incêndio. Deixei-o na calçada para subir de volta e buscar nossas pastas. Tudo o que nos restava no mundo.

Quando olhei para cima, vi alguns dos tristíssimos moradores acenando com seus lenços. Estavam debruçados nas janelas dizendo "adeus, adeus" às crianças que fugiam do purgatório daquela existência.

Parei um táxi. Robert entrou, seguido pelas pastas. Antes de entrar no carro, dei uma última olhada para o melancólico esplendor daquela cena, as mãos acenando, a agourenta placa de neon do Allerton, e o anjo da morfina cantando na saída de emergência.

Robert apoiou a cabeça no meu ombro. Pude sentir que um pouco da aflição deixava seu corpo. "Vai dar tudo certo", falei. "Vou voltar para o meu emprego e você vai ficar melhor."

"A gente vai conseguir, Patti", ele disse.

Juramos que nunca mais nos separaríamos de novo, até que os dois soubéssemos que estávamos prontos para aguentar sozinhos. E essa promessa, apesar de tudo que ainda passaríamos, nós mantivemos.

"Hotel Chelsea", eu disse ao motorista, vasculhando os bolsos atrás de alguns trocados, ainda sem certeza se teria como pagar.

HOTEL CHELSEA

Estou no modo Mike Hammer, fumando Kools e lendo romances policiais baratos no saguão, enquanto espero William Burroughs. Ele chega impecavelmente vestido em um sobretudo escuro de gabardine, terno cinza e gravata. Fico sentada em meu posto por algumas horas rabiscando poemas. Ele sai trôpego do El Quixote, um pouco bêbado e desgrenhado. Ajeito sua gravata e paro um táxi para ele. É nossa rotina sem palavras.

Nesse ínterim cronometro a ação. De olho no movimento do saguão cheio de arte ruim nas paredes. Objetos volumosos e invasivos descarregados ali para Stanley Bard em troca do aluguel. O hotel é um porto energético, desesperado, para bandos de crianças talentosas que precisam correr atrás de cada degrau da escada. Vadios com violão e bichas muito loucas em vestidos vitorianos. Poetas viciados, dramaturgos, cineastas falidos e atores franceses. Todo mundo que passa por aqui é alguém, mesmo que não seja ninguém no mundo lá fora.

O elevador é lento. Saio no sétimo andar para ver se Harry Smith está por ali. Ponho a mão na maçaneta, sentindo apenas silêncio. As paredes amarelas têm um toque institucional como um reformatório juvenil. Vou de escada e volto ao nosso quarto. Faço xixi no banheiro do corredor que dividimos com hóspedes desconhecidos. Destravo a nossa porta. Nem sinal de Robert exceto pelo bilhete no espelho. Fui à grande Forty-second Street. Te amo. Azul. Reparo que ele arrumou suas coisas. Revistas gays cuidadosamente empilhadas. A tela metálica enrolada e dobrada e as latas de spray enfileiradas embaixo da pia.

Ligo o fogareiro elétrico. Pego um pouco de água da torneira. É preciso deixar escorrer um pouco porque ela sai marrom. São minerais e ferrugem, é o que diz Harry. As minhas coisas estão na gaveta de baixo. Cartas de tarô, fitas de seda, um vidro de Nescafé e a minha caneca. Uma relíquia de infância com uma imagem do Uncle Wiggly, o coelho cavalheiro. Puxo minha Remington de debaixo da cama, ajeito a fita e insiro uma folha nova de almaço. Há muito o que relatar.

Robert estava sentado em uma poltrona embaixo de um Larry Rivers preto e branco. Estava muito pálido. Ajoelhei-me e peguei sua mão. O anjo da morfina dissera que às vezes era possível arranjar um quarto no Chelsea em troca de arte. Minha intenção era oferecer nosso trabalho. Eu achava fortes os desenhos que fizera em Paris e sem dúvida o trabalho de Robert eclipsava qualquer coisa pendurada nas paredes do saguão. Meu primeiro obstáculo seria Stanley Bard, o gerente do hotel.

Fui toda contente ao seu escritório tentar vender nossas virtudes. Ele me dispensou na mesma hora, enquanto continuava uma conversa telefônica que parecia não terminar nunca. Saí e me sentei no chão ao lado de Robert, silenciosamente avaliando nossa situação.

Harry Smith de repente se materializou, como se tivesse saído da parede. Tinha cabelos prateados, uma barba desgrenhada, e me encarou com olhos brilhantes e inquisitivos ampliados por óculos de Buddy Holly. Disparou perguntas animadas que se sobrepunham às minhas respostas. "Quem são vocês você tem dinheiro vocês são gêmeos por que você usa uma fita no pulso?"

Estava esperando sua amiga Peggy Biderman, para ver se ela lhe pagaria um almoço. Embora preocupado com seu próprio apuro, pareceu simpatizar com o nosso e imediatamente ficou todo agitado com Robert, que mal conseguia se manter de pé.

Ele estava parado na nossa frente, ligeiramente corcunda em um paletó de tweed gasto, calças de algodão, botas de alpinismo, e a cabeça empinada como um cão de caça muito inteligente. Embora mal tivesse 45 anos, parecia um velho com um incansável entusiasmo infantil. Harry era reverenciado por sua *Antologia da música folk americana*, e todo mundo, do mais obscuro guitarrista a Bob Dylan, era influenciado por ele. Robert estava doente demais para falar, então Harry e eu começamos a discutir a música dos apalaches, enquanto eu esperava minha hora com o sr. Bard. Harry comentou que estava fazendo um filme inspirado em Bertolt Brecht e recitei um trecho de "Jenny dos piratas" para ele. Aquilo foi o que faltava para ficarmos amigos, embora ele tenha ficado um pouco desapontado por não termos nenhum dinheiro. Seguiu-me pelo saguão dizendo: "Tem certeza de que você não é rica?".

"Nós, os Smith, nunca somos ricos", falei. Ele quase caiu para trás.

"Tem certeza de que o seu nome é mesmo Smith?"

"Tenho", falei, "e tenho mais certeza ainda de que somos parentes."

Fizeram sinal para eu entrar de novo no escritório do sr. Bard. Adotei uma abordagem positiva. Disse que estava indo buscar um adiantamento do meu chefe, mas que lhe daria a oportunidade de ficar com trabalhos que valiam muito mais do que o aluguel de um quarto. Fiz o elogio de Robert, oferecendo ao mesmo tempo nossos portfólios. Bard ficou cético, mas me deu o benefício da dúvida. Não sei se a perspectiva de ver nossos trabalhos significou alguma coisa para ele, mas pareceu impressionado com a minha alegação de emprego. Apertamos as mãos e ele me deu a chave. Quarto 1017. Cinquenta e cinco dólares por semana para morar no Hotel Chelsea.

Peggy já havia chegado e eles me ajudaram a levar Robert até lá em cima. Abri a porta. O quarto 1017 era conhecido por ser o menor do hotel, um quarto azul-claro com uma cama de metal branca coberta com uma manta de chenile cor de creme. Havia uma pia e um espelho, uma pequena cômoda com uma TV preto e branco portátil sobre uma grande toalha de centro desbotada. Robert e eu nunca tivemos TV e ali ela ficou, um talismã futurista embora obsoleto, com a tomada balançando durante toda nossa estadia.

Havia um médico no hotel e Peggy me deu seu número. Tínhamos agora um quarto limpo e uma mão amiga. Serviria principalmente como um lugar para a recuperação de Robert. Estávamos em casa.

O médico chegou e fiquei esperando do lado de fora. O quarto era pequeno demais para três pessoas e eu não queria ver Robert tomando injeção. O médico deu a Robert uma dose cavalar de tetraciclina, prescreveu algumas receitas e me mandou fazer um exame correndo. Robert estava subnutrido e com febre alta, gengivite, dentes do siso nascendo e gonorreia. Nós dois deveríamos receber injeções e declarar que estávamos com uma doença transmissível. O médico disse que eu podia pagar depois.

Fiquei com uma sensação ruim diante da possibilidade de haver contraído uma doença sexualmente transmissível por causa de um estranho. Não era ciúme; era mais porque de repente me senti suja. Todo Genet que eu havia lido continha uma certa santidade que não combinava com a gonorreia. Isso se somou à minha fobia de agulhas, pois o médico havia mencionado uma série de injeções. Minha primeira preocupação era com o bem-estar de Robert, e ele estava doente demais para qualquer comentário emocional.

Sentei-me ao lado dele em silêncio. A luz do Hotel Chelsea pareceu diferente ao incidir sobre nossos poucos pertences, não era uma luz natural, espalhava-se desde o abajur e da lâmpada do teto, intensa e implacável, ainda que parecesse repleta de uma energia única. Robert estava deitado confortavelmente e disse a ele para não se preocupar, que eu voltaria logo. Precisava ficar com ele. Tínhamos nossa promessa.

Isso queria dizer que não estávamos sozinhos.

Saí do hotel e parei diante da placa em homenagem ao poeta Dylan Thomas. Naquela mesma manhã havíamos fugido da aura depressiva do Allerton e agora já tínhamos um quarto pequeno mas limpo em um hotel histórico de Nova York. Passei a fazer um reconhecimento de nosso novo território. Em 1969, a Twenty-third Street entre a Seventh e a Eighth Avenues ainda tinha um clima de pós-guerra. Passei por uma loja de equipamento de pesca, uma loja de discos usados com discos de jazz parisiense quase imperceptíveis através da vitrine empoeirada, um restaurante Automat de bom tamanho, e o bar Oasis, com seu coqueiro de neon. Do outro lado da rua, havia um prédio da biblioteca municipal, ao lado de uma enorme sede da ACM.

Virei para o leste, entrei na Fifth Avenue e caminhei até a Scribner's na Forty-eighth Street. Embora eu tivesse tirado uma licença longa, estava segura de que me pegariam de volta. Estava voltando um pouco contrariada, mas, considerando nossa situação, a Scribner's foi realmente uma salvação. Meus chefes foram afetuosos ao me cumprimentar, desci até o porão, tomei café e comi bolinhos de canela com todo mundo, e fiquei contando histórias das ruas de Paris, destacando os aspectos divertidos de nossas desventuras e terminando com minha intenção de voltar ao emprego. Como bônus, eles me deram um adiantamento para as despesas imediatas e o bastante para uma semana de aluguel, o que acabou por deixar o sr. Bard extremamente impressionado. Ele não chegara a ver nosso trabalho, mas ficara com as pastas para considerações futuras, de modo que ainda havia esperança de permuta.

Levei um pouco de comida para Robert. Era a primeira vez que ele comia alguma coisa desde a minha volta. Contei dos meus acordos com a Scribner's e com Bard. Ficamos pasmados com a quantidade de coisas que haviam acontecido, retraçando nossa pequena odisseia da calamidade à calma. Então ele se calou. Eu sabia o que ele estava pensando. Não pediu desculpas, mas eu sabia que era isso. Ele estava se perguntando, com a cabeça apoiada no meu ombro, se eu não estaria melhor se não tivesse voltado. Mas eu estava de volta. Afinal estávamos melhor juntos.

Eu sabia como cuidar dele. Eu cuidava bem de doentes, sabia curar uma febre, pois havia aprendido com minha mãe. Sentei-me ao seu lado, enquanto ele pegava no sono. Estava cansada. Minha volta para casa tomara um rumo conturbado, mas as coisas estavam dando certo e eu não estava nem um pouco arrependida. Estava animada. Fiquei ali escutando-o respirar, a luz da noite se derramando em seu travesseiro. Senti a força da comunidade no hotel adormecido. Dois anos antes, ele havia me resgatado, aparecendo do nada no Tompkins Square Park. Agora era eu quem o resgatava. No final das contas, estávamos quites.

Alguns dias depois, fui à Clinton Street para acertar as coisas com Jimmy Washington, nosso antigo zelador. Subi os pesados degraus de pedra pela última vez. Sabia que nunca mais voltaria para o Brooklyn. Parei do lado de fora de sua porta por um momento, me preparando para bater. Dali conseguia ouvir "Devil with a blue dress" tocando e Jimmy Washington falando com a esposa. Ele abriu lentamente a porta e ficou surpreso ao me ver. Havia guardado todas as coisas de Robert, mas era óbvio que acabara gostando um bocado das minhas. Não consegui conter uma risada ao entrar em sua sala. Minhas fichas de pôquer azuis em uma caixa aberta, meu barco à vela com velas feitas à mão e minha chamativa Infanta de gesso estavam cuidadosamente dispostos sobre a lareira. Meu xale mexicano estava aberto sobre a cadeira de madeira da escrivaninha que eu lixara e pintara com esmalte branco. Eu a chamava de minha cadeira Jackson Pollock, pois parecia uma cadeira de jardim que eu havia visto em uma fotografia da propriedade de Pollock e Krasner em Springs.

"Estava cuidando de tudo para você", ele disse um tanto acanhado. "Não tinha como saber se você iria voltar." Eu simplesmente sorri. Ele ofereceu café e começamos a barganha. Eu lhe devia três meses de aluguel: 180 dólares. Ele poderia ficar com o depósito de sessenta dólares e as minhas coisas e estaríamos quites. Ele encaixotara os livros e os discos. Reparei no *Nashville skyline* no topo da pilha de discos. Robert me dera antes da viagem a Paris e eu ficara ouvindo "Lay lady lay" sem parar. Recolhi meus cadernos e encontrei entre eles o exemplar de *Ariel*, de Sylvia Plath, que Robert me trouxera em nosso primeiro encontro. Senti uma ligeira pontada no peito, pois sabia que aquela fase da nossa vida tinha passado. Enfiei no bolso um envelope com as fotos preto e branco que eu fizera de *Mulher 1* no MOMA, mas deixei para trás minhas tentativas fracassadas de pintar o retrato dela, rolos de telas respingadas de carmim, rosa e verde, suvenires de uma ambição perdida. Eu estava curiosa demais quanto ao futuro para olhar para trás.

Quando estava indo embora, reparei em um dos meus desenhos pendurado na parede. Se Bard não quisesse, pelo menos Jimmy Washington queria. Disse adeus às minhas coisas. Estavam melhor ali com ele no Brooklyn. Coisa nova é o que não falta, com certeza.

Embora estivesse contente com o emprego, voltei com alguma relutância à Scribner's. Ter ficado sozinha em Paris me dera uma sensação de mobilidade e foi difícil me readaptar. Minha amiga Janet havia se mudado para São Francisco, e agora eu estava sem minha poeta confidente.

As coisas acabaram melhorando de novo quando fiz uma nova amiga chamada Ann Powell. Tinha cabelos castanhos compridos, olhos castanhos e tristes, e um sorriso melancólico. Annie, como eu a chamava, também era poeta, mas na linhagem americana. Adorava Frank O'Hara e filmes de gângsteres, e me arrastava para o Brooklyn para assistirmos a filmes com Paul Muni e John Garfield. Inventávamos roteiros de filmes B e eu atuava em todos os papéis para fazê-la rir em nosso horário de almoço. Nosso tempo livre era consumido percorrendo brechós atrás da blusa de gola rolê perfeita, do par de luvas brancas ideal.

Annie estudara em colégio de freiras no Brooklyn, mas adorava Maiakóvski e George Raft. Eu estava feliz por ter alguém com quem conversar sobre poesia e crimes além de discutir os méritos de Robert Bresson versus Paul Schrader.

Eu ganhava uns setenta dólares por semana na Scribner's. Depois de pagar o aluguel, o resto do dinheiro ia para a comida. Precisava complementar nossa renda, e procurei outras formas de ganhar alguma coisa além de bater cartão de ponto. Ia aos sebos vender livros. Tinha um bom olho, garimpava livros infantis raros e primeiras edições autografadas por poucos dólares e vendia por muito mais. O achado de um exemplar intacto de *Love and mr. Lewisham* autografado por H. G. Wells cobriu o aluguel e uma semana de passagens de metrô.

Em uma de minhas buquinagens, encontrei para Robert um exemplar quase novo do *Index Book*, de Andy Warhol. Ele gostou, mas o livro deixou-o agitado, porque também estava fazendo um livro com páginas dobradas e pop-ups. O *Index Book* trazia fotos de Billy Name, que fez as clássicas imagens da Factory de Warhol. Incluía um castelo de pop-up, um acordeom vermelho que fazia um som agudo, um biplano de pop-up e um dodecaedro de um torso peludo. Robert achou que ele e Andy estavam em caminhos paralelos. "É muito bom", ele disse. "Mas o meu vai ser melhor ainda." Estava ansioso para se levantar e voltar a trabalhar. "Não posso simplesmente ficar aqui deitado", disse. "O mundo inteiro está me deixando para trás."

Robert estava inquieto, mas era obrigado a ficar de cama uma vez que seus dentes do siso não podiam ser extraídos enquanto a infecção e a febre não passassem. Odiava ficar doente. Se levantasse de uma vez, teria uma recaída. Faltava-lhe aquela visão do século XIX que eu tinha sobre a convalescência, de saborear a oportunidade de estar de cama para ler livros e escrever poemas longos e febris.

Eu não tinha a menor noção de como seria a vida no Hotel Chelsea quando demos entrada, mas logo percebi que era um tremendo golpe de sorte ter ido parar lá. Poderíamos ter alugado um bom apartamento no East Village pelo que pagávamos ali, mas morar naquele hotel excêntrico e maldito dava uma sensação de segurança comparável à de uma educação cinco estrelas. A boa vontade que nos cercava era uma prova de que as Parcas estavam conspirando para ajudar suas crianças entusiasmadas.

Levou algum tempo, mas, conforme Robert foi ficando mais forte e completamente recuperado, ele começou a se dar bem em Manhattan do mesmo modo que eu me dera mal em Paris. Nós dois sabíamos que ele não funcionaria em um emprego fixo, mas acabava pegando qualquer bico estranho que aparecesse. O que mais odiava era levar obras de arte de uma galeria para outra. Ele não gostava de trabalhar em prol de artistas que achava inferiores, mas eram bicos pagos em dinheiro vivo. Guardávamos cada centavo extra em uma gaveta para conseguir alcançar logo a nossa próxima meta — mudarmos para um quarto maior. Era o principal motivo de estarmos pagando tão corretamente nosso aluguel ali.

Depois que você conseguia um quarto no Chelsea, não seria chutado dali imediatamente se atrasasse o aluguel. Mas entrava para a legião de pessoas que se escondiam do sr. Bard. Queríamos nos estabelecer como bons inquilinos porque estávamos na lista de espera por um quarto maior no segundo andar. Eu já tinha visto muitas vezes a minha mãe fechando as persianas em dias ensolarados, escondendo-se de agiotas e cobradores, durante toda a minha infância, e não tinha nenhuma intenção de me acovardar diante de Stanley Bard. Quase todo mundo devia alguma coisa a Bard. Nós não devíamos nada.

Vivíamos em nosso quartinho como colegas de cela em uma prisão hospitaleira. A cama de solteiro era boa para dormir junto, mas Robert não tinha espaço para trabalhar, nem eu.

O primeiro amigo que Robert fez no Chelsea foi um estilista independente chamado Bruce Rudow. Ele participara do filme de Warhol, *The thirteen most beautiful boys*, e fazia uma ponta em *Perdidos na noite*. Era miúdo e ágil, com uma semelhança sobrenatural com Brian Jones. Tinha olheiras sob os olhos claros, sombreados por um chapéu espanhol preto de aba larga, como o de Jimi Hendrix. Seus cabelos loiros arruivados lhe caíam sobre as maçãs salientes e ele exibia um sorriso aberto. A associação com Brian Jones já teria sido o bastante para mim, mas ele ainda tinha uma disposição delicada e generosa. Era discretamente insinuante, mas não havia nada entre ele e Robert. Fazia parte de sua natureza afável.

Ele veio nos visitar, e, como não havia onde sentar, nos convidou para irmos à casa dele. Tinha um ateliê espaçoso, repleto de peles de cobra, de carneiro, e pedaços de couro vermelho. Havia cortes de tecido espalhados pelas longas mesas de costura e paredes cobertas de prateleiras com peças prontas. Tinha sua própria fabriqueta. Bruce fazia jaquetas de couro pretas com franjas prateadas, muito bem-feitas, que haviam saído na revista *Vogue*.

Bruce resolveu apadrinhar Robert, encorajando-o com estímulos acolhedores. Eram ambos talentosos, e um inspirava o outro. Robert estava interessado nas relações entre arte e moda, e Bruce orientou-o sobre as maneiras de se inserir no mundo da moda. Ofereceu-lhe um espaço para trabalhar em seu ateliê. Apesar de agradecido, Robert não gostava da ideia de trabalhar no espaço de outra pessoa.

Provavelmente a pessoa mais influente que conhecemos no Chelsea foi Sandy Daley. Era uma artista carinhosa e um tanto reclusa que morava ao nosso lado no 1019. Seu quarto era todo branco; até o chão era branco. Tínhamos que tirar o sapato para entrar. Ali pairavam sobre nossa cabeça os balões prateados de hélio originais da Factory. Eu nunca tinha visto um lugar daqueles. Sentávamos descalças no piso branco e tomávamos café olhando seus livros de fotografia. Sandy parecia às vezes uma negra cativa em seu quarto branco. Costumava usar um longo preto e eu gostava de andar atrás dela para ver a cauda se arrastar pelo corredor e pela escada.

Sandy passava muito tempo trabalhando na Inglaterra, na Londres de Mary Quant, das capas de chuva de plástico e Syd Barrett. Usava unhas compridas, e eu ficava impressionada com sua técnica de levantar o braço do toca-discos sem estragar a manicure. Ela fazia fotografias simples, elegantes, e andava sempre com uma Polaroid. Foi Sandy quem emprestou a Robert sua primeira Polaroid, e foi confidente e crítica valiosa de suas primeiras fotografias. Sandy nos apoiava e conseguiu acompanhar, sem nenhum julgamento, as transições pelas quais Robert passou como homem e como artista.

Seu espaço combinava melhor com Robert do que comigo, mas foi um alívio para a bagunça do nosso quartinho apinhado. Se eu precisasse tomar um banho ou simplesmente quisesse divagar em uma atmosfera de luz e espaço, sua porta estava sempre aberta. Muitas vezes eu ficava ali, sentada no chão ao lado do meu objeto favorito, uma grande bacia de prata batida que parecia uma calota brilhante com uma única gardênia boiando no centro. Ficava ouvindo o *Beggars banquet* sem parar, enquanto aquela fragrância permeava o quarto vazio.

Fiquei também amiga de um músico chamado Matthew Reich. Seu espaço era totalmente utilitário, sem nada além do violão e do livro de composições preto e branco, com letras e observações desconexas escritas com velocidade desumana. Era muito magro e obviamente obcecado por Bob Dylan. Tudo nele — cabelo, roupas e jeito — refletia o estilo de *Bringing it all back home*. Havia sido casado com a atriz Geneviève Waïte, depois de um namoro turbulento. Ela rapidamente se deu conta de que Matthew era inteligente mas meio louco, e não era parente de Bob Dylan. Acabou fugindo com Papa John dos Mamas and the Papas e deixou Matthew vagando pelos corredores do hotel com uma camisa social e calças de pregas.

Embora se inspirasse em Bob Dylan, ainda assim não existia ninguém igual a Matthew. Gostávamos dele, mas Robert só conseguia suportá-lo em pequenas doses. Matthew foi o primeiro músico que conheci em Nova York. Eu me identificava com sua fixação por Dylan, e, ao ver como ele fazia uma música, entrevi a possibilidade de transformar meus poemas em canções.

Nunca descobri se sua fala acelerada era reflexo do uso de anfetaminas ou de uma cabeça já anfetaminada. Quantas vezes ele não me levou por becos ou através dos labirintos de sua lógica incompreensível. Eu me sentia como Alice com o Chapeleiro Maluco, ouvindo piadas sem graça e tendo que refazer meus passos no tabuleiro para recobrar a lógica do meu próprio universo particular.

Tive que fazer muita hora extra para compensar o adiantamento que recebi na Scribner's. Depois de algum tempo, fui promovida e passei a entrar ainda mais cedo no trabalho, acordando às seis e andando até a Sixth Avenue para pegar o trem F até o Rockefeller Center. O metrô custava vinte centavos. Às sete eu abria o cofre, enchia as registradoras e aprontava tudo para o dia começar, revezando-me em diversas tarefas com a chefe do caixa. Estava ganhando um pouco mais de dinheiro, mas preferiria ter só minha própria seção e ficar organizando os livros. Eu terminava de trabalhar às sete e geralmente ia andando para casa.

Robert vinha sempre me receber, ansioso por me contar de alguma coisa em que vinha trabalhando. Uma noite, depois de ler meu caderno, ima-

ginou um totem para Brian Jones. Tinha a forma de uma flecha, com pele de coelho do Coelho Branco, uma frase do Ursinho Puff e um retrato de Brian do tamanho de um camafeu. Terminamos o totem juntos e o penduramos sobre nossa cama.

"Ninguém vê as coisas como nós, Patti", ele disse outra vez. Sempre que dizia esse tipo de coisa, por um espaço mágico de tempo, era como se fôssemos as únicas pessoas no mundo.

Robert finalmente pôde extrair seus dentes do siso. Ele se sentiu mal por alguns dias, mas ficou ao mesmo tempo aliviado. Robert era forte mas dado a infecções, de modo que eu ficava atrás dele com uma bacia de água e sal para manter as cavidades limpas depois da cirurgia. Ele lavava tudo, mas fingia se irritar. "Patti", disse, "você parece uma sereia de um seriado do doutor Ben Casey com esses tratamentos de água salgada."

Harry, que estava sempre por perto, concordou comigo. Falou da importância do sal nos experimentos alquímicos e imediatamente desconfiou que eu estivesse tentando fazer algo de sobrenatural.

"Isso", falei, "vou transformar as entranhas dele em ouro."

Risos. Ingrediente essencial da sobrevivência. E nós ríamos muito.

* * *

E no entanto se podia sentir uma vibração no ar, uma certa pressa. Tudo havia começado com a Lua, a Lua, inacessível poema. Agora os homens haviam andado sobre ela, pegadas de borracha em uma pérola dos deuses. Talvez uma consciência maior da passagem do tempo, o último verão da década. Às vezes eu tinha vontade de simplesmente levantar a mão e parar tudo. Mas parar tudo o quê? Talvez apenas parar de crescer.

A Lua estava na capa da revista *Life*, mas as manchetes de todos os jornais estampavam os brutais assassinatos de Sharon Tate e seus amigos. Os assassinatos de Manson não batiam com a visão de filme noir que eu tinha sobre crimes, mas era o tipo de notícia que acendia a imaginação de quem morava em hotel. Praticamente todo mundo ficou obcecado por Charles Manson. A princípio Robert ficava comentando cada detalhe com Harry e Peggy, mas eu não suportava falar sobre aquilo. Os últimos momentos de Sharon Tate me assombraram, imaginar seu horror ao saber que iriam massacrar sua criança ainda nem nascida. Refugiei-me em meus poemas, escrevendo em um caderno de redação cor de laranja. Imaginar Brian Jones flutuando, emborcado em uma piscina, já havia sido o máximo de tragédia que eu podia suportar.

Robert era fascinado pelo comportamento humano, pelo que leva uma pessoa aparentemente normal a machucar alguém. Acompanhou as notícias sobre Manson, mas sua curiosidade foi minguando conforme o comportamento de Manson foi se revelando mais bizarro. Quando Matthew mostrou a Robert uma foto de Manson no jornal, com um X raspado na testa, Robert recortou o X e usou-o como símbolo em um desenho.

"O X me interessou, mas não o Manson", ele disse a Matthew. "É um insano. A insanidade não me interessa."

Uma semana ou duas depois fui parar no El Quixote por causa de Harry e Peggy. Era um bar-restaurante anexo ao hotel, que tinha uma porta para o saguão, o que fazia com que sentíssemos como se fosse o nosso bar, como vinha sendo havia décadas. Dylan Thomas, Terry Southern, Eugene O'Neill e Thomas Wolfe foram alguns dos que já tomaram mais do que umas e outras ali.

Eu estava com um vestido marinheiro de bolinhas pretas, um longo de viscose, e chapéu de palha, meu figurino de *Vidas amargas*. Sentada à minha esquerda, Janis Joplin presidia a mesa com sua banda. Na outra ponta, à minha direita, Grace Slick e Jefferson Airplane, e também os membros do Country Joe and the Fish. Na última mesa, virada para a porta, estava Jimi Hendrix, cabisbaixo, comendo de chapéu, com uma loira. Havia músicos por toda parte, sentados diante de pratos e mais pratos de camarões com molho verde, paella, jarros de sangria e garrafas de tequila.

Fiquei pasmada, mas não me senti uma intrusa. O Chelsea era o meu lar e El Quixote era o meu bar. Não havia seguranças, nem mesmo sensação alguma de privilégio. Estavam todos ali para o festival de Woodstock, mas eu andava tão absorta naquela vida de hotel que nem me dera conta do festival ou de seu significado.

Grace Slick se levantou e esbarrou em mim ao passar. Estava com um vestido tie-dye que ia até o chão e tinha olhos azul-escuros como os de Liz Taylor.

"Olá", falei, reparando que eu era mais alta.

"Olá, você aí", ela disse.

Quando voltei para o quarto, tive uma inexplicável sensação de afinidade com aquelas pessoas, embora eu não tivesse como interpretar essa sensação premonitória. Jamais poderia prever que um dia entraria no caminho delas. Naquele momento ainda era uma desengonçada vendedora de livros de 22 anos, lutando para terminar uma série de poemas inacabados.

Naquela noite, excitada demais para dormir, um infinito de possibilidades pareceu rodopiar sobre mim. Fiquei olhando para o teto de gesso como fazia quando era criança. Foi como se os padrões vibracionais acima de mim mudassem de lugar até se encaixarem todos.

A mandala da minha vida.

O sr. Bard devolveu o resgate. Abri a porta e vi nossas pastas apoiadas na parede, a preta de tiras pretas, a vermelha de tiras cinza. Abri as pastas e olhei com atenção cada desenho. Não sabia se Bard ao menos tinha visto nosso trabalho. Seguramente, se tinha visto, não foi com os meus olhos. Cada desenho, cada colagem reforçavam minha fé em nossa habilidade. O trabalho era bom. Merecíamos estar ali.

Robert ficou frustrado por Bard não ter aceitado nossa arte como pagamento. Ficara aflito para saber como faríamos, uma vez que naquela tarde seus dois serviços de mudança haviam sido cancelados. Deitou na cama de camiseta branca, macacão, sandálias de couro, muito parecido com o dia em que nos conhecemos. Mas, quando abriu os olhos para olhar para mim, dessa vez não sorriu. Éramos como pescadores jogando nossas redes. A rede era forte, mas muitas vezes voltávamos de mãos vazias de nossas empreitadas. Percebi que precisávamos acelerar um pouco as coisas e encontrar alguém que investisse em Robert. Como Michelangelo, Robert só precisava de sua própria versão de um papa. Com tantas pessoas influentes passando pelo Chelsea, era plausível que um dia encontrássemos um mecenas. A vida no Chelsea era uma feira livre, todo mundo tinha algo de seu para vender.

Enquanto isso, concordamos que esqueceríamos nossa preocupação por uma noite. Pegamos um pouco de dinheiro de nossas economias e fomos andando até a Forty-second Street. Paramos em uma cabine de fotografia do Playland para tirarmos fotos juntos, uma tira de quatro poses por 25 centavos. Compramos cachorro-quente e um refresco de mamão no Benedict's, e nos enfiamos na multidão. Marujos de licença, prostitutas, foragidos, turistas trapaceados e vítimas variadas de abduções alienígenas. Era um calçadão urbano com fliperamas, barracas de suvenires, restaurantes cubanos, clubes de strip-tease e casas de penhores abertas a noite toda. Por cinquenta centavos, podia-se entrar em um cinema de cortinas de veludo manchadas e assistir a dois filmes eróticos.

Fomos às bancas de livros usados, com seus sebentos romances baratos e suas revistas masculinas. Robert sempre estava atrás de material para suas colagens e eu, de impressos obscuros sobre ufologia ou policiais com capas chocantes. Encontrei um exemplar de *Junky*, de William Burroughs, sob o pseudônimo de William Lee, na edição feita pela Ace, dois romances em um volume, de que nunca me desfiz. Robert encontrou algumas páginas soltas de um livro de Tom of Finland com rapazes arianos usando apenas quepes de motoqueiros.

Com poucos dólares, nós dois havíamos dado sorte. Fomos para casa de mãos dadas. Por um momento fiquei para trás só para vê-lo caminhar. Seu passo de marinheiro sempre me comoveu. Sabia que um dia eu pararia e ele seguiria em frente, mas até que esse dia chegasse nada poderia nos separar.

No último fim de semana do verão, fui visitar meus pais. Andei até Port Authority e embarquei com otimismo no ônibus para o sul de Nova Jersey, querendo ver minha família e passar nos sebos de Mullica Hill. Todos em casa sempre adoramos livros e costumávamos levar coisas para revender na cidade. Encontrei uma primeira edição de *Doctor Martino* autografada por William Faulkner.

O clima na casa dos meus pais estava estranhamente sombrio. Meu irmão iria se alistar na Marinha, e minha mãe, apesar de fervorosa patriota, estava aflita com a perspectiva de Todd ser embarcado para o Vietnã. Meu pai estava profundamente perturbado com o massacre de My Lai. A "desumanidade do homem com o homem", como ele dizia, citando Robert Burns. Fiquei com ele enquanto plantava um chorão no quintal. Parecia simbolizar sua tristeza pelos rumos que o país havia tomado.

Mais tarde diriam que o assassinato durante o show dos Stones em Altamont, em dezembro, marcou o fim do idealismo dos anos 60. Para mim, pontuou a dualidade do verão de 1969, Woodstock e o culto de Manson, nosso confuso baile de máscaras

Robert e eu acordamos cedo. Havíamos separado o dinheiro para nosso segundo aniversário juntos. Eu preparara nossas roupas na noite anterior, lavando nossas coisas na pia. Ele torceu o excesso de água, agora que suas mãos recuperavam a força, e estendeu as roupas sobre a cabeceira de ferro da nossa cama, que usávamos de varal. Para se vestir de acordo com a ocasião, desmontou uma peça sua em que havia esticado duas camisetas pretas em uma moldura vertical. Vendi o livro de Faulkner e, além do aluguel da semana, consegui comprar um chapéu Borsalino para Robert na JJ Hat Center na Fifth Avenue. Era um fedora, e ele penteou o cabelo e experimentou o chapéu de vários modos na frente do espelho. Estava claramente feliz, fazendo graça, mostrando a todos seu chapéu de aniversário.

Pôs o livro que eu estava lendo, minha blusa, seus cigarros e uma garrafa de *cream soda* em um saco branco. Ele não se importava de carregá-lo, pois lhe dava um ar de marinheiro. Tomamos o trem F e fomos até o fim da linha.

Sempre adorei o passeio até Coney Island. A ideia de ir ao mar de metrô já era mágica. Estava profundamente absorvida por uma biografia de Crazy Horse, quando fui subitamente capturada pelo presente e olhei para Robert.

Ele parecia um personagem de *Rincão das tormentas* com seu chapéu anos 40, camiseta preta de tule e sandália.

Saltamos no ponto. Caí de pé, cheia de ansiedade como uma criança, guardando o livro de volta no saco. Ele pegou minha mão.

Nada era mais maravilhoso do que Coney Island com sua inocência ousada. Era o tipo de lugar para nós: fliperamas velhos, cartazes descascados de tempos idos, algodão-doce e bonequinhas com vestidos de penas e cartolas reluzentes. Havia perdido o brilho, embora ainda apresentasse bizarrices humanas como o menino com cara de burro, o homem crocodilo e a menina de três pernas. Robert achava fascinante aquele mundo de aberrações, embora ultimamente viesse preferindo rapazes com roupa de couro em seus trabalhos.

Caminhamos pelo calçadão e nos deixamos fotografar por um senhor com uma antiga câmera-caixão. Teríamos que esperar uma hora para revelar, então fomos até o fim da plataforma de pesca, onde havia uma barraca que vendia café e chocolate quente. Fotos de Jesus, do presidente Kennedy e dos astronautas estavam coladas na parede atrás do caixa. Era um dos meus lugares favoritos e às vezes sonhava em arranjar um emprego ali e morar em um daqueles apartamentos velhos em frente ao Nathan's.

Ao longo do píer, meninos caçavam caranguejos com os avós. Desciam por um cordão uma gaiolinha com carne de frango cru como isca e arrastavam para o lado. O píer seria varrido por uma grande tempestade nos anos 80, mas o Nathan's, que era o lugar favorito de Robert, permaneceu. Normalmente nós só tínhamos dinheiro para um cachorro-quente e uma coca. Ele comia quase todo o cachorro-quente e eu ficava com quase todo o chucrute. Mas naquele dia tínhamos o bastante para pedir dois de tudo. Atravessamos a praia para cumprimentar o mar, e cantamos para ele a música "Coney Island Baby", dos Excellents. Ele escreveu nosso nome na areia.

Éramos só nós dois aquele dia, sem nenhuma preocupação. Foi uma sorte que esse momento tivesse sido congelado por uma câmera antiga. Foi nosso primeiro retrato verdadeiro de Nova York. Quem nós realmente éramos. Semanas antes estávamos no fundo do poço, mas nossa estrela azul, como Robert dizia, estava em ascensão. Embarcamos no trem F para a longa viagem de volta; de volta ao nosso quartinho, arrumamos a cama, felizes por estar juntos.

Harry, Robert e eu sentamos em um reservado do El Quixote e pedimos aperitivos de camarão com molho verde, conversando sobre a palavra *mágica*. Robert costumava usá-la para nos descrever, para falar de um poema ou desenho bem-feito, ou quando finalmente escolhia uma fotografia da folha de contato. "Esta aqui tem a mágica", dizia.

Harry, alimentando o fascínio de Robert por Aleister Crowley, dizia que havia sido como um filho do mago negro. Perguntei se, caso desenhássemos o pentagrama na mesa, ele conseguiria fazer o padrinho aparecer. Peggy, que se juntara a nós, trouxe todo mundo de volta à Terra de novo. "Seus magos de segunda categoria, não dá para vocês fazerem aparecer também o dinheiro para pagar a conta, não?"

Não sei dizer exatamente o que Peggy fazia. Sei que ela tinha um emprego no MOMA. Costumávamos brincar que ela e eu éramos as únicas duas pessoas oficialmente empregadas no hotel inteiro. Peggy era uma mulher generosa, divertida, com um rabo de cavalo apertado, olhos castanhos e pele bronzeada, e parecia conhecer todo mundo. Tinha uma pinta entre as sobrancelhas que Allen Ginsberg dizia que era seu terceiro olho, e podia facilmente passar por uma figurante de filme beatnik. Éramos um time e tanto, todos falando ao mesmo tempo, contradizendo e provocando, uma cacofonia de discussões apaixonadas.

Robert e eu não éramos de discutir muito. Ele quase nunca levantava a voz, mas quando estava nervoso dava para ver em seus olhos, sua testa, ou porque seu queixo travava. Quando tínhamos algum problema que precisávamos resolver, íamos à "loja das roscas ruins" na esquina da Eighth Avenue com a Twenty-third Street. Era um Dunkin'Donuts na versão de Edward Hopper. O café era queimado, as roscas rançosas, mas você podia contar com ele aberto a noite toda. Ali nos sentíamos menos confinados do que no quarto e ninguém vinha nos incomodar. Ali podia-se encontrar todo tipo de personagens a qualquer hora, chapados, putas no turno da noite, transeuntes e travestis. Era possível penetrar aquela atmosfera sem ser notado, inspirando no máximo um breve olhar.

Robert sempre pedia uma rosca com geleia coberta de açúcar de confeiteiro e eu pedia uma rosca, chamada *cruller* francesa. Por algum motivo elas custavam cinco centavos a mais do que as roscas comuns. Toda vez que eu pedia a minha ele dizia: "Patti! Você nem gosta disso; só está querendo dar uma de difícil. Você só pede porque é francês". Robert dizia que era a "rosca do poeta".

Foi Harry quem revelou a etimologia de *cruller*. Não era nada francesa, mas holandesa: uma massa leve e aerada, oca e com anéis, que se comia na Terça-feira Gorda. Era feita com ovos inteiros, manteiga e açúcar, proibidos na Quaresma. Passei a chamá-la de santa rosca. "Agora sabemos por que é santa. É furada como um halo." Harry pensou um pouco e então me disse, fingindo estar bravo. "Não, não, é do holandês", ele disse. "A tradução não é essa." Santa ou não, nossa doce Operação França foi assim permanentemente encerrada.

Uma noite Harry e Peggy nos convidaram para visitar o compositor George Kleinsinger, que tinha uma suíte no Chelsea. Eu sempre relutava em visitar pessoas, especialmente adultos. Mas Harry convenceu-me com a informação de que George havia escrito a música para um musical de *Archy and Mehitabel*, uma história em quadrinhos sobre a amizade entre uma barata e uma gata de rua. Os aposentos de Kleinsinger pareciam mais uma floresta tropical do que uma residência em um hotel, um verdadeiro cenário de uma história de Anna Kavan. O principal atrativo era supostamente sua coleção de cobras exóticas, incluindo uma jiboia de três metros e meio. Robert pareceu hipnotizado com as cobras, mas eu fiquei aterrorizada.

Como todo mundo foi fazer carinho na jiboia, fiquei livre para explorar as peças musicais de George, empilhadas ao acaso entre samambaias, palmeiras e rouxinóis engaiolados. Fiquei exultante ao encontrar a partitura original da música do desenho animado *Shinbone Alley* no topo de uma pilha em um armário de arquivo. Mas a verdadeira revelação foi encontrar a prova de que aquele modesto e bondoso cavalheiro criador de cobras era nada mais nada menos que o compositor da música de *Tubby the tuba*. Ele confirmou o fato e quase chorei quando me mostrou a partitura original do tema que tanto amara na infância.

O Chelsea parecia uma casa de bonecas de *Além da imaginação*, com uma centena de quartos, sendo cada um deles um pequeno universo. Eu vagava pelos corredores tentando encontrar seus espíritos, mortos ou vivos. Minhas aventuras eram algo sorrateiras, como entreabrir uma porta e ver de relance o piano de cauda de Virgil Thompson, ou ficar parada diante da porta de Arthur C. Clarke, torcendo para que ele talvez surgisse de repente. De vez em quando eu cruzava com Gert Schiff, o crítico alemão, armado de livros sobre Picasso, ou Viva usando apenas Eau Sauvage. Todo mundo tinha algo a oferecer e ninguém aparentava ter lá muito dinheiro. Mesmo os mais bem-sucedidos pareciam ter apenas o bastante para continuar vivendo como vagabundos extravagantes.

Adorava aquele lugar, sua elegância surrada, e a história ali contida de modo tão impregnado. Havia rumores de que baús de Oscar Wilde apodreciam no fundo do porão, que sempre inundava. Ali Dylan Thomas, submerso em poesia e álcool, havia passado suas últimas horas. Thomas Wolfe lavrara centenas de páginas dos originais de *You can't go home again*. Bob Dylan compusera "Sad-eyed lady of the lowlands" no nosso andar, e dizem que Edie Sedgwick, exagerando na dose, pusera fogo no quarto enquanto colava seus cílios postiços com a chama de uma vela.

Tanta gente escreveu, falou e convulsionou nesses quartos vitorianos de casa de boneca. Tantas saias farfalharam nos seus degraus de mármore esbatidos. Tantas almas passageiras se casaram, deixaram sua marca e ali sucumbiram. Eu farejava seus espíritos enquanto percorria, apressada e silenciosamente, andar por andar, ansiosa por conversar com um cortejo perdido de lagartas fumantes.

Harry me enquadrou com seu olhar zombeteiro e ameaçador. Comecei a rir.

"Por que você está rindo?"

"Porque faz cócegas."

"Você está sentindo?"

"Estou, claro."

"Fascinante!"

Às vezes Robert entrava na brincadeira. Harry tentava ficar olhando para ele até que ele desviasse o olhar, dizendo coisas como "seus olhos são incrivelmente verdes!". Um torneio desses podia levar vários minutos de acareação, mas Robert, com sua faceta estoica, sempre ganhava de todo mundo. Harry nunca admitia quando Robert ganhava. Ele se virava e retomava uma conversa anterior, como se a dupla se encarando nunca tivesse se formado. Robert dava um sorriso astuto, obviamente satisfeito.

Harry sentia atração por Robert, mas ficava tenso comigo. Muitas vezes eu ia encontrar Harry sozinha. Suas saias de índias seminoles, feitas de delicados retalhos, estavam sempre espalhadas. Era muito meticuloso tratando-se delas, e parecia adorar me ver vestindo-as, embora não me deixasse tocar em sua coleção de ovos pintados ucranianos. Cuidava daqueles ovos como se fossem bebês em miniatura. Tinham padrões intrincados semelhantes aos das saias. Ele me deixava mexer em sua coleção de varinhas mágicas, bastões de xamãs ricamente entalhados e embrulhados em jornal. A maioria tinha cerca de 45 centímetros, mas a minha favorita era a menor de todas, do tamanho de uma batuta de maestro, com a pátina de um velho terço liso de tanta oração.

Harry e eu conversávamos ao mesmo tempo sobre alquimia e Charlie Patton. Ele vinha montando lentamente horas de filmagens para seu misterioso projeto de um filme baseado na *Ascensão e queda da cidade de Mahagony*, de Brecht. Nenhum de nós sabia exatamente o que era, mas uma hora todos acabamos sendo arregimentados para trabalhar no primeiro esboço. Ele tocava fitas de rituais de peiote dos kiowas e músicas populares da Virgínia Ocidental. Senti uma afinidade com aquelas vozes e, por elas inspirada, fiz uma música e cantei para ele antes que a canção se dissipasse no ar embolorado da bagunça do quarto.

Conversávamos sobre tudo, indo da árvore da vida à glândula pituitária. A maior parte do meu conhecimento era intuitivo. Eu tinha uma imaginação flexível e estava sempre pronta para a brincadeira que fazíamos. Harry me testava com uma pergunta. A resposta tinha que ser uma farpa de conhecimento que virava uma mentira composta de fatos.

"O que você está comendo?"
"Feijão cor de rim."
"Por quê?"
"Para urinar melhor e irritar Pitágoras."
"Embaixo das estrelas?"
"Para fora do círculo."

Começava simples e a gente continuava sem parar até chegar a uma frase de efeito, algo entre um limerique e um poema, a não ser quando eu viajava e usava uma referência inapropriada. Harry não errava nunca, e parecia saber pelo menos alguma coisa sobre tudo, um rei absoluto da manipulação de informações.

Harry era também especialista em fazer figuras com barbante. Quando estava de bom humor, ele tirava um rolo de vários metros do bolso e formava uma estrela, uma alma feminina, uma cama de gato sozinho. A gente se sentava aos pés dele no saguão feito crianças impressionadas vendo seus dedos habilidosos criando padrões evocativos, torcendo e amarrando o laço. Ele documentava os padrões de barbante e sua importância simbólica em centenas de páginas de anotações. Harry nos presenteava com suas preciosas informações, que lamentavelmente nenhum de nós captava, de tão hipnotizados que ficávamos com sua destreza manual.

Uma vez, eu estava sentada no saguão lendo *O ramo de ouro*, e Harry percebeu que era uma surrada primeira edição em dois volumes. Ele insistiu que saíssemos em expedição para visitar a livraria de Samuel Weiser, para que pudéssemos ver de perto a terceira edição, melhorada e imensamente aumentada. Weiser tinha a maior seleção de livros esotéricos da cidade. Concordei em ir desde que ele e Robert não ficassem chapados, uma vez que a combinação de nós três no mundo externo, em uma livraria de ocultismo, já era letal o bastante.

Harry conhecia muito bem os irmãos Weiser e eles me deram a chave de uma redoma de vidro para examinar a famosa edição de 1955 de *O ramo de ouro*, que consistia de treze alentados volumes verdes com títulos sugestivos como *O espírito do cereal* e *O bode expiatório*. Harry sumiu em uma antecâmara com o senhor Weiser, provavelmente para decifrar algum manuscrito místico. Robert ficou lendo o *Diary of a drug fiend*, de Crowley.

Foi como se houvéssemos ficado ali por horas. Harry sumiu por um longo tempo, e só mais tarde fomos encontrá-lo parado, como em transe, no meio do salão principal. Ficamos olhando para ele por algum tempo, mas não se mexeu. Por fim, Robert, perplexo, foi até ele e perguntou: "O que você está fazendo?".

Harry encarou-o com os olhos de um bode encantado. "Estou lendo", ele disse.

Conhecemos um bocado de gente intrigante no Chelsea, mas de alguma forma, quando fecho os olhos para pensar nelas, Harry é sempre a primeira pessoa que me vem à mente. Talvez porque foi a primeira pessoa que conhecemos. Mas é mais provável que seja porque aquele foi um período mágico, e Harry acreditava em mágica.

✷

    O maior desejo de Robert era se inserir no mundo que cercava Andy Warhol, embora não tivesse nenhuma vontade de fazer parte de seu séquito ou de estrelar seus filmes. Robert costumava dizer que entendia o jogo de Andy, e sentia que, se tivesse uma chance de conversar com ele, Andy o reconheceria como um igual. Embora eu acreditasse que ele merecia uma audiência com Andy, achava que qualquer diálogo significativo com ele era improvável, pois Andy era como uma enguia, perfeitamente capaz de escapulir de qualquer confronto mais expressivo.

    Essa missão nos levou ao Triângulo das Bermudas da cidade: Brownie's, Max's Kansas City e Factory, todos localizados à distância de uma caminhada um do outro. A Factory havia se mudado de seu local original na Forty-seventh Street para o número 33 da Union Square. O Brownie's era um restaurante de comida natural na outra esquina, onde o pessoal de Warhol costumava almoçar, e o Max's era onde eles iam à noite.

    Sandy Daley nos acompanhou na primeira ida ao Max's, pois estávamos muito intimidados para ir sozinhos. Não conhecíamos as regras e Sandy serviu-nos de guia, elegantemente imparcial. A política no Max's era muito parecida com o colégio, exceto pelo fato de que as pessoas populares não eram as líderes de torcida ou os heróis do futebol, e a rainha do baile muito provavelmente seria um cara, vestido de mulher, que sabia mais sobre ser mulher do que a maioria das mulheres.

    O Max's Kansas City ficava na esquina da Eighteenth Street com Park Avenue South. Supostamente era um restaurante, embora poucos de nós tivéssemos dinheiro para comer de fato lá. O dono, Mickey Ruskin, era conhecido por ser amigo de artistas, e oferecia um bufê grátis à tarde pelo preço de uma única bebida. Dizia-se que esse bufê, que incluía asas de frango, manteve vivo um bocado de artistas duros e drag queens. Nunca o frequentei porque trabalhava, e Robert, que não bebia, era muito orgulhoso para encará-lo.

    Havia um grande toldo preto e branco com uma placa ao lado anunciando que você estava prestes a entrar no Max's Kansas City. Era casual e amplo, enfeitado com grandes obras de arte abstrata dadas a Mickey por artistas com contas sobrenaturais em seu bar. Tudo ali, exceto as paredes brancas, era vermelho: bancos, toalhas, guardanapos. A grande atração chamava-se *surf and turf*: lagosta com bife. A sala dos fundos, banhada em luz vermelha, era o objetivo de Robert, e o alvo final era a lendária távola-redonda que ainda guardava a rósea aura do prateado rei ausente.

Em nossa primeira visita só chegamos até a primeira sala. Sentamos em um reservado, dividimos uma salada e comemos intragáveis grãos-de-bico. Robert e Sandy pediram coca. Eu tomei café. O lugar estava meio morto. Sandy conhecera o Max's na época em que ali era o centro social do universo alternativo, quando Andy Warhol passivamente reinava na távola-redonda com sua carismática rainha de arminho, Edie Sedgwick. As damas de companhia eram lindas, e os cavalheiros que as rodeavam eram gente como Ondine, Donald Lyons, Rauschenberg, Dalí, Billy Name, Lichtenstein, Gerard Malanga e John Chamberlain. Entre os que ainda são lembrados hoje em dia, àquela mesa já se sentara toda uma realeza, como Bob Dylan, Bob Neuwirth, Nico, Tim Buckley, Janis Joplin, Viva e o Velvet Underground. Era uma mesa tão obscura e glamourosa quanto se podia desejar. Mas, correndo pela artéria principal, a coisa que no fundo acelerava seu mundo e depois os acalmava era o *speed*. A metanfetamina, que ampliava a paranoia, roubava parte do poder natural, drenava a confiança e saqueava a beleza.

Andy Warhol já não estava por lá, nem sua alta corte. Andy já não saía tanto desde que Valerie Solanas atirara nele, mas também era provável que já tivesse se tornado proverbialmente entediado. Apesar de sua ausência, no outono de 1969, ali ainda era o lugar aonde ir. A sala dos fundos era o porto daqueles que desejavam uma chave para o segundo reino prateado de Andy, muitas vezes descrito como um lugar de comércio mais do que de arte.

Nossa estreia no Max's foi tranquila e nos concedemos um táxi para casa pelo bem de Sandy. Estava chovendo e não queríamos ver a cauda de seu longo preto arrastando na lama.

Por algum tempo, nós três continuamos frequentando o Max's juntos. Sandy não tinha nenhum envolvimento emocional nessas saídas e acabava amenizando meu comportamento sorumbático e inquieto. Por fim eu me alinhava ao grupo e aceitava aquela história toda do Max's como uma rotina associada a Robert. Eu chegava em casa da Scribner's depois das sete e comíamos sanduíches de queijo quente na lanchonete. Robert e eu contávamos histórias do nosso dia e mostrávamos qualquer novo trabalho que houvéssemos terminado. Então vinha a longa luta para escolher o que vestir para ir ao Max's.

Sandy não tinha um guarda-roupa variado, mas era meticulosa com a aparência. Tinha alguns vestidos pretos idênticos feitos por Ossie Clark, o rei da King's Road. Eram como camisetas elegantes que iam até o chão, sem estrutura mas com um discreto caimento, de mangas compridas e gola cavada. Pareciam tanto fazer parte de sua persona que eu sonhava em lhe dar um armário cheio desses vestidos.

Eu encarava a roupa como uma figurante que se prepara para uma participação em um filme da Nouvelle Vague. Tinha poucas opções de figurino, como uma camiseta listrada de gola canoa e um cachecol vermelho, como o de Yves Montand em *Salário do medo*, um figurino Rive Gauche beatnik de calças verdes justas e sapatilhas de balé vermelhas, ou minha versão de Audrey Hepburn em *Cinderela em Paris*, com sua blusa preta comprida, calça preta, meias brancas e sapatilhas pretas. Qualquer que fosse o roteiro, eu geralmente só precisava de dez minutos para ficar pronta.

Para Robert, vestir-se era uma arte viva. Ele enrolava um baseado pequeno, fumava, e olhava para suas poucas peças de roupa pensando nos acessórios. Ele só fumava para socializar, pois o fumo deixava-o menos nervoso, ao passo que sua noção de tempo ficava mais abstrata. Esperar Robert decidir o número de chaves que levaria em seu cinto era comicamente enlouquecedor.

Sandy e Robert eram muito parecidos na atenção aos detalhes. A procura do acessório adequado podia levá-los a verdadeiras caças ao tesouro estéticas, escavando Marcel Duchamp, fotografias de Cecil Beaton, Nadar ou Helmut Newton. Às vezes esses estudos comparativos impeliam Sandy a fazer algumas polaroides, o que levava à discussão da validade da Polaroid como arte. Por fim, chegava o momento de enfrentar a questão shakespeariana: ele devia ou não usar três colares? No final, um era sutil demais e dois não causavam impacto. Então o segundo debate seria: devia usar três ou nenhum? Sandy compreendia que Robert estava formulando uma equação artística. Eu também entendia isso, mas para mim a questão era sair ou não sair; nesses elaborados processos de tomada de decisão, minha capacidade de concentração era igual à de um adolescente chapado.

Na noite de Halloween, quando crianças ansiosas corriam pela Twenty-third Street em fantasias coloridas de papel, saí do nosso minúsculo quarto com meu vestido de *Vidas amargas*, pisei nos quadrados brancos do tabuleiro de xadrez do piso, desci vários lances de escada, e parei diante da porta de nosso novo quarto. O sr. Bard cumprira sua promessa, colocando a chave do quarto 204 na palma da minha mão com um afetuoso aceno de cabeça. Era a porta ao lado do quarto onde Dylan Thomas escrevera suas últimas palavras.

No Dia de Todos os Santos, Robert e eu juntamos nossos poucos pertences, colocamos tudo no elevador e descemos para o segundo andar. Nosso novo quarto ficava nos fundos do hotel. O banheiro, o que era um pouco incômodo, ficava no corredor. Mas o quarto era de fato lindo, com duas janelas dando para velhos edifícios de tijolos e árvores altas que perdiam as últimas folhas. Havia uma cama de casal, uma pia com espelho e um armário sem porta. Ficamos entusiasmados com a mudança.

Robert enfileirou suas latas de spray embaixo da pia, e eu vasculhei em minha pilha de roupas até encontrar um pedaço de seda marroquina para pendurar no lugar da porta do armário. Havia uma escrivaninha de madeira grande que Robert podia usar como mesa de trabalho. E como ficava no segundo andar eu conseguia subir e descer correndo pela escada — odiava usar o elevador. Fiquei com a sensação de que o saguão era uma extensão do nosso quarto, pois ali era na verdade o meu posto. Quando Robert saía, eu podia ficar escrevendo e apreciando o rumor das entradas e saídas de nossos vizinhos, que frequentemente me ofereciam palavras de estímulo.

Robert ficava acordado quase a noite inteira na escrivaninha trabalhando nas páginas de abertura de um novo livro desdobrável. Ele usou três das fotos da cabine em que eu usava um chapéu de Maiakóvski, e cercou-as de borboletas e anjos de *toile de Jouy*. Eu sentia, como sempre, um prazer imenso quando ele me usava como referência em um trabalho, como se através dele eu pudesse vir a ser lembrada.

Nosso novo quarto agradou mais a mim do que a Robert. Ali cabia tudo o que eu precisava, mas não era grande o bastante para duas pessoas trabalharem. Como ele usava a escrivaninha, colei uma folha de papel Arches acetinado na minha parte da parede e comecei a desenhar nós dois em Coney Island.

Robert esboçava instalações que não conseguia realizar, e eu podia sentir sua frustração. Ele passou a fazer colares, estimulado por Bruce Rudow, que via neles perspectiva comercial. Robert sempre gostara de fazer colares, para a mãe, depois para si mesmo. No Brooklyn, Robert e eu chegamos a fazer para nós mesmos amuletos especiais, que aos poucos foram se tornando mais elaborados. No quarto 1017, a gaveta de cima de nossa cômoda era cheia de fitas, cordões, minúsculas caveiras de marfim e miçangas de vidro colorido e de prata, comprados por quase nada nos mercados de pulgas e lojas hispânicas de artigos religiosos.

Sentávamos na cama e enfileirávamos pérolas, contas africanas de troca e sementes envernizadas de terços partidos. Meus colares eram um tanto brutos, mas os de Robert eram sofisticados. Trancei couros para ele e ele acrescentou contas, penas, nós e pés de coelho. Mas a cama não era o melhor lugar para trabalhar, e as contas se perdiam nas dobras das cobertas ou caíam nas rachaduras da madeira do piso.

Robert pendurou algumas poucas peças terminadas na parede e o resto em um gancho de roupa atrás da porta. Bruce ficou muito entusiasmado com os colares, o que levou Robert a desenvolver novas abordagens. Pensou em colares de contas de pedras semipreciosas, pés de coelho incrustados em platina e moldes de caveira em prata e ouro, mas por ora usávamos qualquer coisa que tivéssemos à mão. Com pouco capital, precisávamos ser extremamente inventivos. Robert era mestre em transformar o insignificante em divino. Seus fornecedores locais eram a loja de variedades Lamston do outro lado da rua e a loja de artigos de pesca Capitol Fishing na mesma calçada do Chelsea.

A Capitol era um lugar que vendia capas de chuva, varas de bambu ou molinetes Ambassador, mas íamos sempre atrás das miudezas. Comprávamos anzóis, iscas artificiais com penas e minúsculas chumbadas de pescaria. As iscas de *muskellunge* eram as melhores para fazer colar, pela grande variedade de cores, assim como as manchadas e as inteiramente brancas. O dono só suspirava e nos entregava a compra em um saquinho de papel pardo como o que se usa para doces. Era óbvio que não nos encaixávamos no perfil de pescadores, mas ele acabou virando nosso conhecido, e fazia preços baixos por iscas quebradas com boas penas e por uma caixa de pesca com bandejas removíveis que foi perfeita para o nosso material.

Também ficávamos de olho em quem pedia lagosta no El Quixote. Depois que pagavam a conta, eu embrulhava as garras da lagosta em um guardanapo.

Robert esfregava, lixava e as pintava com tinta spray. Eu fazia uma oração agradecendo à lagosta, enquanto ele a prendia a um colar, acrescentando contas de latão entre pequenos nós. Fiz pulseiras, trançando cadarços de couro e usando algumas pequenas miçangas. Robert usava com segurança tudo o que fazíamos. As pessoas começaram a demonstrar interesse, e Robert ficou esperançoso com a perspectiva das vendas.

Não havia lagosta no cardápio do Automat, mas era um dos nossos lugares favoritos para comer. Era rápido e barato, mas a comida ainda assim parecia caseira. Robert, Harry e eu geralmente íamos juntos, e o processo de reunir todo mundo para sair costumava demorar mais do que para comer propriamente.

A rotina era basicamente a seguinte: eu ia buscar Harry. Ele não achava a chave. Eu procurava no chão e a encontrava embaixo de algum livro esotérico. Ele começava a ler o livro, e isso o lembrava de outro livro que precisava encontrar. Harry enrolava um baseado, enquanto eu procurava o segundo livro. Robert chegava e fumava com Harry. Então, pronto, eu sabia que ia demorar. Quando eles fumavam, levavam uma hora para terminar uma coisa de dez minutos. Então Robert resolvia vestir o colete azul que fizera cortando as mangas de sua jaqueta jeans e voltava para o quarto. Harry achava o meu vestido preto de veludo muito sombrio para usar de dia. Robert subiria no elevador, enquanto nós já estaríamos descendo de escada, em encontros e desencontros frenéticos como nos versos da cantiga de roda inglesa "Taffy was a Welshman".

A Horn and Hardart, rainha dos Automats, ficava do lado da loja de pesca. O normal era pegar um lugar e uma bandeja, então voltar para a parede dos fundo onde ficavam as fileiras de janelinhas. Você enfiava as moedas na fenda, abria o vidro e pegava um sanduíche ou um pedaço de torta de maçã fresca. Um típico restaurante dos desenhos animados de Tex Avery. Minha comida favorita ali era o empadão de frango ou queijo e mostarda com alface em um pão de sementes de papoula. Robert gostava das duas especialidades da casa, macarrão de forno com queijo e leite achocolatado. Tanto Robert quanto Harry achavam estranho eu não gostar do famoso achocolatado dali, mas, para uma garota criada à base de xarope de chocolate Bosco e leite em pó, era muito grosso, então eu só tomava café.

Eu estava sempre faminta. Meu metabolismo era muito rápido. Robert conseguia ficar sem comer muito mais tempo do que eu. Se estávamos sem dinheiro, a gente simplesmente não comia. Robert ainda conseguia funcionar, embora ficasse um pouco agitado, mas eu parecia que ia desmaiar. Uma tarde chuvosa fiquei com desejo de um daqueles sanduíches de queijo e alface. Procurei em nossas coisas e achei exatamente 55 centavos, coloquei as moedas em minha capa de chuva cinza, com meu chapéu de Maiakóvski, e fui ao Automat.

Peguei minha bandeja e depositei as moedas, mas o vidro não abriu. Tentei de novo sem sorte e então reparei que o preço havia subido para 65 centavos. Estava desapontada, para dizer o mínimo, quando ouvi uma voz dizer: "Posso ajudar?".

Virei-me e ali estava Allen Ginsberg. Nunca havíamos nos encontrado antes, mas sem dúvida era um dos grandes poetas e ativistas do país. Olhei para aqueles intensos olhos castanhos envolvidos por uma barba escura e cacheada e simplesmente assenti. Allen acrescentou os dez centavos que faltavam e ainda me pagou um café. Sem palavras, acompanhei-o até a mesa, e então ataquei o sanduíche.

Allen se apresentou. Ele falava sobre Walt Whitman e comentei que havia sido criada perto de Camden, onde Whitman fora enterrado, quando ele se inclinou para mim e olhou com mais atenção. "Você é menina?", perguntou.

"Sou", falei. "Algum problema?"

Ele só deu risada. "Desculpe. Achei que você fosse um menino bonito."

Então entendi tudo.

"Bem, isso quer dizer que devo devolver o sanduíche?"

"Não, aproveite. O engano foi meu."

Ele me contou que estava escrevendo uma longa elegia para Jack Kerouac, que havia morrido recentemente. "Três dias depois do aniversário de Rimbaud", falei. Apertei a mão dele e nos despedimos.

Algum tempo depois, Allen se tornou meu bom amigo e professor. Vez por outra lembramos de como foi nosso primeiro encontro, e ele uma vez me perguntou como eu descreveria quando nos conhecemos. "Diria que você me deu de comer quando eu estava com fome", respondi. E de fato foi assim.

Nosso quarto estava ficando uma bagunça. Agora abrigava não só nossas pastas, livros e roupas, mas também o material que Robert havia deixado no quarto de Bruce Rudow: arame de alambrado, gaze, carretéis de linha, latas de spray, colas, compensados, rolos de papel de parede, azulejos de banheiro, linóleos e pilhas de revistas gays antigas. Ele não conseguia jogá-las fora. Vinha usando material masculino de uma forma que eu nunca vira antes, recortes de revistas que ele arranjava na Forty-second Street integrados em colagens com linhas de interseção que serviam de polias visuais.

Perguntei por que ele não usava simplesmente suas próprias imagens. "Oh, dá muito mais trabalho", dizia. "Acho muito chato e só a ampliação já ficaria cara demais." Ele havia feito fotografias no Pratt, mas era muito impaciente com o processo do laboratório que lhe consumia tanto tempo.

Contudo, ir atrás de revistas masculinas também não era fácil. Eu ficava na frente procurando edições baratas de Colin Wilson, e Robert entrava e ia direto para os fundos. Era um pouco assustador, como se estivéssemos fazendo alguma coisa errada. Os donos desses sebos eram rudes, e, se você abria uma revista lacrada, tinha que comprá-la.

Essas transações deixavam Robert tenso. As revistas eram caras, cinco dólares cada, e ele sempre corria riscos quanto ao conteúdo. Quando ele finalmente escolhia uma, voltávamos correndo para o hotel. Robert abria o celofane com a expectativa de Charlie abrindo o papel-alumínio de uma barra de chocolate na esperança de encontrar o cupom dourado. Robert associava esses momentos a quando ele encomendava os pacotes anunciados nas revistas em quadrinhos, pedindo pelo correio sem que os pais soubessem. Ficava de olho no carteiro para interceptar o pacote, e levava seu tesouro para o banheiro, onde se trancava, abria a caixa e espalhava seus artefatos mágicos, óculos de raio X e miniaturas de cavalos-marinhos.

Às vezes ele dava sorte e havia várias imagens que podia usar em uma peça já existente, ou uma muito boa que disparava uma ideia totalmente nova. Mas muitas vezes as revistas eram decepcionantes, e ele as jogava no chão, desapontado e com remorso por ter gastado nosso dinheiro.

Às vezes sua escolha do imaginário me intrigava, como havia sido no Brooklyn, mas seu processo não. Eu também recortava revistas de moda para fazer roupas sofisticadas para bonecas de papel.

"Você deveria criar suas próprias imagens", eu dizia.

Disse isso muitas e muitas vezes.

De vez em quando eu fazia algumas fotos, mas mandava revelar em uma Fotomat. Não entendia nada de laboratório. Tive apenas vislumbres do processo de ampliação vendo Judy Linn trabalhar. Judy, formada no Pratt, havia se dedicado à fotografia. Quando eu a visitava no Brooklyn, às vezes passávamos o dia inteiro tirando fotos, eu como modelo. Como artista e modelo, nós nos demos bem, pois tínhamos as mesmas referências visuais.

Devoramos tudo de *Disque Butterfield 8* a Nouvelle Vague. Ela fazia fotos de cenas de nossos filmes imaginários. Embora eu não fumasse, peguei alguns Kools de Robert para fazer uma cena. Para as fotos estilo Blaise Cendrars, precisamos de bastante fumaça; para nossa Jeanne Moreau, de uma combinação preta e um cigarro.

Quando mostrei a ele as fotos de Judy, Robert ficou impressionado com minhas personagens. "Patti, você não fuma", disse, provocando. "Você andou roubando meus cigarros?" Achei que ele fosse ficar bravo, pois o cigarro era caro, mas, quando fui outra vez visitar Judy, ele me surpreendeu dando os dois últimos de seu maço amassado.

"Sei que sou uma fumante fajuta", eu disse, "mas não estou fazendo mal a ninguém e além disso preciso melhorar minha imagem." Tudo em nome de Jeanne Moreau.

Robert e eu continuamos frequentando sozinhos as noites do Max's Kansas City. Acabamos sendo admitidos na sala dos fundos e sentávamos no canto da escultura fluorescente de Dan Flavin, banhados naquela luz vermelha. A porteira, Dorothy Dean, acabou simpatizando com Robert e nos deixava passar.

Dorothy era miúda, negra e brilhante. Usava óculos de gatinho, clássicos conjuntos com cardigã, e frequentara as melhores escolas. Ficava parada diante da porta da sala dos fundos como uma sacerdotisa abissínia guardiã da Arca. Ninguém passava se ela não aprovasse. Robert reagira à sua língua ácida e senso de humor azedo. Ela e eu não podíamos cruzar o caminho uma da outra.

Eu sabia que o Max's era importante para Robert. Ele apoiava tanto meu trabalho que eu não podia recusar a ele esse ritual noturno.

Mickey Ruskin nos deixava ficar sentados por horas só tomando café e algumas cocas e quase nunca pedíamos algo para comer. Algumas noites eram totalmente mortas. Ia a pé para casa e Robert dizia que nunca mais voltaríamos lá. Outras noites eram exasperantemente animadas, um cabaré obscuro e lotado com a energia maníaca da Berlim dos anos 30. Brigas de gatos aos gritos surgiam entre atrizes frustradas e drag queens indignadas. Todas pareciam estar em uma audição para um fantasma, e o fantasma era Andy Warhol. Eu me perguntava se ele se importava minimamente com elas.

Uma dessas noites, Danny Fields veio até nós e nos convidou para sentar na távola-redonda. Esse gesto nos permitiria um período de teste ali entre eles, e foi um passo importante para Robert. Ele foi elegante na resposta. Simplesmente assentiu com a cabeça e me conduziu até a mesa. Não deixou transparecer o quanto aquilo era importante para ele. Pela consideração de Danny conosco, sempre fui grata.

Robert sentiu-se à vontade porque, finalmente, estava onde queria estar. Não posso dizer que me sentia confortável ali. As garotas eram bonitas mas brutais, talvez porque parecia haver uma porcentagem baixa de homens interessados. Dava para ver que elas me toleravam e se sentiam atraídas por Robert. Ele era seu alvo, tanto quanto aquele círculo interno era o dele. Parecia que todos ali estavam interessados nele, homens e mulheres, mas na época Robert era movido pela ambição, não pelo sexo.

Ele ficou exultante com a superação daquele obstáculo sutil ainda que monumental. Mas pensei comigo que aquela távola-redonda, mesmo no seu auge, já era algo fadado ao fracasso. Abandonada por Andy, adotada por nós, sem dúvida para ser abandonada novamente ao acomodar a próxima cena.

Olhei para todos ali banhados na luz sangrenta da sala dos fundos. Dan Flavin havia concebido sua instalação em resposta à crescente mortalidade da Guerra do Vietnã. Ninguém na sala dos fundos fora morrer como voluntário no Vietnã, embora poucos ali fossem sobreviver às cruéis pragas de uma geração.

Pensei ter ouvido a voz de Tim Hardin cantando "Black sheep boy" ao voltar da lavanderia. Robert recebera como pagamento por uma mudança um velho toca-discos e havia colocado nosso disco favorito. Foi uma surpresa para mim. Não tínhamos um toca-discos desde Hall Street.

Era o domingo antes do Dia de Ação de Graças. Embora o outono estivesse no fim, ainda fazia um dia claro de verão. Juntei toda nossa roupa, pus um velho vestido de algodão, meias de lã e uma malha grossa, e fui para a Eighth Avenue. Perguntei se Harry queria que eu lavasse alguma coisa dele, mas ele respondeu se fingindo de horrorizado com a perspectiva de eu encostar em suas cuecas e me dispensou. Coloquei toda a roupa na máquina com bastante bicarbonato e caminhei alguns quarteirões até o Asia de Cuba para tomar um café *con leche*.

Dobrei nossas coisas. A música que dizíamos que era a nossa começou a tocar, "How can you hang on to a dream?". Éramos dois sonhadores, mas Robert era quem fazia as coisas acontecerem. Eu entrava com o dinheiro, e ele tinha a motivação e o foco. Ele tinha planos para si mesmo, mas também para mim. Queria que desenvolvêssemos nosso trabalho, mas não havia espaço. Todas as paredes estavam ocupadas. Não havia possibilidade de ele fazer os projetos das instalações. Suas pinturas com spray atacavam a minha tosse. Ele às vezes subia no telhado do Chelsea, mas estava ficando muito frio e ventava. Por fim resolveu que iria encontrar um espaço livre para nós, e começou procurando no *Village Voice* e perguntando às pessoas.

Ele então deu sorte. Tínhamos um vizinho obeso e infeliz, de sobretudo amarrotado, que vivia passeando com seu buldogue francês para cima e para baixo na Twenty-third Street. Ele e o cachorro tinham rostos idênticos, de pele frouxa e enrugada. Déramos a ele o apelido de Pigman. Robert reparara que ele morava na nossa calçada, em cima do Oasis Bar. Uma tarde parou para brincar com o cachorro e puxou assunto. Robert perguntou se ele sabia de alguma vaga no prédio, e Pigman disse que todo o segundo andar era dele, exceto a sala da frente, que funcionava apenas como depósito. Robert perguntou se podia sublocar. A princípio ele se mostrou relutante, mas, como o cachorro gostara de Robert, acabou concordando, oferecendo a sala da frente a partir de janeiro a cem dólares por mês. Com um mês de depósito, ele conseguiria liberar o espaço ainda naquele ano. Robert não tinha certeza de onde viria o dinheiro, mas fechou negócio com um aperto de mão.

Robert me levou para ver o lugar. Havia janelas do teto ao chão dando para a Twenty-third Street, e podíamos ver a ACM e o topo do luminoso do Oasis. Era tudo de que ele precisava: pelo menos três vezes maior do que o nosso quarto, com bastante luz e uma parede com cerca de cem pregos aparecendo. "Nós podemos pendurar os colares neles", disse ele.

"Nós?"

"Claro", disse. "Você também pode trabalhar aqui. Será o nosso espaço. Você pode voltar a desenhar."

"O primeiro desenho vai ser do Pigman", falei. "Nós devemos muito a ele. E não se preocupe com o dinheiro. Vamos conseguir."

Pouco depois disso, encontrei uma edição em 26 volumes com todo o Henry James por uma ninharia. Estava em perfeitas condições. Eu conhecia um cliente da Scribner's que certamente se interessaria. O tecido das capas estava intacto, as gravuras pareciam novas, e não havia nenhuma página manchada. Consegui os cem dólares. Enfiei cinco notas de vinte dentro de uma meia, amarrei uma fita e entreguei a Robert. Ele abriu e disse: "Não sei como você faz isso".

Robert deu o dinheiro a Pigman, e começou a limpar a metade da frente do andar. Era bastante trabalho. Eu passava lá depois do expediente e o encontrava coberto até o joelho pelos incompreensíveis refugos de Pigman: tubos de luz fluorescente empoeirados, rolos de material de isolamento elétrico, prateleiras cheias de latas de comida vencida, vidros de produtos de limpeza sem rótulo e pela metade, sacos de aspirador de pó, amontoados de persianas empenadas, caixas emboloradas transbordando de décadas de formulários de imposto de renda e pilhas de *National Geographics* sujas, amarradas com um barbante vermelho e branco, que eu peguei para trançar e fazer pulseiras.

Ele limpou, esfregou e pintou todo o espaço. Pedimos baldes emprestados no hotel, enchemos de água e despejamos no chão. Quando terminamos, ficamos parados em silêncio, imaginando todas as possibilidades. Jamais teríamos tanta luz. Mesmo depois que ele lavou e pintou metade dos janelões de preto, a luz ainda inundava o ambiente. Encontramos no lixo um colchão, mesas de trabalho e cadeiras. Esfreguei o chão com água de eucalipto fervida em nosso fogareiro elétrico.

As primeiras coisas que Robert trouxe do Chelsea foram nossos portfólios.

As coisas estavam melhorando no Max's. Parei de ser tão crítica e me deixei levar pelo embalo do lugar. De alguma forma fui aceita, embora nunca tivesse me adaptado de fato. O Natal estava chegando e havia uma melancolia no ar, como se todo mundo subitamente se lembrasse de que não tinha aonde ir.

Até mesmo ali, na terra das chamadas drag queens, Wayne County, Holly Woodlawn, Candy Darling e Jackie Curtis não deviam ser classificadas da mesma forma. Elas eram artistas performáticas, atrizes e comediantes. Wayne era esperta, Candy era bonita, e Holly era dramática, mas eu apostava minhas fichas em Jackie Curtis. Na minha cabeça, ela tinha mais potencial. Manipularia com sucesso toda uma conversa só para poder usar uma daquelas frases matadoras de Bette Davis. E sabia como usar um vestido casual. Com toda aquela maquiagem, era uma versão anos 70 de uma estrela dos anos 30. Purpurina nos cílios. Purpurina no cabelo. Pó facial com purpurina. Eu odiava purpurina e sentar com Jackie significava voltar para casa coberta de purpurina.

Pouco antes das festas de fim de ano, Jackie parecia aflita. Pedi um *snowball* para ela, uma sobremesa cobiçada e caríssima. Era um bolo de chocolate imenso, recheado com sorvete de baunilha e coberto com coco ralado. Ela sentou-se para comer, derramando grandes gotas de purpurina sobre o sorvete derretido. Candy Darling se aconchegou junto dela, enfiando sua unha envernizada no prato, oferecendo-lhe um pouco de consolo com sua voz suave.

Havia algo especialmente pungente em Jackie e Candy, no modo como incorporavam uma vida imaginária de atriz. Ambas tinham algo de Mildred Rogers, a garçonete rude e analfabeta de *Servidão humana*. Candy tinha a aparência de Kim Novak e Jackie seu jeito de falar. Ambas estavam à frente de seu tempo, mas não viveram o bastante para ver chegar o tempo para o qual avançavam.

"Pioneiras sem uma fronteira", como Andy Warhol diria.

Nevou na noite de Natal. Andamos até a Times Square para ver o painel luminoso anunciando *A GUERRA ACABOU! Se você quiser. Feliz Natal de John e Yoko*. Isso estava passando em cima da banca de livros onde Robert comprara quase todas as suas revistas gays, entre o Child's e o Benedict's, dois restaurantes 24 horas.

Olhando para cima, fomos fulminados pela ingênua humanidade daquele painel de Nova York. Robert pegou minha mão, e enquanto a neve rodopiava ao nosso redor olhei para seu rosto. Ele estreitou os olhos e assentiu com a cabeça, impressionado ao ver aqueles artistas tomando a Forty-second Street. Para mim, era a mensagem. Para Robert, o meio.

Com a inspiração renovada, voltamos andando até a Twenty-third Street para ver nosso espaço. Os colares estavam pendurados em ganchos, e ele havia pregado alguns de nossos desenhos. Ficamos parados na janela e olhamos a neve lá fora caindo além do luminoso fluorescente do Oasis com seu coqueiro feito à mão. "Olha", ele disse, "está nevando no deserto." Pensei em uma cena do filme *Scarface*, de Howard Hawks, em que Paul Muni e sua garota estão olhando pela janela um luminoso de neon que diz O Mundo é Seu. Robert apertou minha mão.

Os anos 60 estavam chegando ao fim. Robert e eu comemoramos nossos aniversários. Robert completou 23 anos. Depois eu completei 23. O número primo perfeito. Robert fez para mim um porta-gravatas com a imagem da Virgem Maria. Dei a ele sete caveiras de prata em um pedaço de couro. Ele usou as caveiras. Eu pus uma gravata. Estávamos prontos para os anos 70.

"É a nossa década", ele disse.

Viva adentrou escandalosamente o saguão com uma altivez de Greta Garbo, tentando intimidar o sr. Bard para que ele não lhe pedisse os aluguéis atrasados. A cineasta Shirley Clarke e a fotógrafa Diane Arbus chegaram separadas, cada uma aparentando estar em uma missão conturbada. Jonas Mekas, sempre com sua câmera e um sorriso secreto, filmava os recantos obscuros da vida ao redor do Chelsea. Eu estava ali parada com um corvo empalhado que comprara por uma ninharia no Museu do Índio Americano. Acho que queriam se livrar do corvo. Resolvi batizá-lo de Raymond, por causa do Raymond Roussel, autor de *Locus Solus*. Pensava em como aquele saguão era um portal mágico quando a pesada porta de vidro se abriu, como que escancarada pelo vento, dando passagem a uma figura familiar com uma capa preta e escarlate. Era Salvador Dalí. Seus olhos percorreram o saguão nervosamente, e então, vendo o meu corvo, sorriu. Botou a mão elegante e ossuda no topo da minha cabeça e disse: "Você parece um corvo, um corvo gótico".

"Bem", disse eu a Raymond, "é só um dia no Chelsea."

Em meados de janeiro conhecemos Steve Paul, que era o produtor de Johnny Winter. Steve era um empresário carismático que fizera nos anos 60 uma das maiores casas de rock de Nova York, o Scene. Localizado em uma travessa perto da Times Square, tornou-se ponto de encontro de músicos visitantes e sessões de improviso noite adentro. Vestido de veludo azul e sempre distraído, ele tinha algo de Oscar Wilde e do Gato de Cheshire. Estava negociando um contrato de gravação para Johnny, e o havia instalado em duas suítes do Chelsea.

Escola bíblica, Filadélfia

Encontramo-nos todos uma noite no El Quixote. No pouco tempo que passamos com Johnny, fiquei intrigada com sua inteligência e sua apreciação instintiva da arte. Na conversa, ele era franco, e bondosamente estranho. Fomos convidados para assistir a ele no Fillmore East, e eu nunca tinha visto um artista interagir com a plateia com uma segurança tão plena. Era ousado e alegremente provocante, girava feito um dervixe e pisava altivamente o palco balançando o véu de seus cabelos totalmente brancos. Rápido e fluido na guitarra, ele capturou a plateia com seus olhos estrábicos e seu sorriso divertidamente demoníaco.

No Dia da Marmota, 2 de fevereiro, fomos a uma festinha para Johnny no hotel, para comemorar a assinatura do contrato com a Columbia Records. Passamos a maior parte da noite conversando com Johnny e Steve Paul. Johnny gostou dos colares de Robert e disse que queria comprar um; chegaram a cogitar de Robert criar uma capa preta de bruxo para ele.

Sentada ali me senti fisicamente instável, mole, como que feita de argila. Ninguém percebia que eu estava de algum modo transformada. O cabelo de Johnny parecia pender como duas longas orelhas brancas. Steve Paul, de veludo azul, estava recostado em um monte de travesseiros, acendendo lentamente um baseado no outro, em contraste com a presença errática de Matthew, que entrava e saía do quarto. Senti-me tão profundamente alterada que saí do quarto e me tranquei em nosso velho banheiro compartilhado no décimo andar.

Não tinha certeza do que estava acontecendo comigo. A experiência mais próxima parecia ser a cena do "coma-me, beba-me" de *Alice no País das Maravilhas*. Tentei me lembrar da reação dela, contida e curiosa, àqueles testes psicodélicos. Concluí que alguém devia ter me dado algum tipo de alucinógeno. Nunca tinha tomado nenhuma droga antes e meus conhecimentos limitados vinham de observar Robert ou de ler descrições das visões induzidas por drogas de Gautier, Michaux e Thomas de Quincey. Fiquei encolhida em um canto, sem saber o que fazer. Com certeza não queria que ninguém me visse diminuindo de tamanho, mesmo que fosse tudo só na minha cabeça.

Robert, provavelmente viajando, procurou por mim no hotel inteiro até que me achou, e sentou do lado de fora da porta para falar comigo, convencendo-me a voltar.

Por fim abri a porta. Fomos caminhar um pouco e depois voltamos à segurança de nosso quarto. No dia seguinte ficamos na cama. Quando me levantei, pus dramaticamente meus óculos escuros e uma capa de chuva. Robert foi muito sensível e não implicou comigo, nem por causa da capa.

Tivemos um dia lindo, que floresceu em uma noite de paixão incomum. Escrevi feliz sobre essa noite em meu diário, e desenhei ainda um coraçãozinho, como uma adolescente.

É difícil transmitir a velocidade com que nossas vidas se transformaram nos meses seguintes. Nunca antes havíamos sido tão íntimos, mas nossa felicidade logo seria obscurecida pela angústia de Robert com dinheiro.

Ele não arrumava trabalho. Estava preocupado porque não conseguiria manter os dois lugares. Ficava sempre rondando as galerias, e sempre voltava para casa frustrado e desmoralizado. "Eles nem olham para o meu trabalho", reclamava. "E acabam querendo ficar comigo. Mas prefiro fazer programa a ir para a cama com essa gente."

Ele foi a uma agência de empregos para conseguir alguma vaga de meio período, mas não encontrou nada. Embora vendesse um ou outro colar, a entrada no mundo da moda era lenta. Robert foi ficando cada vez mais deprimido com relação ao dinheiro, e com o fato de que dependia de mim para obtê-lo. Foi em parte a aflição quanto à nossa situação financeira que o levou de volta à ideia de se prostituir.

As primeiras tentativas de Robert haviam sido estimuladas pela curiosidade e pelo romantismo de *Perdidos na noite*, mas ele descobriu que trabalhar na Forty-second Street era pesado. Resolveu mudar para o território de Joe Dallesandro, no East Side, perto da Bloomingdale's, onde era mais seguro.

Implorei que ele não fosse, mas ele estava decidido a tentar. Nem minhas lágrimas o demoveram, então sentei e fiquei vendo-o se vestir para a noite que teria pela frente. Imaginei-o parado na esquina, corado de excitação, oferecendo-se a um estranho, para ganhar dinheiro para nós.

"Por favor, tome cuidado", foi tudo o que consegui dizer.

"Não se preocupe. Te amo. Deseje-me sorte."

Quem entende o coração de um jovem senão ele mesmo?

Quando acordei, ele não estava. Havia um bilhete para mim na escrivaninha. "Não consegui dormir", dizia. "Espere por mim." Levantei e comecei a escrever uma carta para minha irmã quando ele entrou no quarto muito agitado. Disse que precisava me mostrar uma coisa. Vesti-me depressa e fui com ele até o espaço. Subimos juntos pela escada.

Ao entrar no espaço, esquadrinhei tudo rapidamente. A energia dele parecia vibrante no ar. Espelhos, lâmpadas e pedaços de corrente estavam espalhados sobre um pedaço de linóleo preto. Havia começado uma nova instalação, mas chamou minha atenção para outro trabalho, que estava encostado na parede dos colares. Ele havia parado de esticar telas quando perdeu o interesse pela pintura, mas ficara com um chassi. Cobrira-o com recortes de suas revistas gays. Rostos e torsos de rapazes revestiam a moldura. Ele estava quase trêmulo.

"É bom, não é?"

"Sim", falei. "É genial."

Era uma peça relativamente simples, mas parecia ter uma força própria. Não havia nenhum excesso: era um objeto perfeito.

O chão estava coberto de papel recortado. O ambiente cheirava a cola e verniz. Robert pendurou a moldura na parede, acendeu um cigarro, e olhamos sem palavras para ela.

Dizem que as crianças não distinguem entre objetos vivos e inanimados; acho que distinguem. Uma criança comunica a uma boneca ou um soldadinho de chumbo o alento mágico da vida. O artista anima sua obra como a criança faz com seu brinquedo. Robert instilava os objetos, na arte ou na vida, com seu impulso criativo, seu poder sexual sagrado. Transformava um chaveiro, uma faca de cozinha ou uma simples moldura de madeira em arte. Ele amava sua obra e amava suas coisas. Uma vez trocou um desenho por um par de botas de alpinismo — nada práticas, mas de uma beleza quase espiritual. Essas botas ele engraxou e lustrou com a devoção de um cavalariço com seu cão de caça.

A paixão por belos calçados chegou ao cúmulo uma noite quando voltávamos do Max's. Virando a esquina da Seventh Avenue encontramos um par de sapatos de crocodilo, reluzindo na calçada. Robert pegou-os e abraçou-os contra o peito, dizendo que eram um tesouro. Eram sapatos marrom-escuros com cadarços de seda, sem nenhum sinal de uso. Foram parar em uma obra, que ele sempre desfazia quando precisava calçá-los. Com um bolo de lenços de papel dentro dos bicos finos, eram um belo acessório, talvez um pouco destoante da calça de algodão e da blusa de gola olímpica. Ele acabou trocando essa blusa por uma camiseta preta de tule, acrescentando um grande chaveiro no cinto e abolindo as meias. Então estava pronto para a noitada no Max's, sem dinheiro para o táxi mas com pés resplandecentes.

A noite dos sapatos, como ficou conhecida entre nós, foi para Robert um sinal de que estávamos no caminho certo, mesmo com o cruzamento de tantos outros caminhos sobrepostos.

Gregory Corso era capaz de entrar em um ambiente e logo causar um grande estrago, mas era fácil perdoá-lo, pois também era capaz de criar belezas igualmente grandes.

Talvez tenha sido Peggy quem me apresentou a Gregory, pois eles eram muito próximos. Gostei muito dele, sem falar que o considerava um dos grandes poetas do país. Meu exemplar surrado de seu *The happy birthday of death* vivia na mesa de cabeceira. Gregory era o poeta mais jovem dos beats. Tinha uma beleza arruinada e a insolência de um John Garfield. Ele nem sempre se levava a sério, mas era de uma seriedade mortal com sua poesia.

Gregory amava Keats e Shelley e cambaleava pelo saguão com suas calças arriadas, cuspindo seus versos com eloquência. Quando lamentei minha incapacidade de terminar meus poemas, ele citou Paul Valéry: "Os poetas não terminam os poemas, eles os abandonam", e depois completou: "Não se preocupe, você vai se sair bem, neném".

Eu disse: "Como você sabe?".

E ele replicou: "Porque eu sei".

Gregory me levou ao St. Mark's Poetry Project, que era um coletivo de poetas na histórica igreja na East Tenth Street. Quando os poetas começavam a ler, Gregory os interrompia, pontuando com o toque mundano de seus gritos de "Merda! Merda! Falta sangue! Vá fazer uma transfusão!"

Diante de sua reação, fiz uma anotação mental para nunca ser tediosa se um dia viesse a ler meus poemas.

Gregory fez listas dos livros que eu deveria ler, disse qual dicionário eu deveria ter, encorajou-me e me desafiou. Gregory Corso, Allen Ginsberg e William Burroughs foram todos meus professores, todos passando pelo saguão do Chelsea, minha nova universidade.

"Estou cansado de ter essa cara de pastorzinho", disse Robert, olhando seu cabelo no espelho. "Você corta para mim como o dos astros de rock dos anos 50?" Embora eu tivesse grande apego por seus cachos rebeldes, saquei minha tesoura tendo em mente o estilo *rockabilly* enquanto cortava. Triste, salvei um cacho e guardei dentro de um livro, enquanto Robert, absorto com sua nova imagem, contemplava-se diante do espelho.

Em fevereiro, ele me levou à Factory para assistirmos aos copiões de *Trash*. Foi a primeira vez que nos convidaram, e Robert estava muito ansioso. Não gostei do filme; talvez porque não fosse francês o bastante para o meu gosto. Robert se entrosou bem no círculo de Warhol, apesar de surpreso pela atmosfera clínica da nova Factory e desapontado pelo fato de o próprio Andy não ter feito nenhuma aparição. Fiquei aliviada ao encontrar Bruce Rudow, e ele me apresentou sua amiga Diane Podlewski, que fazia a irmã de Holly Woodlawn no filme. Era uma garota sulista, simpática com um cabelão afro e roupas marroquinas. Reconheci-a da foto de Diane Arbus feita no Chelsea, mais menino do que menina.

Quando já estávamos descendo no elevador, Fred Hughes, que administrava a Factory, falou comigo em tom condescendente: "Ohhh, o seu cabelo é muito Joan Baez. Você por acaso canta folk?". Não sei por quê, uma vez que eu a admirava, mas aquilo me pegou.

Robert segurou minha mão. "Ignore", ele disse.

Eu estava de mau humor. Em uma dessas noites em que a cabeça fica remoendo coisas chatas, acabei pensando naquilo que Fred Hughes dissera. Dane-se, pensei, irritada pelo comentário.

Olhei-me no espelho de cima da pia. Dei-me conta de que vinha cortando o cabelo sempre igual desde que era adolescente. Sentei no chão e abri algumas de minhas revistas de rock. Eu costumava comprar só para ver uma foto nova de Bob Dylan, mas agora não era Bob quem estava procurando. Cortei todas as fotos que encontrei de Keith Richards. Estudei-as por algum tempo e peguei a tesoura, deixando para trás a era folk a golpes de facão. Lavei o cabelo no banheiro do corredor e sequei com as mãos. Foi uma experiência libertadora.

Quando Robert chegou em casa, ficou surpreso mas gostou. "O que foi que baixou em você?", perguntou. Dei de ombros. Mas, quando fomos ao Max's, meu corte de cabelo chamou bastante a atenção. Mal pude acreditar que

Hotel Chelsea, quarto 204, 1970

era aquilo mesmo. Embora eu ainda fosse a mesma pessoa, meu status social subiu de repente. Meu cabelo de Keith Richards era de fato um ímã de significados. Pensei nas garotas que conheci na época da escola. Elas sonhavam em ser cantoras e acabavam virando cabeleireiras. Eu não sonhava com nenhuma das duas vocações, mas nas semanas seguintes acabaria cortando o cabelo de muita gente e cantando no La MaMa.

Alguém no Max's me perguntou se eu era andrógina. Perguntei o que era aquilo. "Você sabe, como Mick Jagger." Imaginei que deveria ser algo interessante. Achei que a palavra fosse alguma coisa ao mesmo tempo bonita e feia. O que quer que significasse, com um simples corte de cabelo, milagrosamente, virei andrógina da noite para o dia.

As oportunidades de repente começaram a aparecer. Jackie Curtis me convidou para participar de sua peça *Femme fatale*. Não tive problemas para substituir um menino que fazia o par romântico de Penny Arcade, metralhando versos como: *Ele podia ficar com ela ou abandoná-la/ E acabou ficando mas depois abandonando.*

O La MaMa foi um dos primeiros teatros experimentais, *off*-Broadway, muito mais *off* do que Broadway. Eu havia participado de algumas peças na escola, como Fedra em *Hipólito* de Eurípides, e Madame Dubonnet em *The boyfriend*. Gostava de atuar, mas odiava decorar e todo aquele pancake com que nos maquiavam antes de subir ao palco. Eu realmente não entendia a vanguarda, embora achasse que podia ser divertido trabalhar com Jackie e sua companhia. Jackie me deu o papel sem fazer teste, de modo que eu não fazia ideia de onde estava me metendo.

Estava sentada no saguão tentando parecer que não esperava por Robert. Ficava preocupada quando ele sumia nos labirintos de seu mundo de michês. Incapaz de me concentrar, me sentei no meu canto de sempre, e mergulhei em meu caderno de redação laranja, que continha meu ciclo de poemas para Brian Jones. Estava com meu figurino de *A canção do Sul* — chapéu de palha, casaco do coelho Quincas, botas de trabalho e calça de pregas — e remoía um mesmo conjunto de frases quando fui interrompida por uma voz estranhamente familiar.

"Tá fazendo o quê, querida?"

Olhei para cima e vi o rosto de um estranho com um par de óculos escuros perfeito.

"Escrevendo."

"Você é poeta?"

"Talvez."

Virei-me no assento, demonstrando desinteresse, fingindo não ter reconhecido quem era, mas não havia como confundir aquela fala arrastada, nem o sorriso sombrio. Eu sabia exatamente quem era; era o cara de *Dont look back*. O outro. Bobby Neuwirth, o pacificador-provocador. O *alter ego* de Bob Dylan.

Ele era pintor, cantor-compositor, e adorava correr riscos. Era fiel confidente de muitas das maiores cabeças e músicos de sua geração, que viera apenas um pouco antes da minha.

Para disfarçar o quanto eu estava impressionada, levantei, balancei a cabeça e fui em direção à porta sem me despedir. Ele me chamou.

"Ei, onde você aprendeu a sair andando desse jeito?"

Virei. "Em *Dont look back*."

Ele deu risada e me convidou para ir até o El Quixote tomar uma tequila. Eu não era de beber, mas virei uma dose pura, sem limão e sal, só para parecer descolada. Ele tinha uma conversa agradável e falamos de tudo, de Hank Williams ao expressionismo abstrato. Pareceu simpatizar comigo. Pegou o caderno da minha mão e deu uma lida. Acho que viu algum potencial, pois falou: "Você nunca pensou em fazer músicas?". Eu não soube o que responder.

"Da próxima vez que nos encontrarmos, quero ver uma música sua", ele disse ao sair do bar.

Foi tudo o que tinha para dizer. Quando ele estava indo embora, prometi fazer uma música para ele. Eu já havia ensaiado algumas letras para Matthew, algumas canções no estilo apalache para Harry, mas nunca levara muito a sério. Agora tinha uma missão de verdade e alguém digno da missão.

Robert voltou tarde, mal-humorado e um pouco irritado por eu ter bebido com um estranho. Mas na manhã seguinte concordou que era inspirador alguém como Bob Neuwirth se interessar pelo meu trabalho. "Talvez ele seja a pessoa que vá fazer você cantar", disse, "mas não esqueça quem foi o primeiro a querer que você cantasse."

Robert sempre gostou da minha voz. Quando morávamos no Brooklyn me pedia que cantasse para ele dormir, e eu cantava as músicas de Piaf e as baladas de Child.

"Não quero cantar. Só quero escrever canções para ele. Eu quero ser poeta, não cantora."

"Você pode ser as duas coisas", ele disse.

Robert parecia em conflito a maior parte do tempo, alternando entre afetação e melancolia. Eu podia sentir alguma coisa fermentando, mas Robert não queria falar sobre isso.

Os dias que se seguiram foram irritantemente calmos. Ele dormia bastante, e, quando acordava, pedia que eu lesse meus poemas, especialmente os que eu havia escrito para ele. A princípio fiquei preocupada que ele pudesse estar se sentindo mal. Entre seus longos períodos de silêncio considerei a possibilidade de que ele pudesse ter conhecido alguém.

Passei a reconhecer os silêncios como sinais. Já havíamos passado por isso antes. Embora não falássemos a respeito, lentamente fui me preparando para as mudanças que certamente ocorreriam. Robert e eu ainda éramos íntimos, e acho que foi difícil para nós dois abrir o jogo a respeito de tudo. Paradoxalmente, ele parecia querer me atrair cada vez mais. Talvez fosse a intimidade que precede o fim, como um cavalheiro que compra joias para a amante antes de lhe dizer que está tudo acabado.

Domingo de lua cheia. Robert estava tenso e precisou sair abruptamente. Ele me olhou por um longo tempo. Perguntei se estava bem. Ele disse que não sabia. Fui andando com ele até a esquina. Fiquei ali parada na rua olhando a Lua. Mais tarde, ansiosa, saí para tomar um café. A Lua havia ficado vermelha como sangue.

Quando finalmente voltou, apoiou a cabeça no meu ombro e adormeceu. Não quis confrontá-lo na hora. Depois ele revelaria que havia ultrapassado um limite. Havia ficado com um cara e não por dinheiro. Consegui em alguma medida aceitar o fato. Minha armadura ainda tinha seus pontos vulneráveis, e Robert, meu cavaleiro, havia perfurado alguns deles, ainda que sem a intenção de fazê-lo.

Ele e eu começamos a nos dar mais presentes. Pequenas coisas que fazíamos ou que encontrávamos em cantos empoeirados de vitrines de casas de penhores. Coisas que ninguém mais queria. Cruzes de cabelo trançado, amuletos azinhavrados e haicais de namorados feitos com pedaços de fitas e couro. Deixávamos bilhetes, bolinhos.

Coisas. Como se pudéssemos preencher o buraco, reconstruir a muralha

Hotel Chelsea, quarto 204, 1970

que desmoronava. Fechar a ferida que havíamos aberto para permitir que outras experiências entrassem.

Havia alguns dias que não víamos Pigman, mas ouvimos seu cachorro uivando. Robert chamou a polícia, e arrombaram a porta. Pigman estava morto. Robert foi identificar o corpo, e levaram Pigman e o cachorro embora. O espaço dos fundos era duas vezes maior que o nosso. Embora estivesse se sentindo péssimo, Robert não conseguiu evitar de cobiçar o espaço.

Tínhamos certeza de que seríamos expulsos do estúdio, uma vez que não havia contrato. Robert foi falar com o senhorio e explicou tudo sobre nossa presença ali. O dono viu que seria difícil alugar o local com aquele cheiro impregnado de morte e mijo de cachorro, e em vez de nos mandar embora nos ofereceu todo o andar por trinta dólares a menos do que nosso quarto no Chelsea, e dois meses de graça para limpar e pintar tudo. Para apaziguar os deuses de Pigman, fiz um desenho chamado "Vi um homem, ele passeava com o cachorro", e, quando terminei, Robert pareceu ficar em paz com o triste falecimento de Pigman.

Era evidente que não conseguiríamos pagar o quarto no Chelsea e ainda toda a sobreloja do Oasis Bar. Na verdade, eu não queria deixar o Chelsea, a relação com poetas e escritores, Harry e nosso banheiro no corredor. Conversamos um bocado sobre o assunto. O dinheiro que economizaríamos daria para pagar as outras contas. Eu sabia que era a coisa mais prática a fazer, e até mesmo uma perspectiva excitante. Nós dois teríamos espaço para trabalhar e ficar perto um do outro. Mas ao mesmo tempo era muito triste, especialmente para mim. Eu adorava morar no hotel, e sabia que quando mudássemos tudo iria se transformar.

"O que vai acontecer com a gente?", perguntei.

"A gente sempre vai existir", ele respondeu.

Robert e eu não havíamos esquecido da jura feita no táxi vindo do Allerton para o Chelsea. Era evidente que não estávamos prontos para que cada um seguisse seu caminho sozinho. "Eu vou estar na porta ao lado", ele disse.

Tivemos que juntar cada centavo. Precisávamos levantar 450 dólares, um mês de aluguel e um mês de depósito. Robert andava mais sumido do que de costume, arranjando vinte dólares aqui, vinte ali. Eu havia escrito algumas resenhas de discos e agora recebia pilhas de discos de graça. Depois de resenhar os que eu gostava, levava todo o resto a uma loja no East Village chamada Freebeing. Eles pagavam um dólar por disco, de modo que, quando eu conseguia dez discos, dava um bom dinheiro. Na verdade, eu ganhava mais vendendo do que resenhando discos. Não era muito prolífica e geralmente escrevia sobre artistas obscuros como Patty Waters, Clifton Chenier ou Albert Ayler. Eu não estava tão interessada em criticar quanto em chamar a atenção das pessoas para artistas que talvez pudessem ter passado despercebidos. Somando tudo conseguimos juntar o dinheiro.

Eu odiava fazer malas e faxina. Robert, de bom grado, encarregou-se sozinho da tarefa, varreu os cacarecos, esfregou e pintou tudo como fizera no Brooklyn. Nesse período meu tempo se dividia entre a Scribner's e o La MaMa. À noite, nós nos encontrávamos no Max's depois do meu ensaio. Agora tínhamos a segurança de chegar na távola-redonda como dois veteranos.

Femme fatale teve pré-estreia no dia 4 de maio, o mesmo dia em que os estudantes da Kent State foram assassinados. Ninguém falava muito de política no Max's, exceto a política da Factory. Todo mundo achava o governo corrupto e a Guerra do Vietnã um erro, mas a sombra do massacre na Kent State pairou sobre a produção e não tivemos uma noite muito boa.

As coisas melhoraram quando a peça estreou oficialmente, e Robert foi assistir todas as noites, muitas vezes levando seus novos amigos. Entre eles havia uma garota chamada Tinkerbelle. Ela morava na Twenty-third Street em um apartamento do London Terrace, e era uma garota da Factory. Robert estava atraído por sua sagacidade, mas apesar da aparência irreverente ela tinha uma língua extremamente afiada. Tolerei com bom humor suas farpas, imaginando que ela pudesse ser uma espécie de Matthew dele.

Foi Tinkerbelle quem nos apresentou a David Croland. Fisicamente, David combinava com Robert, alto e esguio, cabelo castanho cacheado, pele clara e olhos castanhos profundos. Era de boa família, e estudara design no Pratt. Em 1965, Andy Warhol e Susan Bottomly viram-no na rua e o recrutaram para seus filmes. Susan, que era conhecida como International Velvet, vinha sendo cotada como a próxima Superstar, sucedendo Edie Sedgwick. David tivera um caso tórrido com Susan, e quando ela o abandonou, em 1969, ele fugiu para Londres, mergulhando em um caldeirão de cinema, moda e rock and roll.

O cineasta escocês Donald Cammel decidiu apadrinhá-lo. Cammel estava no cerne dessa confluência do underground londrino; ele e Nicolas Roeg haviam acabado de dirigir juntos o filme *Performance* com Mick Jagger. Como top model da Boys Inc., David era seguro e não se deixava intimidar facilmen-

te. Quando foi criticado por usar sua aparência, retrucou: "Não sou eu que estou usando a minha aparência. São os outros que a estão usando".

Ele trocara Londres por Paris e voltara a Nova York no início de maio. Estava com Tinkerbelle no London Terrace, e ela queria muito que todos nos conhecêssemos. David era amável e nos respeitava como casal. Ele adorava visitar nosso espaço, que chamava de nossa fábrica de arte, e demonstrou admiração genuína ao conhecer nosso trabalho.

Nossa vida parecia mais fácil com David. Robert sentia-se bem com ele e gostava do fato de David apreciar seu trabalho. Foi David quem lhe arranjou uma das primeiras encomendas importantes, uma página dupla na *Esquire* sobre Zelda e Scott Fitzgerald, de olhos vendados com tinta spray. Robert ganhou trezentos dólares, o maior pagamento que já havia recebido até então.

David tinha um Corvair branco com o interior todo vermelho e nos levava para passear ao redor do Central Park. Foi a primeira vez que entramos em um carro que não fosse um táxi ou quando meu pai nos pegava na rodoviária de Nova Jersey. David não era rico, mas estava melhor do que Robert e era discretamente generoso. Ele levava Robert para comer fora e pagava a conta. Robert em troca lhe deu colares e pequenos desenhos. O magnetismo entre eles

era perfeitamente natural. David introduziu Robert em seu mundo, uma sociedade que ele logo abraçou.

Começaram a passar cada vez mais tempo juntos. Eu ficava vendo Robert se arrumar para sair como se fosse um cavalheiro se preparando para uma caçada. Ele escolhia cada peça com todo esmero. O lenço colorido que dobrava e enfiava no bolso de trás. A pulseira. O colete. E o longo e lento método de pentear os cabelos. Ele sabia que eu gostava do cabelo um pouco desgrenhado, e eu sabia que ele não estava domando seus cachos para mim.

Robert estava desabrochando socialmente. Passou a conhecer pessoas que circulavam pela Factory, e ficou amigo do poeta Gerard Malanga. Gerard já empunhara um chicote, dançando com o Velvet Underground, e mostrou a Robert lugares como a Pleasure Chest, uma loja que vendia acessórios eróticos. Também o convidara para um dos mais sofisticados salões literários da cidade. Robert insistiu que eu fosse uma vez, no Dakota, no apartamento de Charles Henri Ford, que editava a influente revista *View*, que apresentou o surrealismo aos Estados Unidos.

Eu me sentia uma parente vindo filar o jantar de domingo. Como vários poetas liam poemas intermináveis, fiquei pensando se Ford não estaria no fundo desejando uma volta aos salões de sua juventude, presididos por Gertrude Stein e frequentados por Breton, Man Ray e Djuna Barnes.

A certa altura da noite ele se inclinou sobre Robert e disse: "Seus olhos são incrivelmente azuis". Achei muito engraçado ele dizer isso, uma vez que os olhos de Robert eram famosos pelo tom de verde.

A capacidade de Robert de se adaptar a essas situações sociais sempre me impressionava. Fora tão tímido ao me conhecer, mas, ao lidar com as águas desafiadoras do Max's, do Chelsea, da Factory, sentia-se à vontade.

Nossa temporada no Chelsea estava chegando ao fim. Embora fôssemos nos mudar para a mesma quadra do hotel, eu sabia que as coisas seriam diferentes. Achava que trabalharíamos mais, mas perderíamos uma certa intimidade, além da proximidade do quarto de Dylan Thomas. Outra pessoa tomaria meu posto no saguão do Chelsea.

Uma das últimas coisas que fiz no Chelsea foi terminar um presente de aniversário para Harry. "Lista de chamada alquímica" era um poema ilustrado contendo tudo que Harry e eu havíamos discutido sobre alquimia. O elevador estava enguiçado e então subi de escada até o quarto 705. Harry abriu a porta antes que eu batesse, usando uma malha de esqui em pleno maio. Estava com uma caixa de leite na mão, como se fosse derramá-lo nas poças de seus olhos.

Ele olhou meu presente com grande interesse, então guardou-o imediatamente. O que foi uma honra e uma maldição, pois sem dúvida desapareceria para sempre no imenso labirinto de seu arquivo.

Ele resolveu me mostrar uma coisa especial, um raro ritual de peiote que gravara anos antes. Tentou colocar a fita, mas estava tendo problemas com o gravador, um Wollensak de rolo. "Essa fita está mais emaranhada que o teu cabelo", ele disse impaciente. Encarou-me por um momento e começou a revirar as gavetas e caixas até desenterrar uma escova de cabelo, de prata e marfim, com cerdas claras e compridas. Fui instantaneamente atraída pela escova. "Não toque nisso!", ele bronqueou. Sem dizer nada, sentou na cadeira e eu me sentei a seus pés. Em completo silêncio, Harry começou a desemaranhar todos os nós do meu cabelo. Fiquei pensando se a escova teria sido da mãe dele.

Depois me perguntou se eu tinha algum dinheiro. "Não", falei, e ele fez que ficou furioso. Mas eu conhecia Harry. Ele só queria desfazer a intimidade do momento. Sempre que você tinha um momento bonito com Harry, ele tinha que transtornar tudo.

No último dia de maio, Robert chamou seus amigos para uma reunião do seu lado do loft. Colocou seus discos da Motown para tocar e parecia feliz. O loft era várias vezes maior que o nosso quarto. Tínhamos espaço até para dançar.

Depois de algum tempo saí de lá e voltei para o nosso antigo quarto no Chelsea. Sentei ali e chorei, então lavei o rosto em nossa pequena pia. Foi a primeira e única vez que senti ter sacrificado alguma coisa minha por Robert.

Entramos rapidamente no ritmo da nossa nova vida. Fui pisando nos quadrados do piso do nosso corredor quadriculado como fazia no Chelsea. A princípio dormíamos do lado menor, e Robert ficava com o espaço maior para ele. Na primeira noite em que finalmente dormi sozinha, tudo começou bem. Robert me deixou com o toca-discos e fiquei ouvindo Piaf e escrevendo, mas percebi que não conseguia dormir. Não importava o que acontecesse, estávamos acostumados a dormir abraçados. Por volta das três da manhã, me enrolei em meu lençol de musselina e bati de leve na porta de Robert. Ele abriu imediatamente.

"Patti", disse, "por que você demorou tanto?"

Entrei, tentando parecer indiferente. Era óbvio que ele estivera trabalhando a noite inteira. Reparei em um novo desenho, elementos para um novo trabalho. Um retrato meu ao lado da cama.

"Eu sabia que você viria", ele disse.

"Tive um pesadelo, não conseguia dormir. E precisei usar o banheiro."

"Você foi até o Chelsea?"

"Não", falei. "Fiz xixi no copo de café para viagem."

"Patti, assim não."

A caminhada até o Chelsea era longa no meio da noite, se você precisasse mesmo ir.

"Vem cá, China", ele disse, "entre aqui."

Tudo me distraía, mas acima de tudo eu mesma. Robert vinha até o meu lado do loft e ralhava comigo. Sem a mão dele para a arrumação, eu vivia em um estado de caos agudo. Coloquei a máquina de escrever sobre uma caixa de laranjas. O chão estava coberto de papel vegetal com canções pela metade, meditações sobre a morte de Maiakóvski e ruminações sobre Bob Dylan. O quarto estava cheio de discos para resenhar. A parede repleta de imagens de meus heróis, mas meus esforços então pareciam tudo menos heroicos. Sentei no chão e tentei escrever, mas acabei picotando meu cabelo em vez disso. Coisas que eu achava que iriam acontecer não estavam acontecendo. Coisas que nunca imaginei que fossem acontecer começaram a se revelar.

Fui para casa visitar minha família. Tinha muito o que pensar sobre o rumo que devia seguir. Eu me perguntava se estava fazendo o trabalho certo. Não seria uma frivolidade minha? Era a constante sensação de culpa que sentia por me apresentar na noite em que os estudantes da Kent State haviam sido baleados. Eu queria ser artista, mas queria que meu trabalho fizesse diferença.

Minha família estava em volta da mesa. Meu pai nos leu um trecho de Platão. Minha mãe fez sanduíches de almôndega. Como sempre, havia um clima de camaradagem na mesa familiar. Nisso recebi um inesperado telefonema de Tinkerbelle. Ela me contou abruptamente que Robert e David estavam tendo um caso. "Eles estão juntos neste exato momento", disse, com um tom triunfante. Disse-lhe simplesmente que ela não precisava ter ligado, que eu já sabia.

Desliguei abalada, mas ainda na dúvida se ela meramente pusera em palavras o que eu já desconfiava. Não sabia ao certo por que ela me ligara. Não era como se ela estivesse me fazendo um favor. Não éramos tão íntimas assim. Perguntei-me se ela não fizera aquilo por mal ou por ser fofoqueira. Havia ainda a possibilidade de ela não estar dizendo a verdade. No ônibus de volta, tomei a decisão de não comentar nada e dar a Robert a chance de me contar tudo com suas próprias palavras.

Ele estava com aquela expressão aturdida, como quando jogara o Blake pela privada na Brentano's. Ele estivera na Forty-second Street e encontrara uma nova revista gay interessante, mas custava quinze dólares. Tinha o dinheiro, mas queria ter certeza de que valia a pena. Assim que tirou a revista do celofane, o dono da loja voltou e pegou-o no flagra. O dono começou a berrar, exigindo que Robert pagasse. Robert se irritou e jogou a revista na cara do sujeito, que saiu correndo atrás dele. Robert fugiu da loja, entrou no metrô e foi direto para casa.

"Tudo isso por uma maldita revista."
"E era boa?"
"Não sei, parecia, mas depois disso eu nem quis mais."
"Você devia fazer suas próprias imagens. Ficariam melhores pelo menos."
"Não sei. É uma possibilidade."

Dias depois estávamos na casa da Sandy. Robert pegou por acaso a Polaroid dela. "Você me empresta?", ele perguntou.

A Polaroid nas mãos de Robert. O ato físico, um gesto com o pulso. O som das fotos batidas e os sessenta segundos de ansiedade para ver o que saiu. O imediatismo do processo se casava com o temperamento dele.

A princípio ficou brincando com a câmera. Não estava totalmente convencido de que servia para ele. E o filme era caro, dez fotos por cerca de três dólares, uma quantia significativa em 1971. Mas estava alguns degraus acima da cabine fotográfica, e as fotos se revelavam sozinhas.

Fui a primeira modelo de Robert. Ele se sentia à vontade comigo e precisava de tempo para dominar a técnica. O mecanismo da câmera era simples, mas as opções eram limitadas. Tiramos inúmeras fotos. No início ele precisou me controlar. Tentei forçá-lo a fazer fotos como as da capa do disco *Bringing it all back home*, onde Dylan aparece cercado de suas coisas favoritas. Arranjei meus dados e uma placa de carro dos "Sinners", um disco de Kurt Weill, meu *Blonde on blonde*, e pus uma combinação preta como Anna Magnani.

"Está muito cheio de cacarecos", ele disse. "Deixe-me tirar uma foto só sua."

"Mas eu gosto dessas coisas", falei.

"Não estamos fazendo uma capa de disco, estamos fazendo arte."

"Eu odeio arte!", berrei, e ele tirou a foto.

Ele foi seu primeiro modelo masculino. Ninguém podia questioná-lo se tirasse fotos de si mesmo. Tinha todo o controle. Descobriu o que queria ver ao se ver fotografado.

Ficou satisfeito com suas primeiras imagens, mas o filme custava tão caro que foi obrigado a deixar a câmera de lado, embora não por muito tempo.

Robert passava bastante tempo arrumando seu espaço e a apresentação de seu trabalho. Mas às vezes olhava para mim preocupado. "Está tudo bem?", ele perguntava. Disse para ele não se preocupar. Sinceramente, eu estava envolvida com tantas coisas que a questão das preferências sexuais de Robert não era minha principal preocupação.

Eu gostava de David, Robert vinha fazendo um trabalho excepcional, e pela primeira vez eu conseguia me expressar da forma como desejava. Meu quarto refletia a confusão brilhante do meu mundo interior, metade vagão de trem, metade conto de fadas.

Uma tarde Gregory Corso veio nos visitar. Primeiro passou no Robert e eles fumaram, de modo que quando veio me ver o sol já estava se pondo. Eu estava sentada no chão datilografando em minha Remington. Gregory entrou e vistoriou lentamente o lugar. Urinóis e brinquedos quebrados. "Olha, esse lugar é dos meus." Puxei uma poltrona para ele. Gregory acendeu um cigarro e leu um pouco da minha pilha de poemas abandonados, e caiu no sono, deixando uma marca de queimadura no braço da poltrona. Derramei um pouco do meu Nescafé por cima. Ele acordou e bebeu o resto. Dei-lhe alguns trocados para as necessidades mais urgentes. Quando estava saindo, olhou para um velho crucifixo francês sobre o meu colchão. Aos pés do Cristo havia uma caveira decorada com as palavras *memento mori*. "Significa 'Lembre que somos mortais'", disse Gregory, "mas a poesia não é." Concordei com a cabeça.

Quando ele foi embora, sentei na minha poltrona e passei os dedos sobre a queimadura de cigarro, uma cicatriz recente deixada por um dos grandes poetas do país. Ele sempre desencadearia problemas, era capaz até de provocar cataclismas, e no entanto legou-nos o conjunto de uma obra pura como um cervo recém-nascido.

Manter a discrição oprimia Robert e David. Eles conseguiram conviver com um certo mistério, mas acho que David era aberto demais para esconder de mim a relação dos dois por muito tempo. Começaram a surgir tensões entre eles.

As coisas chegaram ao cúmulo em uma festa aonde fomos em dois casais, com David e sua amiga Loulou de la Falaise. Estávamos os quatro dançando. Gostei de Loulou, uma ruiva carismática que era a celebrada musa de Yves Saint Laurent, filha de uma modelo de Schiaparelli com um conde francês. Ela estava com uma pulseira africana pesada, e, quando a tirou, vi um cordão vermelho em seu pulso minúsculo, colocado ali, segundo ela, por Brian Jones.

Parecia que a noite estava indo bem, exceto pelo fato de Robert e David se isolarem a todo instante, discutindo acaloradamente pelos cantos. De repente, David agarrou a mão de Loulou, tirou-a da pista de dança e foi embora da festa abruptamente.

Robert saiu correndo atrás dele, e eu o segui. David e Loulou estavam entrando em um táxi, quando Robert gritou para ele não ir embora. Loulou olhou para David, perplexa, dizendo: "Vocês dois são amantes?". David bateu a porta do carro, e o táxi partiu em disparada.

Robert ficou em uma posição em que foi forçado a me contar algo que eu já sabia. Estava calma e sentei tranquilamente, enquanto ele se esforçava para encontrar as palavras certas para me explicar o que havia acontecido. Não senti nenhum prazer ao ver Robert naquele conflito. Sabia que era difícil para ele, então contei o que Tinkerbelle havia me dito.

Robert ficou furioso. "Por que você não disse nada?"

Robert estava arrasado por Tinkerbelle ter me contado não só que ele estava tendo um caso, como que ele era homossexual. Foi como se Robert houvesse esquecido que eu já sabia. Também deve ter sido difícil porque foi a primeira vez que ele se identificou abertamente com um rótulo sexual. Sua relação com Terry havia ficado entre nós três, fora das vistas do público.

Robert chorou.

"Tem certeza?", perguntei-lhe.

"Não tenho certeza de nada. Quero fazer o meu trabalho. Sei que sou bom. Só sei isso."

"Patti", ele disse, "nada disso tem a ver com você."

Robert quase não falou mais com Tinkerbelle depois disso. David se mudou para a Seventeenth Street, perto de onde Washington Irving havia morado. Fiquei dormindo do meu lado da parede e Robert do lado dele. Nossas vidas vinham mudando tão depressa que simplesmente fomos tocando em frente.

Mais tarde, sozinha com meus pensamentos, tive uma reação de efeito retardado. Senti um peso no coração, frustrada por ele não ter confiado em mim. Ele dissera que não havia com o que me preocupar, mas no final havia de fato. Embora eu entendesse por que ele não podia me contar. Acho que a necessidade de definir seus impulsos e confinar sua identidade em termos de sexualidade era algo estranho para ele. Sua atração por homens era desgastante, mas nunca me senti menos amada por isso. Não era fácil para ele romper nossos vínculos físicos, isso eu sabia.

Robert e eu ainda mantivemos nossa promessa. Ninguém abandonaria ninguém. Nunca o vira pela lente de sua sexualidade. Minha imagem dele permanece intacta. Ele foi o artista da minha vida.

Bobby Neuwirth chegou à cidade como um bandoleiro. Montou acampamento, e todos os artistas, músicos e poetas passaram a se reunir, como uma reunião de tribos. Ele era um catalisador de ações. Aparecia e me levava para todo canto, apresentando-me para outros artistas e músicos. Eu era ainda muito chucra, mas ele havia gostado e estimulado minhas tentativas desastradas de escrever canções. Eu queria fazer coisas que confirmassem sua crença em mim. Criei longos poemas orais, como baladas, inspirados em contadores de histórias como Blind Willie McTell e Hank Williams.

No dia 5 de junho de 1970, ele me levou ao Fillmore East para ver Crosby, Stills, Nash e Young. Não era o meu tipo de banda, mas me interessei por Neil

Young, depois de ter ficado tão impressionada com sua música "Ohio". Parecia cristalizar o papel do artista como um comentarista responsável, na medida em que prestava homenagem aos quatro estudantes da Kent State que perderam a vida em nome da paz.

Depois fomos de carro até Woodstock, onde The Band estava gravando *Stage fright*. Todd Rundgren era o engenheiro de som. Robbie Robertson dava duro, concentrado na música "Medicine man". Quase todo mundo depois foi a uma festa pesada. Fiquei sentada conversando com Todd até amanhecer e acabamos descobrindo que nós dois tínhamos passado por Upper Darby. Meus avós moravam perto de onde ele havia nascido e crescido. Éramos também estranhamente parecidos — dois abstêmios, motivados pelo trabalho, críticos, dois deslocados idiossincráticos.

Bobby continuou descortinando seu mundo para mim.

Através dele conheci Todd, os artistas Brice Marden e Larry Poons, e os músicos Billy Swan, Tom Paxton, Eric Andersen, Roger McGuinn e Kris Kristofferson. Como um bando de gansos, todos convergiram para o Chelsea, esperando a chegada de Janis Joplin. A única credencial que me dava acesso ao mundo particular dessas pessoas era a palavra de Bobby, e sua palavra era indiscutível. Ele me apresentou a Janis como "a Poeta", e foi como Janis passou a me chamar desde então.

Fomos todos ver o show de Janis no Wollman Rink do Central Park. Os ingressos haviam acabado, mas grandes multidões se espalhavam subindo pelas pedras ao redor. Fiquei com Bobby do lado do palco, olhando para ela, fascinada com sua energia eletrizante. Logo começou a chover, depois trovejou, relampejou, e o palco foi evacuado. Não podendo continuar, os roadies começaram a desligar os equipamentos. O público, recusando-se a ir embora, começou a vaiar.

Janis estava enlouquecida. "Estão me vaiando, cara", ela gritou para Bobby.

Bobby tirou o cabelo dela dos olhos. "A vaia não é para você, querida", ele disse. "É para a chuva."

A intensa comunidade de músicos que era então o Chelsea muitas vezes ia toda para a suíte de Janis com seus violões. Presenciei o processo, enquanto trabalhavam nas músicas do disco novo dela. Janis era a rainha da roda, sentada em sua espreguiçadeira com uma garrafa de Southern Comfort, mesmo à tarde. Michael Pollard costumava estar ao lado dela. Eram como gêmeos adoráveis, inclusive com o mesmo jeito de falar, pontuando cada frase com *cara*. Fiquei sentada no chão quando Kris Kristofferson cantou para ela "Me and Bobby McGee", Janis fazendo o coro. Estive presente nesses momentos, mas era tão jovem e preocupada com meus próprios pensamentos que mal os reconheci como momentos.

Robert furou o mamilo. Ele havia feito com um médico, no espaço de Sandy Daley, aconchegado pelos braços de David Croland. Ela filmou tudo em 16 mm, um ritual profano, o *Chant d'amour* de Robert. Pensei que sob a impecável direção de Sandy ficaria bonito filmado. Mas achei o procedimento repulsivo e não participei, certa de que aquilo infeccionaria, como infeccionou. Quando perguntei a Robert que tal, ele disse que era ao mesmo tempo interessante e horrível. Depois fomos os três ao Max's.

Sentamos no fundo com Donald Lyons. Uma das principais figuras masculinas da Factory, Donald era um garoto irlandês católico da periferia. Havia sido um brilhante leitor dos clássicos em Harvard, com grande futuro acadêmico. Mas foi atrás de Edie Sedgwick, que estudava arte em Cambridge, seguiu-a até Nova York e largou tudo. Donald podia ser extremamente cáustico quando bebia, e em sua companhia não havia meio-termo, ou você o adorava ou detestava. Em seus melhores momentos ele conversava como um especialista sobre cinema e teatro, citava obscuros textos gregos e latinos e extensas passagens de T. S. Eliot.

Donald nos perguntou se iríamos assistir ao Velvet Underground lá em cima. Era o encontro deles em Nova York e a estreia do rock and roll ao vivo no Max's. Donald ficou chocado ao descobrir que eu nunca tinha visto a banda, e insistiu que subíssemos com ele para que víssemos a próxima entrada.

Imediatamente me envolvi com a música, que tinha uma batida forte de surf music. Eu, que nunca escutara com atenção as letras de Lou Reed, reconheci, especialmente através de Donald, que poesia forte elas continham. A sala de cima do Max's era pequena, talvez coubessem menos de cem pessoas ali, e, conforme o Velvet foi avançando no show, nós também começamos a nos mexer.

Robert foi para a pista com David. Ele estava com uma camisa branca fina, aberta até a cintura, e dava para ver por baixo o relevo do *piercing* dourado no mamilo. Donald pegou minha mão e de alguma forma dançamos. David e Robert definitivamente dançaram. Donald, em nossas várias discussões, tinha razão sobre Homero, Heródoto e o *Ulisses*, e estava mais do que certo sobre o Velvet Underground. Era a melhor banda de Nova York.

No Dia da Independência, Todd Rundgren perguntou se eu iria com ele visitar a mãe em Upper Darby. Acendemos fogos de artifício em um terreno baldio e tomamos sorvete Carvel. Depois fiquei com a mãe dele no quintal vendo-o brincar com a irmã menor. Ela olhava inconformada para os cabelos multicoloridos do filho e suas bocas de sino de veludo. "Eu dei à luz um alienígena", desabafou, o que me surpreendeu por ela parecer uma pessoa tão sensata, pelo menos eu achava. Quando voltamos para a cidade, no carro, concordamos que havíamos nos encontrado, éramos da mesma família, um mais alienígena que o outro.

Mais tarde naquela noite, no Max's, encontrei Tony Ingrassia, dramaturgo que havia trabalhado no La MaMa. Ele queria que eu lesse um papel de sua nova peça, *Island*. Fui um pouco cética, mas, quando me passou o texto, jurou que não haveria pancake nem purpurina.

Parecia um papel fácil para mim porque não precisava me relacionar com nenhum outro personagem da peça. Minha personagem, Leona, era totalmente ensimesmada, acelerada, e ficava murmurando coisas incompreensíveis sobre Brian Jones. Nunca soube exatamente do que tratava a peça, mas foi um épico de Tony Ingrassia. Como em *Sob o domínio do mal*, todo mundo fazia parte da trama.

Eu usava minha camiseta com decote canoa e esfregava cajal em volta dos olhos para parecer péssima. Acho que cheguei a uma espécie de visual guaxinim *junkie*. Eu vomitava em cena. Não era problema. Era só ficar com a boca cheia de ervilhas secas e fubá molhado durante vários minutos e depois cuspir tudo. Mas uma noite no ensaio Tony me trouxe uma seringa e disse como quem não quer nada: "Só coloca água, puxa um pouco de sangue do braço, e as pessoas já vão achar que você está injetando".

Quase desmaiei. Não conseguia nem olhar para a seringa, quanto mais espetá-la no braço. "Isso eu não vou fazer", falei.

Eles ficaram chocados. "Você nunca se picou?"

Todo mundo achava que por causa da minha aparência eu usava drogas.

Disse que não ia me picar. Por fim, eles jogaram cera quente no meu braço, e Tony me mostrou como fazer.

Robert achou hilário me ver injetando e ficou me provocando sem parar depois. Ele conhecia bem minha fobia de agulha. Gostou de me ver em cena. Ia a todos os ensaios, vestido de modo tão incrível que merecia um papel. Tony Ingrassia olhou para ele e disse: "Ele é demais, quero ele na peça".

"É só colocá-lo sentado em uma cadeira", Wayne County interveio. "Não precisa fazer mais nada."

Robert estava dormindo sozinho. Fui bater em sua porta e estava destrancada. Entrei e fiquei olhando-o dormir, como fizera da primeira vez que nos vimos. Ainda era o mesmo menino com seu cabelo desgrenhado de pastorzinho. Sentei na cama, e ele acordou. Apoiou-se no cotovelo e sorriu. "Quer entrar aqui embaixo, China?" Começou a me fazer cócegas. Lutamos, rolamos, e eu não conseguia parar de rir. Então ficou de pé de um salto. "Vamos para Coney Island", ele disse. "Vamos fazer outra foto nossa."

Fizemos tudo o que gostávamos de fazer. Escrevemos nossos nomes na areia, fomos ao Nathan's, passeamos pelo Astroland. Tiramos nossa foto com o mesmo velho, e, por insistência de Robert, posei montada no pônei empalhado.

Ficamos até escurecer e tomamos o trem F de volta. "Ainda somos nós dois", ele disse. Segurou minha mão e adormeci em seu ombro no metrô voltando para casa.

Lamentavelmente perdemos essa foto de nós dois juntos, mas a minha no pônei, sozinha e ligeiramente desafiadora, ainda existe.

Robert estava sentado em um caixote de laranjas, enquanto eu lia para ele meus novos poemas.

"Você deveria deixar outras pessoas ouvirem", ele disse, como sempre.

"Você está me ouvindo. Já me basta."

"Eu queria que todo mundo ouvisse."

"Não, você queria que eu fosse ler nesses malditos chás."

Mas Robert, que não podia ser contrariado, continuou me pressionando, e quando Gerard Malanga lhe contou sobre um encontro às terças-feiras com microfone aberto, mediado pelo poeta Jim Carroll, ele me fez jurar que eu leria.

Concordei em experimentar, escolhi dois poemas que achei adequados para a performance. Não lembro o que li, mas lembro perfeitamente a roupa que Robert estava usando: perneiras de lamê douradas que ele mesmo fizera. Chegamos a discutir sobre a saqueira combinando e resolvemos que não precisava. Era Dia da Bastilha, e brincando previ que cabeças iriam rolar quando os poetas pusessem os olhos nele.

Logo simpatizei com Jim Carroll. Pareceu-me uma pessoa bonita, esguia e forte, com cabelos ruivos compridos, tênis Converse preto de cano alto e um temperamento doce. Vi nele um misto de Arthur Rimbaud e Parsifal, o tolo sagrado.

Meus textos alternavam entre a formalidade dos poemas em prosa franceses e as bravatas de Blaise Cendrars, Maiakóvski e Gregory Corso. Através disso meu trabalho destilava humor e uma certa insolência. Robert sempre havia sido meu primeiro ouvinte, e eu sentia bastante segurança simplesmente lendo para ele. Eu escutava os discos dos poetas beats e Oscar Brown Jr., e estudava poetas líricos como Vachel Lindsay e Art Carney.

Uma noite, depois de um ensaio exaustivamente longo de *Island*, encontrei Jim por acaso, parado do lado de fora do Chelsea tomando um sorvete. Perguntei se ele queria vir comigo para um café ruim na loja de rosquinhas. Ele disse: "Claro". Contei-lhe que gostava de escrever ali. Na noite seguinte, ele me convidou para o café ruim no Bickford's na Forty-second Street. Jim me contou que Jack Kerouac gostava de escrever ali.

Ninguém sabia ao certo onde Jim morava, mas ele passava bastante tempo no Chelsea. Na noite seguinte veio para casa comigo, e acabou passando a noite do meu lado do loft. Fazia muito tempo que eu não sentia algo por outra pessoa além de Robert.

Robert era parte da equação, pois contribuíra apresentando-me a Jim. Eles se davam muito bem e felizmente não foi estranho ficarmos no quarto ao lado do de Robert. Muitas vezes Robert ficava no David, e parecia estar feliz por eu não estar sozinha.

Do meu jeito, passei a me dedicar a Jim. Colocava um cobertor quando ele estava dormindo. De manhã lhe dava rosquinhas com café. Ele não tinha muito dinheiro e não se desculpava por seu modesto vício em heroína. Às vezes o acompanhava quando ele ia se picar. Não entendia nada dessas drogas além do que lera em *Cain's book*, o relato de Alexander Trocchi sobre um *junkie* escrevendo em uma barca pelos rios de Nova York enquanto a droga vai se acumulando nos rios de sua alma. Jim injetava na mão sardenta, como um obscuro Huckleberry Finn. Virei o rosto e depois perguntei se não doía. Disse que não, para não me preocupar com ele. Então me sentei ao seu lado enquanto recitava Walt Whitman, quase dormindo sentado.

Durante o dia, enquanto eu estava trabalhando, Robert e Jim andavam até a Times Square. Ambos adoravam o submundo da Forty-second Street e descobriram também nessas caminhadas que curtiam fazer programa, Jim para comprar droga e Robert para pagar o aluguel. Até então Robert continuava fazendo perguntas sobre si próprio e seus desejos. Não se sentia à vontade ao ser identificado por sua sexualidade, e se perguntava se fazia aquilo por dinheiro ou por prazer. Ele podia falar dessas coisas com Jim porque Jim não o julgava. Ambos aceitavam dinheiro de homens, mas Jim não via problema algum nisso. Para ele, eram apenas negócios.

"Como você sabe que você não é gay?", Robert perguntou.

Jim disse que tinha certeza. "Porque eu sempre peço dinheiro."

Em meados de julho, paguei a última parcela do meu primeiro violão. Exposto em promoção em uma casa de penhores da Eighth Avenue, era um pequeno violão Martin, modelo de salão. Tinha um adesivo de um passarinho azul na cabeça do braço e uma alça feita de fios multicoloridos trançados. Comprei um *songbook* de Bob Dylan e aprendi alguns acordes simples. No início não pareciam nada ruins, mas, quanto mais eu tocava, pior foram ficando. Eu não sabia que o violão precisava ser afinado antes. Levei-o ao Matthew, e ele afinou para mim. Depois me dei conta de que sempre que ele desafinasse, eu poderia levá-lo para um músico e perguntar se ele queria tocar um pouco. Eram muitos músicos no Chelsea.

Eu havia escrito "Fire of unknown origin" como um poema, mas depois de conhecer Bobby, transformei-a em minha primeira canção. Pelejei até encontrar alguns acordes para acompanhá-la no violão, e cantei para Robert e Sandy. Ela ficou muito impressionada. O vestido arrastando pelo corredor era dela.

Death comes sweeping down the hallway in a lady's dress
Death comes riding up the highway in its Sunday best
Death comes I can't do nothing
Death goes there must be something that remains
A fire of unknown origin took my baby away *

Participar de *Island* me fez ver que eu levava jeito para performance. Não tinha medo do palco e gostava de provocar reações da plateia. Mas registrei mentalmente que não se tratava de interpretar nada. Como se o ator fosse uma espécie de soldado: era preciso se sacrificar em nome de um bem maior. Era preciso acreditar na causa. Só que eu não conseguia me sacrificar o bastante para ser atriz.

O papel de Leona corroborou uma ideia infundada de mim mesma como viciada em anfetaminas. Não sei se fui grande coisa como atriz, mas foi o bastante para conquistar minha má reputação. A peça foi um sucesso social. Andy Warhol vinha toda noite e ficou verdadeiramente interessado em trabalhar com Tony Ingrassia. Tennessee Williams assistiu à última apresentação de braço dado com Candy Darling. Candy, em posição tão cobiçada, ficou em êxtase por ser vista com o grande dramaturgo.

Talvez eu tivesse a ousadia, mas me faltava o calor e o glamour trágico de meus companheiros de cena. As pessoas envolvidas com teatro alternativo se engajavam, escravizadas por mentores como Ellen Stewart, John Vaccaro e o brilhante Charles Ludlam. Embora eu tenha escolhido não seguir nessa direção, sou grata pelo que aprendi. Levaria um tempo ainda para eu pôr em prática minha experiência no teatro.

Quando Janis Joplin voltou em agosto para seu show da chuva no Central Park, ela parecia extremamente feliz. Queria gravar logo, e chegou à cidade toda exuberante de estolas de plumas magenta, rosa e púrpura. Ela usava esses

---

* "Incêndio de origem desconhecida": A morte vem pelo corredor arrastando seu vestido feminino/ A morte vem pela estrada em seu traje de domingo/ A morte vem e não posso fazer nada/ A morte diz que alguma coisa talvez sobreviva/ Um incêndio de origem desconhecida tirou meu amor de mim. (N. T.)

boás em todo lugar. O show foi um tremendo sucesso, e depois fomos todos ao Remington, um bar de artistas no começo da Broadway. As mesas ficaram lotadas com a turma dela: Michael Pollard, Sally Grossman, que era a garota de vermelho na capa de *Bringing it all back home*, Brice Marden, Emmett Grogan dos Diggers e a atriz Tuesday Weld. A jukebox tocava Charlie Pride. Janis ficou quase a festa inteira com um cara lindo por quem se sentira atraída, mas pouco antes do fim da noite ele acabou indo embora com uma das meninas mais bonitas da mesa. Janis ficou arrasada. "Isso sempre acontece comigo, cara. Mais uma noite sozinha", ela chorou no ombro de Bobby.

Bobby pediu-me para levá-la ao Chelsea e ficar de olho nela. Levei Janis de volta a seu quarto, e sentei um pouco ali enquanto ela lamentava sua sina. Antes de ir embora, contei que havia feito uma musiquinha para ela, e cantei.

I was working real hard
To show the world what I could do
Oh I guess I never dreamed
I'd have to
World spins some photographs
How I love to laugh when the crowd laughs
While love slips through
A theatre that is full
But oh baby
When the crowd goes home
And I turn in and I realize I'm alone
I can't believe
*I had to sacrifice you**

Ela disse: "Essa sou eu, cara. É a minha música". Quando eu estava saindo, olhou-se no espelho, ajeitando os boás. "Como estou, cara?"

"Parece uma pérola", respondi. "Uma pérola de menina."

---

* Eu dei duro demais/ Para mostrar ao mundo do que era capaz/ Oh acho que nunca sonhei/ Que precisava ser assim/ O mundo espalha fotografias/ Como adoro dar risada quando a plateia ri/ Enquanto o amor se insinua/ Em um teatro que está cheio/ Mas oh amor/ Quando a plateia vai embora/ E me dou conta de que estou sozinha/ Não posso acreditar/ Que tive que sacrificar você. (N. T.)

* * *

Jim e eu passávamos muito tempo em Chinatown. Toda vez que saía com ele era uma aventura flutuante, como cavalgar as altas nuvens de verão. Eu gostava de ver como ele interagia com estranhos. Íamos ao Hong Fat porque era barato e os bolinhos eram gostosos, e ele conversava com os velhos. Comíamos o que eles pusessem na mesa ou apontávamos para o prato de alguém porque o cardápio era em chinês. Limpavam as mesas jogando chá quente e esfregando com um trapo. O lugar tinha cheiro de chá *oolong*. Às vezes Jim simplesmente pegava um fio abstrato de conversa com um desses veneráveis senhores que então nos levava pelos labirintos de sua vida, passando pela Guerra do Ópio e pelas casas de ópio de São Francisco. E de lá vadiávamos da Mott à Mulberry, e voltávamos andando até a Twenty-third Street, de volta ao nosso tempo, como se nada tivesse acontecido.

Dei-lhe uma harpa pequena de aniversário e escrevi para ele longos poemas na hora do meu almoço na Scribner's. Estava com esperança de que ele fosse namorar comigo, mas, como se veria, essa era uma expectativa improvável. Eu jamais serviria de inspiração para ele, mas, no afã de articular o drama dos meus sentimentos, tornei-me uma escritora mais prolífica e creio que melhor.

Jim e eu tivemos momentos de grande ternura. Tenho certeza de que tivemos também alguns pontos baixos, mas minhas lembranças estão cheias de nostalgia e humor. Foram dias e noites de pobreza e confusão, quixotescos como Keats e primitivos como os piolhos que acabamos pegando, um achando que pegou do outro, enquanto nos submetíamos a um tedioso tratamento com xampu Kwell antipiolhos nos banheiros esquecidos do Hotel Chelsea.

Ele não era confiável, esquivava-se, e às vezes estava chapado demais para falar, mas ao mesmo tempo era bom, ingênuo e um verdadeiro poeta. Eu sabia que ele não me amava, mas o adorei mesmo assim. Por fim simplesmente foi embora, deixando-me com uma mecha comprida de seu cabelo ruivo dourado.

Robert e eu fomos visitar Harry. Ele e um amigo estavam decidindo quem ficaria com uma ovelha cinzenta de brinquedo. Era do tamanho de uma criança, de rodinhas, com uma longa fita vermelha: o cordeiro de Blake gravado pelo companheiro de Allen Ginsberg, Peter Orlovsky. Quando o confiaram a mim, achei que Robert fosse ficar bravo, pois eu tinha jurado que não guardaria mais lixo alheio ou brinquedo quebrado. "Você tem que aceitar", ele disse, colocando a fita na minha mão. "É um clássico Smith."

Algumas noites depois, Matthew apareceu do nada com uma caixa de 45 rpm. Estava obcecado por Phil Spector; ali deviam estar todos os compactos que Phil havia produzido. Seus olhos tensos percorreram o quarto. "Você tem algum compacto?", perguntou aflito.

Levantei e vasculhei na roupa suja até achar meus compactos, que ficavam em uma caixa creme coberta de notas musicais. Ele rapidamente contou quantos discos tínhamos em conjunto. "Eu estava certo", ele disse. "Nós temos o número exato."

"O número exato de quê?"

"Para fazer uma noite dos cem discos."

Entendi. Tocamos todos eles, um atrás do outro, começando com "I sold my heart to the junkman". Uma música melhor que a outra. Levantei num pulo e comecei a dançar. Matthew ficava trocando os discos como um *disc jockey* alucinado. Nisso, Robert apareceu. Olhou para Matthew. Olhou para mim. Olhou para o toca-discos.

As Marvelettes estavam cantando. Falei: "O que você está esperando?".

Seu casaco caiu no chão. Ainda faltavam 33.

Era um lugar infame, que abrigara a Film Guild Cinema nos anos 20 e um turbulento clube de *country* e *western*, com Rudy Vallée como anfitrião, nos anos 30. O grande pintor expressionista abstrato e professor Hans Hoffman teve uma pequena escola no terceiro andar, dos anos 40 aos 50, onde pregava a futuros Jackson Pollock, Lee Krasner e Willem de Kooning. Nos anos 60 ali funcionara o Generation Club, que Jimi Hendrix costumava frequentar, e, quando o lugar fechou, ele transformou o espaço inteiro em um imenso estúdio de última geração em plena Eight Street, 52.

No dia 28 de agosto houve uma festa de abertura. A Wartoke Concern cuidou de divulgar. Era um convite muito desejado e recebi o meu da própria Jane Friedman, da Wartoke. Ela fizera também toda a publicidade do festival de Woodstock. Fomos apresentadas no Chelsea por Bruce Rudow, e ela demonstrou interesse no meu trabalho.

Fiquei animada para ir. Pus meu chapéu de palha e fui andando até o centro, mas, quando cheguei, não consegui entrar. Por acaso, Jimi Hendrix subia as escadas e me encontrou sentada como uma caipira tomando chá de cadeira, e sorriu. Ele precisara pegar um avião para Londres para tocar no festival da Ilha de Wight. Quando lhe falei que não tinha coragem de entrar, ele riu delicadamente e disse que, ao contrário do que as pessoas talvez pensassem, era tímido e ficava nervoso em festas. Passou um tempo comigo na escada e me falou do projeto que queria fazer com o estúdio. Ele havia sonhado em reunir músicos do mundo todo em Woodstock, e todos se sentariam no campo, formando um círculo, e tocariam sem parar. Não importando o tom ou o ritmo, ou a melodia, continuariam tocando suas divergências até encontrar uma linguagem comum. Depois gravariam essa música, essa linguagem universal abstrata, em seu estúdio novo.

"A linguagem da paz. Saca?" Eu sacava.

Não consigo lembrar se de fato cheguei a entrar no estúdio, mas Jimi nunca realizou seu sonho. Em setembro fui com minha irmã Annie a Paris. Sandy Daley tinha um contato com uma companhia aérea e nos ajudou a encontrar passagens baratas. Paris havia mudado em um ano, assim como eu. Parecia que o mundo inteiro estava lentamente sendo despido da inocência. Ou talvez eu estivesse vendo tudo um pouco claro demais.

Enquanto descíamos o boulevard Montparnasse, vi uma manchete que me encheu de tristeza: *Jimi Hendrix est mort. 27 ans.* Eu sabia o que estava escrito ali.

Jimi Hendrix nunca conseguiu voltar a Woodstock para criar a linguagem universal. Nunca mais gravaria no Electric Lady. Senti que todos perdíamos um amigo. Desenhei suas costas, o colete bordado e suas pernas compridas, ele subindo a escada e saindo para o mundo pela última vez.

Steve Paul mandou um carro buscar Robert e eu para vermos Johnny Winter no Fillmore East no dia 3 de outubro. Johnny ficaria alguns dias no Chelsea. Depois do show, fomos encontrá-lo em seu quarto. Ele havia tocado no enterro de Jimi Hendrix, e juntos lamentamos a perda do nosso poeta da guitarra, nos consolando ao falar dele.

Mas na noite seguinte mais uma vez nos encontramos no quarto de Johnny para nos consolarmos. Escrevi duas palavras no meu diário: Janis Joplin. Ela havia morrido de overdose no quarto 105 do Landmark Hotel de Los Angeles, aos 27 anos.

Johnny estava arrasado. Brian Jones. Jimi Hendrix, Janis Joplin. Fez na hora a conexão do J, e o medo se somou à tristeza. Ele era muito supersticioso e ficou preocupado que seria o próximo. Robert tentou acalmá-lo, mas comentou comigo: "Faz sentido. É muito bizarro", e sugeriu que eu tirasse as cartas para Johnny, e eu tirei. Seu tarô sugeria um turbilhão de forças contraditórias, mas não falava nada de perigo iminente. Com ou sem as cartas, Johnny não tinha a morte na expressão do rosto. Ele tinha algo de indefinível. Johnny era mercurial. Mesmo apavorado com as mortes do clube dos J, andando freneticamente pelo quarto, era como se ele nunca ficasse parado o bastante para morrer.

Eu estava entre o caos e a frustração, cercada de canções inacabadas e poemas abandonados. Ia o máximo que podia até bater no muro, minhas próprias limitações imaginárias. Até que conheci um sujeito que me contou seu segredo, e era bem simples. Se você bater no muro, não pare.

Todd Rundgren levou-me ao Village Gate para ouvir uma banda chamada Holy Modal Rounders. Todd tinha feito o próprio disco, *Runt*, e vivia de olho em coisas interessantes que pudesse produzir. Os grandes nomes como Nina Simone e Miles Davis tocavam no andar de cima no Gate, enquanto as bandas mais underground eram agendadas no porão. Nunca tinha ouvido falar dos Holy Modal Rounders, cuja "Bird song" aparecia em *Sem destino*, mas eu sabia que seria interessante porque Todd geralmente gravitava em torno do incomum.

Parecia uma festa árabe com uma banda de caipiras psicodélicos. Fiquei de olho no baterista, que parecia um fugitivo da polícia que deslizara para trás da bateria enquanto os policiais procuravam em outros lugares. Perto do fim do show, ele cantou uma música chamada "Blind Rage" e, enquanto espancava a bateria, pensei: "Aí está um cara que encarna de corpo e alma o rock and roll". Ele tinha beleza, energia e magnetismo animal.

Fui apresentada ao baterista no camarim. Ele disse que se chamava Slim Shadow. Eu disse: "Fico feliz em conhecê-lo, Slim". Comentei que escrevia para uma revista de rock chamada *Crawdaddy* e queria escrever um artigo sobre ele. Slim pareceu gostar da ideia. Ele só concordava com a cabeça enquanto eu vendia o meu peixe, falando de seu potencial, de como "o rock and roll precisa de você".

"Bem, eu nunca tinha pensado nisso antes", foi sua resposta lacônica.

Eu tinha certeza de que a *Crawdaddy* aceitaria uma matéria sobre a salvação do futuro do rock and roll, e Slim concordou em ir até a Twenty-third Street para uma entrevista. Ficou impressionado com a minha bagunça, e se espalhou no meu tapete e ficou me contando dele. Disse que tinha nascido em um trailer e desfiou toda uma história para mim. Slim era um bom papo. Em uma feliz inversão de papéis, era ele o contador de histórias. E era possível que suas histórias fossem ainda mais fantasiosas do que as minhas. Tinha uma risada contagiante e era vigoroso, inteligente e intuitivo. Na minha cabeça, ele era o cara com a boca de caubói.

Nas noites seguintes ele passava tarde da noite na minha porta com seu sorriso tímido e atraente e eu pegava o casaco e íamos passear. Nunca íamos muito longe do Chelsea, embora parecesse que a cidade tinha se dissolvido, em touceiras de artemísia e detritos espalhados, e rolava no vento como ervas secas no deserto.

Uma frente fria passara por Nova York em outubro. Fiquei com muita tosse. O aquecimento nem sempre funcionava em nosso espaço. Não era um lugar feito para morar e sentíamos frio à noite. Robert muitas vezes ficava no David, e eu pegava todos os nossos cobertores e ficava acordada até bem tarde lendo *Luluzinha* e ouvindo Bob Dylan. Tive problemas com meus dentes do siso e estava acabada. Meu médico disse que eu estava com anemia e me mandou comer carne vermelha e beber cerveja escura, conselho dado a Baudelaire quando passou um inverno terrível em Bruxelas, doente e solitário.

Eu dispunha de um pouco mais de recursos do que o pobre Baudelaire na época. Vesti um velho casaco xadrez com bolsos grandes e surrupiei dois filés pequenos no Gristede's, pensando em fazê-los na frigideira de ferro fundido da minha avó, fritos no meu fogareiro elétrico. Fiquei surpresa ao encontrar Slim na rua e fizemos nosso primeiro passeio não noturno. Preocupada que a carne pudesse estragar, finalmente admiti que estava com dois pedaços de carne crua no bolso. Ele olhou para mim, tentando apurar se eu dizia a verdade, então enfiou a mão no meu bolso e puxou o bife no meio da Seventh Avenue. Balançou a cabeça fingindo me dar uma bronca e disse: "O.k., docinho, vamos comer".

Subimos e liguei o fogareiro elétrico. Comemos os bifes direto da frigideira. Depois disso, Slim ficou preocupado com a minha alimentação. Algumas noites depois apareceu e me perguntou se eu gostava da lagosta do Max's. Falei que nunca tinha experimentado. Ele pareceu chocado.

"Você nunca pediu lagosta lá?"

"Não, eu nunca comi nada lá."

"Como assim? Pega o casaco. Vamos comer alguma coisa."

Fomos de táxi ao Max's. Ele não teve nenhum problema para entrar na sala dos fundos, mas não ficamos na távola-redonda. Então pediu para mim. "A maior lagosta que vocês tiverem." Percebi que todo mundo olhava para nós. Então me dei conta de que só tinha ido ao Max's com Robert, e Slim era muito bonito. Quando minha lagosta gigante na manteiga chegou, também me dei conta de que aquele caipira bonitão talvez não tivesse dinheiro para pagar a conta.

Enquanto comia, reparei em Jackie Curtis fazendo sinais para mim. Entendi que ela queria um pouco da minha lagosta, tudo bem. Embrulhei uma pata carnuda em um guardanapo e fui com ela ao banheiro das mulheres. Jackie começou o interrogatório.

"O que você está fazendo com Sam Shepard?", indagou.

"Sam Shepard?", eu disse. "Oh, não, o nome desse cara é Slim."

"Querida, você não sabe quem ele é?"

"É o baterista do Holy Modal Rounders."

Ela procurou freneticamente alguma coisa na bolsa, soltando uma nuvem de pó facial. "Ele é o maior dramaturgo *off*-Broadway. Já foi encenado no Lincoln Center. Já ganhou cinco Obies!", fofocou, passando lápis nas sobrancelhas. Olhei desconfiada para ela. Aquela revelação parecia uma virada no enredo de um musical com Judy Garland e Mickey Rooney. "Bem, isso para mim não quer dizer nada", falei.

"Não seja boba", ela disse, agarrando-me dramaticamente. "Com ele, você vai direto para a Broadway." Jackie tinha a capacidade de transformar qualquer tipo de interação em uma cena de filme B.

Jackie não quis a pata da lagosta. "Não, obrigada, querida, estou atrás de caças mais graúdas. Por que você não vem com ele para a minha mesa? Eu adoraria cumprimentá-lo."

Bem, eu não estava pensando na Broadway e não iria carregá-lo por aí como um homem-troféu, mas no mínimo ele teria dinheiro o bastante para a conta.

Voltei para a mesa e olhei bem para ele. "O seu nome é Sam?", perguntei.

"Oh, pois é, é sim", disse lentamente como W. C. Fields. Mas nisso chegou a sobremesa, um *sundae* de baunilha com calda de chocolate.

"É um bom nome, Sam", falei. "Serve."

Ele disse: "Tome o seu sorvete, Patti Lee".

Vinha me sentindo cada dia mais deslocada no círculo social de Robert. Ele me acompanhava em chás, jantares e uma ou outra festa. Eram mesas com garfos e colheres que dariam para uma família de cinco pessoas. Nunca entendi por que precisávamos nos separar no jantar, ou por que eu tinha que participar de conversas com pessoas que não conhecia. Eu ficava sentada cheia de angústia por dentro esperando o próximo prato. Ninguém parecia impaciente como eu. Enfim, era admirável ver como Robert interagia com desenvoltura, como eu nunca tinha visto, acendendo o cigarro dos outros e olhando no olho enquanto falava com as pessoas.

Ele estava começando a subir na sociedade. De certa forma sua mudança social foi mais difícil de superar que a sua mudança sexual. A dualidade de sua sexualidade, eu só precisava entender e aceitar. Mas para acompanhar o ritmo dele eu precisaria mudar o meu jeito socialmente.

Tem gente que nasce rebelde. Lendo a história de Zelda Fitzgerald no livro de Nancy Milford, identifiquei-me com seu espírito insubordinado. Lembro de passar com minha mãe olhando vitrines e perguntar por que as pessoas não chutavam e quebravam aquilo. Ela disse que existiam regras implícitas de comportamento social, e que era assim que as pessoas conviviam. Lembro que na hora me senti confinada diante da ideia de que nascemos em um mundo onde tudo já foi mapeado pelos outros antes. Lutei para reprimir impulsos destrutivos e, em vez disso, trabalhei impulsos criativos. Ainda assim, a pequena inimiga das regras dentro de mim não morreu.

Quando contei a Robert sobre esse meu desejo infantil de quebrar vitrines, ele ficou me provocando.

"Patti! Não. Você é a ovelha negra", ele disse. Mas eu não era.

Sam, por outro lado, identificou-se com a historinha. Era fácil para ele me imaginar de sapatinho marrom doida para causar um tumulto. Quando lhe contei que às vezes tinha o impulso de chutar uma vitrine, ele disse apenas: "Chuta, Patti Lee. Eu pago a sua fiança". Com Sam eu podia ser eu mesma. Ele entendia melhor do que ninguém a sensação de estar preso dentro da própria pele.

Robert não se deu bem com Sam. Ele vinha me estimulando para ser mais refinada e ficou preocupado que Sam só fosse piorar meus modos irreverentes. Um desconfiava do outro, e eles nunca conseguiram acertar essa diferença. Quem via talvez pensasse que era porque se tratava de duas espécies diferentes, mas para mim era porque os dois eram homens fortes que só queriam o meu bem. Modos à mesa à parte, reconheci algo de mim nos dois e aceitei suas desavenças com humor e orgulho.

Estimulado por David, Robert levou seu trabalho às galerias, mas não deu certo. Sem se intimidar, ele foi atrás de uma alternativa e resolveu mostrar suas colagens no dia de seu aniversário na galeria de Stanley Amos no Hotel Chelsea.

A primeira coisa que Robert fez foi passar na Lamston's. Era menor e mais barata que a Woolworth's. Ele e eu aproveitávamos qualquer desculpa para vasculhar a imensa miscelânea de coisas que eles tinham: barbantes, padrões, broches, artigos de farmácia, exemplares das revistas *Redbook* e *Photoplay*, porta-incensos, cartões de natal e sacos de balas tamanho família, presilhas e fitas de cabelo. Robert comprou pilhas daquelas molduras prateadas clássicas deles. Eram populares nas lojas de um dólar, e até pessoas como Susan Sontag deviam usar.

Buscando criar um convite único, ele pegou cartas de baralho pornô que comprara na Forty-second Street e imprimiu as informações no verso. Então, enfiou as cartas em carteiras de imitação de couro estilo caubói que havia encontrado na Lamston's.

A exposição consistia de colagens de Robert centradas nas aberrações de shows de variedade, mas ele preparou também um altar bem grande para a abertura. Usou vários objetos meus nessa obra, incluindo minha pele de lobo, um cachecol de veludo bordado e um crucifixo francês. Discutimos um pouco por ele ter se apropriado das minhas coisas, mas é claro que consenti, e Robert comentou que ninguém afinal compraria o altar. Ele só queria que as pessoas vissem.

Foi na suíte 510 do Hotel Chelsea. O quarto estava lotado. Robert chegou com David. Olhando para os lados, refiz toda nossa história no hotel. Sandy Daley, uma das maiores defensoras de Robert, exultava. Harry estava tão absorvido pelo altar que resolveu filmá-lo para usar em seu filme *Mahagonny*. Jerome Ragni, um dos criadores de *Hair*, comprou uma colagem. O colecionador Charles Coles marcou uma hora para conversar sobre uma compra. Gerard Malanga e Rene Ricard entrosaram com Donald Lyons e Bruce Rudow. David foi elegante como anfitrião e porta-voz do trabalho de Robert.

A experiência de observar as pessoas apreciando o trabalho que eu vira Robert criar foi emocionante. Aquilo havia saído do nosso mundo particular. Era o que eu sempre desejei para ele, mas senti uma pequena pontada de possessividade ao compartilhar com os outros. Mais do que isso, foi a alegria de ver o rosto de Robert, pleno de confirmação, vislumbrando o futuro que ele tão obstinadamente perseguira e pelo qual trabalhara tão duro para conquistar.

Contrariando a previsão de Robert, Charles Coles comprou o altar, e nunca mais vi minha pele de lobo, meu cachecol ou meu crucifixo.

"A dama está morta." Bobby telefonou da Califórnia para me contar que Edie Sedgwick morrera. Não a conheci, mas quando era adolescente vi em uma revista *Vogue* uma foto dela fazendo uma pirueta em cima de uma cama na frente de um desenho de um cavalo. Parecia completamente autocentrada, como se não existisse mais ninguém no mundo além dela. Arranquei a página e pus na minha parede.

Bobby parecia genuinamente arrasado com sua morte prematura. "Escreva um poema para a pequena dama", ele disse, e prometi que faria.

Ao escrever uma elegia para uma menina como Edie, precisei buscar dentro de mim algo de menina. Obrigada a considerar o que significava ser mulher, entrei no cerne do meu ser, levada pela menina posada diante do cavalo branco.

Meu humor estava beatnik. As Bíblias em pilhas pequenas. Santos bárbaros. Jovens iracundos. Buquinando por aí, havia encontrado alguns poemas de Ray Bremser. Ele realmente mexeu comigo. Ray era como um saxofone humano. Dava para sentir sua facilidade ao improvisar, pois a linguagem saía feito anotações lineares. Inspirada, coloquei Coltrane para tocar, mas não aconteceu. Era mera masturbação. Truman Capote uma vez acusou Kerouac de datilografar, não escrever. Mas Kerouac infundiu seu ser naqueles rolos de telex, ao bater em sua máquina. Quanto a mim, eu estava datilografando. Frustrada, levantei-me abruptamente.

Peguei a antologia beat e encontrei "The beckoning Sea", de George Mandel. Li o conto suavemente e depois a plenos pulmões, para obter o efeito do mar que ele passara às palavras e o ritmo acelerado das ondas. Continuei lendo, recitando Corso e Maiakóvski, e depois voltei ao mar, para ser arrastada até o fundo por George.

Robert entrou com seus pés de gato e sentou-se balançando a cabeça. Ouviu com a maior atenção. Meu artista que nunca lia. Então se curvou e pegou um punhado de poemas do chão.

"Você precisa cuidar melhor do seu trabalho", ele disse.

"Nem sei o que estou fazendo", dei de ombros, "mas não posso parar. Sou uma escultora cega quebrando tudo."

"Você tem que mostrar às pessoas do que você é capaz. Por que não faz uma leitura?"

Eu estava ficando frustrada de escrever; não era físico o bastante.

Ele me disse que tinha algumas ideias. "Vou arranjar uma leitura para você, Patti."

Eu não tinha na verdade nenhuma expectativa de fazer uma leitura de poesia, mas a ideia me intrigou. Eu sempre escrevera meus poemas para minha própria satisfação e de algumas poucas pessoas. Talvez fosse a hora de ver se eu passaria no teste de Gregory. Dentro de mim, eu sabia que estava pronta.

Vinha escrevendo também mais artigos para revistas de rock — *Crawdaddy*, *Circus*, *Rolling Stone*. Era uma época em que ser jornalista musical era uma vocação elevada. Paul Williams, Nick Tosches, Richard Meltzer e Sandy Pearlman eram alguns dos críticos de que eu gostava. Meu modelo era Baudelaire, que escrevera algumas das críticas mais idiossincráticas do século XIX sobre arte e literatura.

Havia recebido um disco duplo de Lotte Lenya em meio a uma pilha de discos para resenhar. Estava decidida a mostrar que essa grande artista deveria ser reconhecida e liguei para Jann Wenner, da *Rolling Stone*. Eu nunca tinha falado com ele, que pareceu ter ficado perplexo com o pedido. Mas, quando comentei que Bob Dylan segurava um disco da Lotte Lenya na capa de *Bringing it all back home*, ele concordou. Embalada pelo poema para Edie Sedgwick, tentei articular o papel de Lotte Lenya como artista e sua forte presença feminina. A concentração para esse texto passou para os meus poemas, oferecendo-me outro modelo de autoexpressão. Não achei que fossem publicar, mas Jann ligou dizendo que, embora eu falasse como uma caminhoneira, havia escrito um texto elegante.

Escrever para revistas de rock colocou-me em contato com autores que eu admirava. Sandy Pearlman me deu um exemplar de *The Age of Rock II*, uma antologia feita por Jonathan Eisen que reunia o melhor que haviam escrito no ano anterior. O que mais me comoveu foi um artigo caloroso apesar de fundamentado sobre música a capela escrito por Lenny Kaye. Aquilo falava de minhas próprias raízes, lembrando as esquinas da minha juventude onde os meninos se reuniam para cantar canções de R&B em harmonias de três vozes. Também contrastava com o tom cínico e superior de boa parte da crítica da época. Resolvi ir atrás dele e agradecer pelo artigo inspirador.

Lenny trabalhava no centro como balconista da Village Oldies na Bleecker Street, e passei lá um sábado à noite. A loja tinha calotas penduradas nas paredes e prateleiras de velhos 45 rotações. Praticamente qualquer música que você pensasse podia ser encontrada naquelas caixas empoeiradas. Sempre que eu voltava lá, se não houvesse clientes, Lenny colocava seus compactos favoritos, e dançávamos ao som de "Bristol Stomp" dos Dovells ou fazíamos o 81 ao som de Maureen Gray cantando "Today's the day".

A cena vinha mudando no Max's. A residência de verão do Velvet Underground havia atraído os novos guardiões do rock and roll. A távola-redonda andava sempre cheia de músicos, da imprensa de rock, além de Danny Goldberg, que conspirava para revolucionar o mercado musical. Lenny andava com Lillian Roxon, Lisa Robinson, Danny Fields e outros que vinham lentamente se tornando os donos da sala dos fundos. Ainda se podia contar com uma aparição de Holly Woodlawn, Andrea Feldman dançando em cima das mesas, e Jackie e Wayne esbanjando seu brilho arrogante, mas cada vez mais seus dias como foco das atenções no Max's estavam contados.

Robert e eu passávamos cada vez menos tempo ali e estávamos atrás de outras cenas. Mas o Max's ainda espelhava o nosso destino. Robert havia começado a fotografar a turma de Warhol apesar de estarem indo embora. E eu lentamente passara a me enturmar no mundo do rock, com as pessoas que viviam nele, primeiro através da escrita e depois me apresentando em público.

Sam tinha um quarto com sacada no Chelsea. Eu adorava ficar lá, ter um quarto de novo no hotel. Podia tomar banho sempre que quisesse. Às vezes simplesmente sentávamos na cama e começávamos a ler. Eu estava lendo sobre Crazy Horse e ele sobre Samuel Beckett.

Sam e eu tivemos uma longa discussão sobre nossa vida juntos. Ele havia me contado que era casado e tinha um bebê. Talvez fosse o descaso da juventude, mas eu não me dava muita conta de como nossas ações irresponsáveis podiam afetar outras pessoas. Cheguei a conhecer a mulher dele, Olan, uma atriz jovem e talentosa. Nunca achei que ele fosse abandoná-la, e entramos em um ritmo tácito de coexistência. Ele estava quase sempre fora e me deixava ficar em seu quarto sozinha com suas coisas: seu cobertor indígena, a máquina de escrever e uma garrafa de rum Del Barrilito de três estrelas.

Robert ficou chocado ao saber que Sam era casado. Ele vai acabar abandonando você, dizia, mas isso eu já sabia. Ele achava que Sam era um caubói errante.

"Você também não iria gostar de Jackson Pollock", retruquei. Robert deu de ombros.

Eu estava escrevendo um poema para Sam, uma homenagem à sua obsessão por stock cars. Era um poema intitulado "Ballad of a bad boy". Tirei-o da máquina, caminhei pelo quarto, lendo-o em voz alta. Deu certo. Tinha a energia e o ritmo que eu estava procurando. Bati na porta de Robert. "Quer ouvir uma coisa?", falei.

Embora estivéssemos nos estranhando um pouco nesse período, Robert saindo com David e eu com Sam, tínhamos nosso terreno em comum. Nosso trabalho. Como havia prometido, Robert estava decidido a me arranjar uma leitura. Falou de mim com Gerard Malanga, que estava agendado para ler na St. Mark's Church em fevereiro. Gerard generosamente concordou em me deixar abrir sua leitura.

O Poetry Project, organizado por Anne Waldman, era um fórum disputado até mesmo pelos poetas mais consagrados. Todo mundo, de Robert Creeley a Allen Ginsberg e Ted Berrigan, havia lido ali. Se um dia eu fosse apresentar meus poemas, ali seria o lugar. Meu objetivo não era simplesmente ler bem ou garantir minha presença. Era deixar minha marca na St. Mark. Fiz isso pela Poesia. Fiz por Rimbaud, e fiz por Gregory. Eu queria infundir o mundo da escrita com a urgência e o ataque frontal do rock and roll.

Todd sugeriu que eu fosse agressiva, e me deu um par de botas de pele de cobra para usar no dia. Sam sugeriu que eu colocasse música. Pensei em todos os músicos que haviam passado pelo Chelsea, mas então me lembrei que Lenny Kaye tinha dito que tocava guitarra. Fui visitá-lo.

"Você não toca guitarra?"

"Claro, toco sim."

"Bem, você tocaria o som de uma batida de carro na guitarra?"

"É claro que sim", respondeu sem hesitar, e concordou em me acompanhar. Lá foi ele para a Twenty-third Street com sua Melody Maker e um pequeno amplificador Fender, e, enquanto eu recitava meus poemas, ele tocava.

A leitura foi marcada para o dia 10 de fevereiro de 1971. Para o convite, Judy Linn fez uma foto de Gerard e eu sorrindo em frente ao Chelsea. Pesquisei para ver se havia sinais auspiciosos na data: lua cheia. Aniversário de Bertolt Brecht. Ambos propícios. Com a lembrança de Brecht, resolvi abrir a leitura cantando "Mack the knife". Lenny veio atrás.

Foi uma noite e tanto. Gerard Malanga era um artista e poeta carismático e atraiu o *crème de la crème* do mundo de Warhol, todo mundo de Lou Reed a Rene Ricard e Brigid Berlin, e até o próprio Andy. O pessoal de Lenny também veio aplaudi-lo: Lillian Roxon, Richard e Lisa Robinson, Richard Meltzer, Ronni Hoffman, Sandy Pearlman. Havia um contingente do Chelsea que incluía Peggy, Harry, Matthew e Sandy Daley. Poetas como John Giorno, Joe Brainard, Annie Powell e Bernadette Mayer. Todd Rundgren veio com Miss Christine das GTOs. Gregory estava impaciente em sua cadeira no corredor esperando para ver o que eu havia preparado. Robert entrou com David e sentaram, no meio, bem na frente. Sam ficou apoiado à balaustrada lá em cima, aplaudindo. A atmosfera estava carregada.

Anne Waldman nos apresentou. Eu estava totalmente acesa. Dediquei a noite aos criminosos de Caim a Genet. Escolhi poemas como "Oath", que começa com "Cristo morreu pelos pecados de alguém, mas não os meus", e fiz uma lenta curva para "Fire of unknown origin". Li "The Devil has a hangnail" para Robert, e "Cry me a river" para Annie. "Picture hanging blues", escrito sob a perspectiva da namorada de Jesse James, era, com seu coro, mais próximo de uma canção do que tudo o que eu escrevera até então.

Encerramos com a "Ballad of a bad boy" acompanhada pelos fortes acordes rítmicos de Lenny e distorção elétrica. Foi a primeira vez que se usou uma guitarra elétrica dentro da St. Mark's Church, o que provocou aplausos e críticas. Como ali era um lugar exclusivo para poesia, alguns foram contra, mas Gregory estava triunfante.

A recepção teve momentos explosivos. Vali-me de toda arrogância reprimida de que eu podia dispor para a apresentação. Mas depois estava tão cheia de adrenalina que me comportei feito um galinho impertinente. Esqueci de agradecer a Robert e Gerard. Nem socializei com as pessoas. Simplesmente saí correndo com Sam e fomos tomar tequilas com lagosta.

Tive minha noite e foi animado, mas achei melhor não levar muito a sério e esquecer aquilo. Não fazia ideia de como processar uma experiência daquela. Embora soubesse que isso feria Robert, mesmo assim ele não conseguiu disfarçar o orgulho que sentiu de mim. Mas eu precisava levar em consideração o fato de que eu parecia ter todo um outro lado. O que esse lado tinha a ver com arte, eu não tinha certeza.

Fui bombardeada de convites depois dessa leitura de poesia. A revista *Creem* quis publicar um conjunto de poemas meus; surgiram propostas de leitura em Londres e Filadélfia; um livrinho de poemas pela Middle Earth Books; e a possibilidade de um contrato para um disco com a Blue Sky Records, de Steve Paul. A princípio tudo isso me pareceu lisonjeiro, depois constrangedor. Era uma reação ainda mais extremada do que eu tivera com meu corte de cabelo.

Ficara, eu achei, tudo fácil demais. Nada havia sido tão fácil para Robert. Ou para os poetas que eu adorava. Resolvi recuar. Recusei o contrato com a gravadora, mas saí da Scribner's para trabalhar como braço direito de Steve Paul. Eu tinha mais liberdade e ganhava um pouco mais, mas Steve sempre me perguntava por que eu escolhera fazer seu almoço e limpar suas gaiolas de passarinho em vez de gravar logo um disco. Na verdade eu não achava que estava fadada a continuar limpando gaiolas, mas também sabia que não era certo aceitar o contrato.

Tinha em mente algo que aprendi lendo *Crazy Horse: the strange man of the Oglalas*, de Mari Sandoz. Crazy Horse acreditava que venceria a batalha, mas, se parasse para recolher os espólios do campo de batalha, seria derrotado. Ele tatuava raios nas orelhas de seus cavalos para que se lembrasse disso ao vê-los enquanto cavalgava. Tentei aplicar essa lição às coisas ao meu redor, tomando cuidado para não recolher espólios que não fossem meus por direito.

Resolvi fazer uma tatuagem semelhante. Estava sentada no saguão desenhando versões de raios em meu caderno quando uma mulher peculiar entrou. Ela tinha cabelos ruivos desgrenhados, uma pele de raposa no ombro, e seu rosto era coberto de tatuagens delicadas. Percebi que, se apagassem suas tatuagens, apareceria o rosto de Vali, a garota da capa de *Love on the left bank*. Fazia muito tempo que eu pendurara sua foto na minha parede.

Perguntei-lhe na mesma hora se ela podia tatuar o meu joelho. Encarou-me e concordou com a cabeça, sem dizer mais nada. Poucos dias depois marcamos de ela tatuar meu joelho no quarto de Sandy Daley, e que Sandy filmaria, como havia feito quando Robert furou o mamilo, como se fosse a minha vez de ser iniciada.

Eu queria ir sozinha, mas Sam quis participar. A técnica de Vali era primitiva, uma grande agulha de costura que ela enfiava na boca, uma vela e um tinteiro azul índigo. Eu decidira que seria estoica, e fiquei sentada em silêncio enquanto ela pontilhava o raio no meu joelho. Quando acabou, Sam pediu que ela tatuasse sua mão esquerda. Ela furou várias vezes o ligamento de pele entre seu polegar e o indicador até que uma lua crescente aparecesse.

Certa manhã Sam me perguntou onde estava o meu violão, e contei que tinha dado à minha irmã menor, Kimberly. Naquela mesma tarde ele me levou a uma loja de violões e guitarras no Village. Havia violões pendurados na parede, como em uma casa de penhores, só que o dono rabugento não parecia querer se desfazer de nenhum. Sam me disse para escolher o que eu quisesse. Vimos uma série de Martins, inclusive alguns bem bonitos, com revestimento de madrepérola, mas o que me chamou a atenção foi um velho Gibson preto 1931, um modelo da Depressão. O corpo havia rachado e sido consertado atrás, e os pinos das tarraxas estavam enferrujados. Mas alguma coisa naquele violão tocou meu coração. Achei que pela aparência ninguém mais iria querer levá-lo além de mim.

"Tem certeza de que é este mesmo, Patti Lee?", Sam me perguntou.

"Só pode ser este", falei.

Sam pagou duzentos dólares por ele. Achei que o dono da loja fosse ficar contente, mas saiu atrás de nós dizendo: "Se um dia você não quiser mais, eu compro de volta".

Foi um gesto bonito da parte de Sam comprar um violão para mim. Lembrei-me de um filme que tinha visto chamado *Beau Geste*, com Gary Cooper. Ele faz um soldado da Legião Estrangeira que, às custas de sua própria reputação, protege a mulher que o criou. Resolvi chamar o violão de Bo, uma forma mais curta de Beau. Era para me lembrar de Sam, que a bem da verdade também se apaixonou pelo violão.

Bo, que tenho até hoje e guardo com carinho, tornou-se o meu verdadeiro violão. Com ele, fiz a maioria das minhas músicas. A primeira foi feita para Sam, antecipando sua partida. Nossa consciência vinha nos encurralando em nós mesmos, em nosso trabalho e em nossa vida. Estávamos mais próximos um do outro do que nunca, mas estava chegando a hora de ele ir embora e nós dois sabíamos disso.

Uma noite estávamos sentados em silêncio, pensando na mesma coisa. Ele pulou da cama e trouxe a máquina de escrever. "Vamos escrever uma peça", disse ele.

"Não entendo nada de teatro", respondi.

"É fácil", ele disse. "Eu começo." Descreveu meu quarto na Twenty-third Street: as placas de carro, os discos de Hank Williams, a ovelha de brinquedo, a cama no chão, e então apresentou seu próprio personagem, Slim Shadow.

Então jogou a máquina para o meu lado e disse: "Agora é com você, Patti Lee".

Resolvi chamar meu personagem de Cavale. Tirei o nome de uma escritora franco-argelina chamada Albertine Sarrazin, que, como Genet, era uma órfã precoce que transitava perfeitamente entre a literatura e o crime. Meu livro favorito dela se chamava *La Cavale*, que é uma palavra francesa para fuga.

Sam tinha razão. Não foi tão difícil escrever a peça. Simplesmente contamos histórias um para o outro. Os personagens éramos nós mesmos, e codificamos nosso amor, imaginação e indiscrições em *Cowboy mouth*. Talvez fosse mais um ritual do que uma peça. Ritualizamos o fim das nossas aventuras e criamos uma porta para Sam escapar.

Cavale é a criminosa da história. Ela rapta Slim e o prende em seu covil. Os dois se amam e brigam, e criam uma linguagem própria, uma poesia improvisada. Quando chegamos à parte em que eu teria que improvisar uma discussão em linguagem poética, gelei. "Não consigo fazer isso", falei. "Não sei o que dizer."

"Diga qualquer coisa. Você não erra quando está improvisando."

"Mas e se eu estragar tudo? E se eu perder o ritmo?"

"Não dá", ele disse. "É como bateria. Se você erra uma batida, cria outra."

Nessa simples conversa, Sam me ensinou o segredo da improvisação, um segredo que eu usaria a vida inteira.

Cowboy mouth estreou no fim de abril no American Place Theatre na West Forty-sixth Street. Na peça, Cavale tenta recriar Slim como seu salvador roqueiro. Slim, a princípio embriagado pela ideia e seduzido por Cavale, finalmente precisa lhe dizer que não poderá realizar esse sonho dela. Slim Shadow volta para seu próprio mundo, sua família, suas responsabilidades, deixa Cavale sozinha, libertando-a.

Sam ficou animado porque a peça era boa, mas a realidade de expor-se no palco foi profundamente estressante. Com direção de Robert Glaudini, os ensaios foram irregulares e bem-humorados, mas sem plateia. A primeira apresentação aberta foi para alunos de uma escola das redondezas, e era um alívio quando as crianças riam e gritavam e nos provocavam. Era como se estivessem trabalhando conosco. Mas, na pré-estreia oficial, foi como se Sam despertasse, tendo que enfrentar pessoas de verdade com seus problemas reais.

Na terceira noite, Sam desapareceu. Tivemos que fechar o teatro. E, como Slim Shadow, Sam voltou para seu próprio mundo, sua família e suas responsabilidades.

A experiência com a peça também me ensinou coisas sobre mim mesma. Não conseguia entender como a imagem que Cavale fizera de um "Jesus roqueiro com boca de caubói" poderia se aplicar a qualquer coisa que eu estava fazendo, mas, quando cantávamos, brigávamos e nos obrigávamos a nos expor, sentia-me em casa no palco. Eu não era atriz; não separava a vida da arte. Era a mesma em cena ou fora do palco.

Antes de Sam ir embora de Nova York para Nova Scotia, ele me deu algum dinheiro em um envelope. Era para eu me cuidar.

Olhou para mim, meu caubói com jeito de índio. "Você sabe, os sonhos que você teve comigo não eram os meus sonhos", ele disse. "Talvez sejam sonhos seus."

***

Eu estava em uma encruzilhada, sem saber o que fazer. Robert não tripudiou quando Sam foi embora. E, quando Steve Paul ofereceu de me levar para o México com outros músicos para fazermos música, Robert me estimulou a ir. O México representava duas coisas que eu amava: café e Diego Rivera. Chegamos a Acapulco em meados de junho e ficamos em uma chácara grande que dava para o mar. Acabei não fazendo nenhuma música, mas tomei bastante café.

Uma perigosa tempestade fez todo mundo voltar, mas eu fiquei mais um pouco, e acabei voltando por Los Angeles. Foi lá que vi um imenso cartaz do disco novo dos Doors, *L.A. woman*, com a imagem de uma mulher crucificada em um poste de cabos telegráficos. Um carro passou e ouvi a melodia da música nova deles pelo rádio, "Riders on the storm". Senti remorso por haver quase esquecido a importante influência de Jim Morrison. Ele havia me levado ao caminho de misturar poesia e rock and roll, e decidi comprar o disco e escrever um bom artigo sobre ele.

Quando voltei a Nova York, fragmentos de notícias sobre sua morte em Paris chegavam da Europa. Durante um ou dois dias, ninguém sabia ao certo o que havia acontecido. Jim morrera em sua banheira de causas misteriosas; no dia 3 de julho, o mesmo dia de Brian Jones.

Quando subi a escada, percebi que havia alguma coisa errada. Pude ouvir Robert gritando: "Eu te amo! Eu te odeio! Eu te amo!". Abri correndo a porta do estúdio de Robert. Ele estava se olhando em um espelho oval, ladeado por um chicote preto e uma máscara de diabo que pintara com spray meses antes. Estava tendo uma viagem ruim, um confronto do bem contra o mal. O diabo estava ganhando dele, transformando suas feições, que como as da máscara estavam distorcidas e em vermelho-sangue.

Eu não tinha experiência com esse tipo de situação. Lembrando-me de como ele me ajudara quando eu estava mal no Chelsea, calmamente conversei com ele até acalmá-lo e tirei a máscara e o espelho de perto dele. A princípio me olhou como se eu fosse uma estranha, mas logo sua respiração ofegante voltou ao normal. Exausto, me levou até minha cama e pôs a cabeça no meu colo e adormeceu.

Sua natureza dual me perturbava, principalmente porque eu não queria perturbá-lo. Quando nos conhecemos, seu trabalho refletia uma crença em Deus como amor universal. De algum modo ele havia se perdido. Sua preocupação católica com o bem e o mal voltou a se pronunciar, como se tivesse que escolher um ou o outro. Ele havia rompido com a Igreja, agora a Igreja o estava cindindo por dentro. Seu delírio amplificou seu medo de que tivesse se alinhado irreversivelmente com as forças obscuras, de seu pacto fáustico.

Robert passou a se descrever como mau, de brincadeira ou só porque precisava ser diferente. Sentei e observei-o vestir uma saqueira de couro. Ele era certamente mais dionisíaco do que satânico, adepto da liberdade e das experiências elevadas.

"Você sabe que não precisa ser mau para ser diferente", falei. "Você já é diferente. O artista é uma espécie à parte."

Ele me abraçou. A saqueira me pressionou. "Robert", admiti, "como você é malvado."

"Eu disse que era", concordou, piscando para mim.

Ele saiu e voltei para o meu lado. Consegui ainda vê-lo, pela janela, passando correndo em frente à ACM. O artista e o michê eram também o bom filho e o coroinha. Eu achava que ele ainda alcançaria o entendimento de que não existe o puro mal nem o puro bem, só a pureza.

Não dispondo de renda para se dedicar a um único objetivo, Robert continuou trabalhando em vários meios ao mesmo tempo. Fotografava quando podia pagar, fazia colares quando tinha os componentes necessários e criava composições com os materiais que encontrava. Mas não havia dúvida de que ele vinha gravitando rumo à fotografia.

Fui a primeira modelo de Robert, e ele mesmo foi o segundo. Começou a fazer fotos minhas com meus tesouros garimpados ou com seus objetos rituais, e passou aos nus e retratos. Por fim acabei liberada de alguns dos meus deveres por David, que era a musa perfeita para Robert. David era fotogênico e flexível, aberto aos cenários incomuns de Robert, como ficar deitado apenas de meias ou pelado e enrolado numa rede preta ou nu de gravata-borboleta.

Ele ainda estava usando a Land Camera 360 de Sandy Daley. Os ajustes e as opções eram limitadas, mas era tecnicamente simples, e ele não precisava de fotômetro. Passando uma tinta cor-de-rosa espessa por cima, as fotos ficavam preservadas. Se ele se esquecia de passá-la, a foto lentamente desbotava. Ele aproveitava tudo que vinha com a Polaroid, o invólucro, os adesivos e às vezes até mesmo uma foto fracassada, manipulando-a com emulsão.

Devido ao preço do filme, ele se sentia na obrigação de fazer cada foto valer a pena. Não gostava de errar ou desperdiçar filme, e assim apurou seu olho e seus gestos decididos. Era preciso e econômico, primeiro por necessidade, depois por hábito. Observar seu rápido progresso foi gratificante, na medida em que eu era parte do seu processo. Nosso combinado de artista e modelo era simples, eu confio em você, eu confio em mim.

Uma nova presença importante entrou na vida de Robert. David apresentara Robert ao curador de fotografia do Metropolitan Museum of Art. John McKendry era casado com Maxime de la Falaise, uma figura importante da alta sociedade de Nova York. John e Maxime franquearam a Robert entrada em um mundo que era tão glamouroso quanto ele poderia desejar. Maxime era uma grande cozinheira e recebia para jantares sofisticados, onde eram servidos pratos obscuros que ela resgatava de seu conhecimento de séculos de culinária inglesa. Para cada prato elaborado que era apresentado, havia repastos igualmente bem temperados de que os próprios convidados se serviam. Quem costumava sentar à sua mesa: Bianca Jagger, Marisa e Berry Berenson, Tony Perkins, George Plimpton, Henry Geldzahler, Diane e o príncipe Egon von Fürstenberg.

Robert quis me mostrar nesse estrato da sociedade: pessoas fascinantes e cultas que ele achava que fossem me interessar e que poderiam nos ajudar. Como sempre, isso criou mais do que conflitos engraçados entre nós. Eu não me vestia adequadamente, sentia-me desajeitada na companhia delas, quando não me entediava, e passava mais tempo vagando pela cozinha do que fofocando à mesa. Maxime foi paciente comigo, mas John pareceu compreender verdadeiramente minha sensação de ser uma estranha ali. Talvez também se sentisse assim. Eu realmente gostei dele, e ele fez tudo o que pôde para me deixar à vontade. Sentávamos juntos em seu sofá-cama napoleônico, e ele lia para mim passagens das *Illuminations* de Rimbaud no original francês.

Devido à sua posição peculiar no Met, John tinha acesso aos cofres que abrigavam toda a coleção de fotografia do museu, boa parte da qual nunca era vista pelo público. A especialidade de John era fotografia vitoriana, que ele sabia que eu também gostava. Convidou Robert e a mim para visitá-lo em seu trabalho e ver tudo em primeira mão. Havia arquivos até o teto, prateleiras de metal e mapotecas contendo reproduções antigas dos primeiros mestres da fotografia: Fox Talbot, Alfred Stieglitz, Paul Strand e Thomas Eakins.

A permissão de erguer as folhas de proteção e observar essas fotografias, tocá-las de fato e sentir o papel e o toque do artista, teve um enorme impacto sobre Robert. Ele as analisou atentamente — o papel, o processo, a composição e a intensidade dos pretos. "É tudo mesmo só uma questão de luz", disse ele.

John deixou as fotos de tirar o fôlego para o final. Uma por uma, ele nos mostrou fotografias proibidas para o público, inclusive os requintados nus que Stieglitz fez de Georgia O'Keeffe. Feitos no auge de seu relacionamento, revelavam em sua intimidade uma inteligência mútua e a beleza masculina de O'Keeffe. Enquanto Robert se concentrava nos aspectos técnicos, foquei-me em Georgia O'Keeffe, em sua relação com Stieglitz, sem artifícios. Robert preocupou-se em como a fotografia era feita, e eu em como ser a fotografia.

Essa visita clandestina foi um dos primeiros passos na relação protetora embora complexa de John com Robert. Ele lhe comprou uma Polaroid e conseguiu um apoio da Polaroid que garantiu a Robert todo filme que precisasse. Esse gesto veio associado ao aumento do interesse de Robert pela fotografia. A única coisa que o detinha era o preço proibitivo do filme.

John abriu o círculo social de Robert não só na América, mas internacionalmente, pois logo ele o levaria a Paris em uma viagem pelos museus. Foi a primeira viagem de Robert para fora do país. Sua entrada em Paris foi opulenta. A amiga de Robert, Loulou, era enteada de John, e foram tomar champanhe com Yves Saint Laurent e seu sócio, Pierre Bergé, conforme Robert me escreveu do Café de Flore. No postal, ele disse que estava fazendo fotos de estátuas, incorporando seu amor pela escultura à fotografia pela primeira vez.

A devoção de John ao trabalho de Robert extravasou para o próprio Robert. Robert aceitou os presentes de John e tirou vantagem das oportunidades que John abriu para ele, mas nunca se interessou por John como par romântico. John era sensível, volátil e fisicamente frágil, qualidades que não atrairiam Robert. Ele admirava Maxime, que era forte e ambiciosa e tinha um pedigree impecável. Talvez tenha desdenhado dos sentimentos de John, pois com o passar do tempo viu-se envolvido com uma obsessão romântica destrutiva.

Quando Robert não estava, John vinha me visitar. Às vezes me trazia presentes, como um pequeno anel de ouro trançado de Paris ou uma tradução especial de Verlaine ou Mallarmé. Conversamos sobre as fotografias de Lewis Carroll e Julia Margaret Cameron, mas ele queria mesmo era falar sobre Robert. Na superfície, a tristeza de John podia ser atribuída ao amor não correspondido, mas, quanto mais tempo eu passava com ele, a razão mais profunda parecia ser o inexplicável desprezo por si mesmo que John sentia. John não podia ser mais entusiasmado, curioso e amoroso, de modo que eu não conseguia imaginar por que ele sofria com uma opinião tão ruim de si mesmo. Fiz o que pude para consolá-lo, mas não consegui oferecer nenhum alívio; a visão que Robert tinha dele jamais iria além de amigo e mentor.

Em *Peter Pan*, um dos Meninos Perdidos se chama John. Às vezes era o que ele parecia, um menino vitoriano pálido e franzino sempre atrás da sombra de Pan.

No entanto John McKendry não poderia ter dado a Robert melhores presentes do que os instrumentos necessários para ele se dedicar à fotografia. Robert ficou profundamente impressionado, obcecado não só com o processo mas também com seu lugar entre as outras artes. Ele tinha discussões intermináveis com John, cujo ar complacente deixava-o frustrado. Achava que John, valendo-se de sua posição no Met, deveria se esforçar mais para aumentar o interesse pela fotografia ao mesmo nível de respeito e de crítica que a pintura e a escultura. Mas John, que estava organizando uma grande exposição de Paul Strand, era comprometido com a fotografia, não com uma eventual obrigação de subi-la de posto na hierarquia das artes.

Nunca imaginei que Robert fosse se entregar tão completamente ao poder da fotografia. Eu o estimulara a fazer fotos para integrar suas colagens e instalações, na esperança de vê-lo tomar o posto de Duchamp. Mas Robert mudou de foco. A foto não era mais um meio, mas o objeto em si. Pairando acima de tudo isso estava Warhol, que parecia ao mesmo tempo excitá-lo e deixá-lo paralisado.

Robert estava determinado a fazer algo que Andy ainda não fizera. Ele já havia desfigurado imagens católicas da Virgem e do Cristo; havia colocado aberrações humanas e o imaginário sadomasoquista em suas colagens. Mas, enquanto Andy se via como um observador passivo, Robert acabaria se inserindo na ação. Ele documentaria e tomaria parte de algo de que antes só conseguira se aproximar com o imaginário das revistas eróticas.

Twenty-third Street, 1972

Começou a expandir seus interesses, fotografando aqueles que conhecia em sua complexa vida social, os infames e os famosos, de Marianne Faithfull a um jovem michê tatuado. Mas sempre voltava para sua musa. Eu já não me sentia a modelo certa para ele, mas ele ignorava minhas objeções. Via em mim mais do que eu mesma conseguia enxergar. Sempre que ele tirava a película do negativo da Polaroid, dizia: "Com você eu não tenho como errar".

Eu adorava os autorretratos de Robert e ele fez vários. Ele via a Polaroid como a cabine fotográfica de um artista, e John lhe dera todas as moedas de que precisava.

Fomos convidados para uma elegante festa à fantasia oferecida por Fernando Sánchez, o grande estilista espanhol conhecido por suas lingeries provocantes. Loulou e Maxime me mandaram um vestido antigo de crepe criado por Schiaparelli. A parte de cima era preta, com mangas bufantes e um espartilho com gola em V, que terminava em uma saia vermelha que ia até o chão. Lembrava perigosamente o vestido que Branca de Neve usa quando encontra os Sete Anões. Robert estava agitadíssimo. "Você vai usar isso?", ele disse excitado.

Para minha sorte, era muito pequeno. Em vez do vestido, resolvi ir toda de preto, arrematando o figurino com um Keds muito branco. David e Robert estavam de black tie.

Foi uma das festas mais badaladas da temporada, com a presença do alto escalão da arte e da moda. Eu me sentia uma personagem de Buster Keaton, encostada sozinha na parede, quando Fernando apareceu. Ele me olhou desconfiado. "Querida, o seu conjunto está lindo", disse dando tapinhas em minha mão, olhando minha jaqueta preta, gravata preta, camisa de seda preta e calça de pregas preta de cetim, "mas não tenho tanta certeza quanto aos tênis brancos."

"Mas eles são essenciais para a minha fantasia."

"Fantasia? Mas do que você está fantasiada?"

"Tenista de luto."

Fernando me olhou de cima a baixo e começou a rir. "Perfeito", disse mostrando-me para toda a sala. Ele me pegou pela mão e imediatamente levou-me à pista de dança. Sendo do sul de Nova Jersey, agora eu estava em meu elemento. A pista era minha.

Fernando ficou tão intrigado com nossa conversa que me encaixou em seu desfile. Fui convidada para me juntar às modelos de lingerie. Pus uma calcinha preta de cetim, uma camiseta esfarrapada, o mesmo tênis branco, coberta com um boá preto de dois metros e meio e cantando "Annie had a baby". Foi minha estreia na passarela, o começo e o fim de minha carreira de modelo.

O mais importante foi que Fernando se tornou um apreciador do trabalho de Robert e do meu, e costumava aparecer em nosso loft para ver as novas peças. Ele foi um comprador em uma época em que nós precisávamos de dinheiro e de estímulo.

Robert fez a foto para minha primeira pequena reunião de poemas, um livrinho chamado *Kodak*, publicado pela Middle Earth Books de Filadélfia. Na minha cabeça a capa tinha que ser parecida com a capa do *Tarantula* de Bob Dylan, uma cópia da capa. Comprei filme e uma camisa branca de colarinho, que usei com um paletó preto e óculos escuros.

Robert não queria que eu pusesse os óculos escuros, mas acabou deixando e fez a foto que seria a capa. "Agora", ele disse, "tire os óculos e o paletó", e tirou mais fotos só de camisa branca. Ele escolheu quatro e as enfileirou. Então pegou a moldura do filme da Polaroid. Colocou as fotos na moldura preta metálica. Não era exatamente o que ele queria, então pintou com spray branco. Robert conseguia modificar materiais e fazer um uso inesperado deles. Resgatou três ou quatro molduras do lixo e pintou com spray.

Ele procurou no lixo das Polaroids o papel preto que diz "Não toque", e colocou nas molduras usadas. Robert trabalhava como David Hemmings em *Blow-up: depois daquele beijo*. A concentração obsessiva, imagens penduradas nas paredes, um detetive felino rondando o território de seu trabalho. O rastro de sangue, suas pegadas, sua marca. Até mesmo a fala de Hemmings no filme parecia um subtexto, um mantra particular de Robert: "Eu queria ter toneladas de dinheiro./ Então eu seria livre./ Livre para fazer o quê?/ Tudo".

Como disse Rimbaud: "Novo cenário, novos ruídos". Tudo acelerou depois que Lenny Kaye e eu nos apresentamos na St. Mark's. Meus laços com a comunidade do rock se estreitaram. Muitos autores notáveis, como Dave Marsh, Tony Glover, Danny Goldberg e Sandy Pearlman, estavam na plateia e me ofereceram mais encomendas de trabalho. Os poemas na *Creem* seriam a primeira grande tiragem dos meus poemas.

Sandy Pearlman, em particular, tinha uma ideia do que eu devia fazer. Embora eu não estivesse pronta para satisfazer suas ambições quanto ao meu futuro, sempre me interessei por sua visão das coisas, pois a cabeça de Sandy continha um repertório de referências que iam da matemática pitagórica a santa Cecília, a padroeira da música. As opiniões dele eram embasadas com grandes conhecimentos de qualquer assunto imaginável. No centro de sua misteriosa sensibilidade havia a admiração fervorosa por Jim Morrison, que ele considerava em tão alta estima entre seus mitos que chegava a se parecer com ele, usando camisa e calça de couro pretas e um cinto com uma enorme fivela de prata, a assinatura do traje do rei lagarto. Sandy tinha senso de humor e falava muito depressa, e usava sempre óculos escuros, ocultando seus translúcidos olhos azuis.

Ele me via como líder de uma banda de rock, coisa que nunca me ocorrera antes, ou que eu nem sequer achava possível acontecer. Mas, depois de compor e cantar algumas músicas com Sam em *Cowboy mouth*, veio-me a vontade de me aventurar fazendo música.

Sam havia me apresentado a Lee Crabtree, um compositor e tecladista que trabalhara com os Fugs e os Holy Modal Rounders. Ele tinha um quarto no Chelsea com uma escrivaninha cheia de composições, grossas pilhas de partituras que eu nunca tinha ouvido. Sempre parecia ligeiramente incomodado. Era sardento, com cabelos ruivos cobertos por um gorro, óculos e uma barba ruiva e rala. Não dava para saber se era jovem ou velho.

Começamos com a música que fiz para Janis, a canção que ela não chegou a cantar. A abordagem dele para essa canção foi tocar a melodia como se fosse em um realejo. Fiquei meio tímida, mas ele era ainda mais tímido, e fomos os dois pacientes um com o outro.

Conforme foi confiando mais em mim, contou-me um pouco sobre ele. Era dedicado ao avô, e, quando o avô morreu, deixou-lhe uma modesta mas significativa herança, que incluía a casa em Nova Jersey que eles dividiam. Ele me revelou que a mãe havia contestado o testamento, usando o frágil estado emocional de Lee para impedir a herança, e tentou fazê-lo concordar. Quando ele me levou à casa, sentou-se na poltrona do avô e chorou.

Começamos uma boa convivência depois disso. Trabalhamos em três músicas. Ele tinha algumas ideias de melodia para "Dylan's dog" e "Fire of unknown origin", e terminamos com "Work Song", a música que eu fizera para Janis. Fiquei impressionada de tão bom que ficou, pois ele havia encontrado um tom em que eu podia cantar.

Um dia ele veio me ver na Twenty-third Street. Estava chovendo muito lá fora, e ele estava atordoado. A mãe havia conseguido impedir o testamento e negara-lhe acesso à casa do avô. Ele estava ensopado, e ofereci uma camiseta que Sandy Pearlman me dera, um protótipo para uma nova banda de rock que ele vinha produzindo.

Fiz o que pude para consolá-lo, e combinamos de nos encontrar de novo. Mas na semana seguinte ele não apareceu para ensaiar. Fui até o Chelsea. Depois de vários dias, perguntei por ele às pessoas, e Anne Waldman me contou que, diante da perda da herança e da ameaça de ser internado, ele havia pulado da cobertura do Chelsea.

Fiquei perplexa. Percorri a memória em busca de algum sinal. Fiquei pensando se podia ter ajudado mais, mas estávamos apenas começando a nos comunicar e compartilhar a confiança um no outro. "Por que ninguém me disse nada?", perguntei.

"Não queríamos que você ficasse chateada", disse Anne. "Ele estava com a camiseta que você deu."

Achei estranho cantar depois disso. Voltei a escrever, mas o canto me encontrou. Sandy Pearlman estava convencido de que era o que eu devia fazer, e me apresentou a Allen Lanier, o tecladista da banda que ele estava produzindo. Eles haviam começado como Soft White Underbelly, gravando um disco pela Elektra que nunca chegou a ser lançado. Eram agora conhecidos como Stalk-Forrest Group, mas logo se tornariam o Blue Öyster Cult.

Ele tinha dois motivos para nos apresentar. Achava que Allen podia me ajudar a formatar as músicas que eu vinha compondo para mim mesma, e que possivelmente eu poderia escrever as letras para a banda. Allen vinha de uma grande família sulista, que incluía o poeta da Guerra Civil Sidney Lanier e o dramaturgo Tennessee Lanier Williams. Tinha uma voz suave, estimulante, e compartilhava do meu amor pelos poemas de William Blake, que sabia recitar de memória.

Enquanto nossa colaboração musical evoluía lentamente, nossa amizade se aprofundou, e logo preferimos uma relação romântica a uma relação profissional. Diferentemente de Robert, ele gostava de separar as duas coisas.

Robert gostou de Allen. Tinham respeito um pelo outro, e pela relação que cada um tinha comigo. Allen se encaixou em nossa relação como David fez com Robert, e todos convivemos amigavelmente. Os deveres de Allen para com a banda obrigavam-no muitas vezes a sair da cidade, mas cada vez mais, quando estava em casa, ele ficava comigo.

Allen contribuía com as nossas despesas, enquanto Robert fazia progressos rumo à independência financeira. Ele levava seu portfólio de galeria em galeria, mas quase sempre a resposta era a mesma. O trabalho era bom mas perigoso. De vez em quando, vendia uma colagem ou era encorajado por alguém como Leo Castelli, mas no geral ele estava em uma posição semelhante à do jovem Jean Genet mostrando seus escritos a Cocteau e Gide. Eles sabiam que era algo grande, mas temiam a intensidade de seu dom, e também o que o assunto poderia revelar sobre eles mesmos.

Robert abordava regiões sombrias do consentimento humano e as transformava em arte. Trabalhava sem pejo, investindo o homossexual de grandiosidade, masculinidade e uma nobreza invejável. Sem afetação, ele criava uma presença inteiramente máscula sem sacrificar a graciosidade feminina. Não estava interessado em fazer uma declaração política ou anunciar suas preferências sexuais. Estava apresentando algo novo, algo nunca visto ou explorado da forma como ele via e explorava. Robert buscava elevar aspectos da experiência masculina, imbuir a homossexualidade de misticismo. Como Cocteau disse sobre um poema de Genet, "sua obscenidade nunca é obscena".

Robert jamais faria concessões, mas, por estranho que pareça, ele me olhava com censura. Preocupava-se com meu jeito desafiador, que isso pudesse dificultar minhas oportunidades de sucesso. Mas o sucesso que ele desejava para mim era a última das minhas preocupações. Quando a Telegraph Books, uma pequena editora revolucionária encabeçada por Andrew Wylie, se propôs a publicar um livrinho com meus poemas, concentrei-me em textos que evitassem sexo, gírias e blasfêmias.

As garotas me interessavam: Marianne Faithfull, Anita Pallenberg, Amelia Earhart, Maria Madalena. Eu ia a festas com Robert só para olhar as moças. Eram um bom material e sabiam como se vestir. Rabos de cavalo e vestidos com blusas de seda. Algumas delas acabaram entrando no meu trabalho. As pessoas entendiam errado esse meu interesse. Achavam que eu era uma homossexual enrustida, ou talvez simplesmente agisse como se fosse, mas eu era apenas uma espécie de Mickey Spillane, exercitando meu lado duro e irônico.

Eu achava engraçado que Robert se preocupasse tanto com o conteúdo do meu trabalho. Preocupava-se que eu não obtivesse sucesso se meu trabalho fosse muito provocativo. Sempre quis que eu fizesse uma música que ele pudesse dançar. No final acabei dizendo que ele era um pouco como o pai dele, querendo que eu optasse por um caminho comercial. Mas isso não me interessava nem um pouco, e sempre fui dura demais. Isso era motivo para ele se remoer, e ainda achava que estava certo.

Quando *Seventh heaven* foi lançado, Robert fez uma festa de lançamento com John e Maxime. Foi uma reunião informal no elegante apartamento deles na Central Park West. Gentilmente convidaram vários de seus amigos do mundo da arte, da moda e das publicações. Entretive-os com poemas e histórias, e então lhes vendi exemplares que levei em uma grande sacola de compras por um dólar cada. Robert discretamente ralhou comigo por estar me vendendo no salão de McKendry, mas George Plimpton, que havia gostado especialmente do poema para Edie Sedgwick, achou meu pregão encantador.

Nossas diferenças sociais, por mais exasperantes que fossem, eram tingidas de amor e humor. No final, tínhamos mais semelhanças do que diferenças, e gravitávamos de volta um para o outro, por maior que fosse esse abismo. Nós encarávamos as coisas, grandes ou pequenas, com o mesmo vigor. Para mim, Robert e eu éramos irrevogavelmente ligados, como Paul e Elisabeth, os irmãos de *Les enfants terribles*, de Cocteau. Fazíamos as mesmas brincadeiras, considerávamos os objetos mais obscuros como nossos tesouros, e muitas vezes intrigávamos nossos amigos e conhecidos com nossa devoção indefinível.

Ele havia sido criticado por negar sua homossexualidade; nós éramos acusados de não sermos um casal de verdade. Ele temia que nossa relação fosse destruída ao abrir o jogo sobre sua homossexualidade.

Precisávamos de tempo para descobrir o que tudo aquilo significava, como faríamos para nos ajustar e redefinir o modo de chamar nosso amor. Aprendi com ele que muitas vezes a contradição é o caminho mais claro para a verdade.

West Twenty-third Street, saída de incêndio

Cabine fotográfica, Forty-second Street, 1970

∗

Se Robert fosse o marujo, Sam Wagstaff seria o navio atracando. A imagem de um rapaz de quepe de marinheiro, a cabeça virada três quartos, insolente e provocante, ficava sobre a lareira de David Croland.

Sam Wagstaff pegou a foto e olhou para ela. "Quem é este?", perguntou.

Era o que faltava, pensou David, ao responder.

Samuel Jones Wagstaff Jr. era inteligente, lindo e rico. Era colecionador, mecenas, e havia sido curador do Detroit Institute of Arts. Estava em uma encruzilhada em sua vida, depois de haver herdado uma grande quantidade de dinheiro, e se via no centro de um impasse filosófico, a meio caminho entre o espiritual e o material. A questão sobre se devia largar tudo e seguir o caminho do sufismo ou investir em uma faceta da arte que ainda não experimentara foi subitamente respondida pelo olhar desafiador de Robert.

Havia trabalhos de Robert espalhados por todo o apartamento de David. Sam viu tudo o que precisava ver.

De modo bastante inconsciente, David havia orquestrado a trajetória da vida de Robert. Da minha perspectiva, ele foi um titereiro, trazendo novos personagens à cena das nossas vidas, mudando o caminho de Robert e a história que disso resultava. Ele lhe dera John McKendry, que abrira os cofres da fotografia. E estava prestes a lhe oferecer Sam Wagstaff, que lhe daria amor, riqueza, companheirismo e uma quantidade mínima de angústias.

Poucos dias depois, Robert recebeu um telefonema. "É o fotógrafo tímido?", foram as primeiras palavras de Sam.

Robert era bastante requisitado tanto por homens quanto por mulheres. Muitas vezes conhecidos nossos batiam na minha porta perguntando se ele era fácil e pedindo dicas para conquistar seu coração. "Ame o trabalho dele", eu dizia. Mas poucas pessoas davam ouvidos.

Ruth Kligman me perguntou se eu me incomodaria se ela escrevesse uma peça para Robert. Ruth, que escrevera o livro *Love affair: a memoir of Jackson Pollock* e era a única sobrevivente do acidente de carro que tirou a vida do pintor, era atraente como uma espécie de Elizabeth Taylor. Vestia-se com esmero, e eu podia sentir seu perfume enquanto ela subia a escada. Ela bateu na minha porta, tendo marcado hora com Robert, e piscou para mim. "Deseje-me sorte", ela disse.

Poucas horas depois, voltou. Colocando de volta seus saltos e esfregando os tornozelos, comentou: "Nossa, quando ele diz: 'Apareça para ver minhas gravuras', ele realmente quer dizer 'Apareça para ver minhas gravuras'".

Ame o trabalho dele. Esse era o caminho para chegar ao coração de Robert. Mas a única pessoa que realmente entendeu isso, que teve a capacidade de amar seu trabalho profundamente, foi o homem que se tornou seu amante, seu mecenas e seu amigo pela vida inteira.

Eu não estava na primeira vez que Sam veio visitá-lo, mas, segundo Robert, Sam passou a tarde com ele analisando seu trabalho. As reações de Sam foram perspicazes, estimulantes e tingidas de divertidas insinuações, e ele prometeu voltar. Robert parecia uma adolescente, esperando Sam telefonar.

Ele entrou na nossa vida com uma rapidez de tirar o fôlego. Sam Wagstaff era uma presença escultural, como se fosse talhado em granito, uma versão alta e rude de Gary Cooper com voz de Gregory Peck. Era afetuoso e espontâneo. Sam era atraente para Robert não só por sua aparência. Ele tinha uma natureza positiva e curiosa e, diferentemente de outras pessoas que Robert conhecera no mundo da arte, não parecia atormentado com a complexidade de sua condição de homossexual. Ele era menos aberto, como era típico de sua geração, mas não envergonhado ou dividido, e parecia adorar compartilhar da vontade de Robert de ser mais declarado.

Sam era fisicamente viril, saudável e mentalmente lúcido, em uma época em que o uso desenfreado de drogas tornava a comunicação sóbria sobre arte e seus processos algo difícil. Era rico, mas não se abalava com sua riqueza. Inteligente e entusiasticamente aberto a conceitos provocativos, era um perfeito advogado e provedor para Robert e seu trabalho.

Ficamos ambos interessados em Sam; eu, por seu lado independente, e Robert, por seu lado privilegiado. Ele estava estudando sufismo e vestia-se apenas com linho branco e sandálias. Era despretensioso e parecia completamente inconsciente de seu efeito sobre os outros. Formado em Yale, estivera na Marinha e tomara parte na invasão do Dia D em Omaha Beach, e trabalhara como curador no Wadsworth Atheneum. Era capaz de discorrer de modo educado e bem-humorado sobre tudo, da economia do livre mercado à vida amorosa de Peggy Guggenheim.

Selando sua união aparentemente predestinada havia o fato de que Robert e Sam faziam aniversário no mesmo dia, com uma diferença de 25 anos. No

sleepless 66

thunderstruck. nightmare at 4 o clock.saying look im gonna
die. gonna be dead. gonna go off the earth. world gonna go
without me. someone gonna fill the space I filled. someone
is gonna dance on the floor i used to rock n roll to. rock
n roll slow to. someone will fill my slot. put the i under
my dot. get off on my rocks. gotta take a leak gotta take
a shit. no i cant get up i got a cramp and god its hot after
a rainstorm when you wake alone at 4 am then its 4:10. you
know when. pacing linoleum. when the tiles on the floor fill
you with anxiety. gotta pee pee. gotta pretend Im speeding
like highway 61. motorcycle sunglass. mexican whorelass.
correo aereo my darling. coldeye cleat boot. now look how
well im hung dung. watch me snort a crystal ball. ooga mooga
mirror iceskate. me surrealist beatnik:

I sport my shades/ i dig bob dylan/ I like food/ thats not
to filling/ the bible/ is too heavy for me.

end of theme song im heading for a fall. im a fall guy im
a fall gown. im a fallen arm im a fallen elm. timber ta yoga.
little brown boys chant chant: baby your so beautiful but
you got to die someday. oh no is it really possible rainstorm?
am i really gonna die. everything fades/ evaporates like genii.
already the first word thunderstruck is gone. dead. how can
I keep WORDS moving insect? Quick! ill record everything. its
dark no im wrong its dawn i have my shades on. its cool its
ok theyre prescription. keep the light dart lame arrow out.
so i can get the moment get the movement. spread it all out
full house mayonaise. record player on. dylan sings queen jane.
the words a bandana and complain. oops record skips. good i
heard that song enough keep moving. was that a throw of the
dice? no baby its sugar teeth crumbling. spit them out everyone
of them. got a controll headache just keep on pushing ecedrin.
jumpy bean queen see me slug another quart of coffee. blood
count maybe 2/3. me go to lab get coffee count. nurse says ummm
your xx right java head. open my lips to kiss the flavor bursts
like chicary. oh dont turn away honey. a bud is not a false
flower. ya gotta give it time time. gotta beat time. gotta
kiss cowardice. oh correction: howard ice. hes the real cream
bomb in my life. ice is nice and hes cold exposed crystal
pill pill. beter to slip that speed in better to keep time
within. better to record the speech of phantoms.

jim morrison. our leather lamb. how we betrayed him. turned
our back on him. this is the end our beautiful friend. no wait
I had a dream Mr. King. jim morrison is alive and racing with
time. he who hesitates is fates. he sits erect. typing tran
lating his final stolen sensations into language. into the

Crap

"Sleepless 66", inverno de 1971

dia 4 de novembro, comemoramos no Pink Tea Cup, um verdadeiro restaurante de *soul food* na Cristopher Street. Sam, com todo seu dinheiro, gostava dos mesmos lugares que nós. Naquela noite, Robert deu a Sam uma fotografia, e Sam deu a Robert uma câmera Hasselblad. Essa primeira troca seria simbólica de seus papéis de artista e mecenas.

A Hasselblad era uma câmera de formato médio parecida com a parte de trás da Polaroid. Sua complexidade exigia uso de fotômetro, e o jogo de lentes deu a Robert uma profundidade de campo muito maior. Permitiu-lhe mais opções e flexibilidade, mais controle sobre o uso da luz. Robert já havia definido seu vocabulário visual. A nova câmera não lhe ensinou nada, apenas permitiu que ele obtivesse exatamente o que estava procurando. Robert e Sam não podiam ter escolhido presentes mais significativos um para o outro.

No final do verão, havia dois Cadillacs Double Bubble estacionados a qualquer hora do dia do lado de fora do Chelsea. Um era cor-de-rosa, o outro era amarelo, e os gigolôs usavam ternos e chapéus de aba larga combinando com os carros. Os vestidos de suas mulheres combinavam com seus ternos. O Chelsea estava mudando, e a atmosfera da Twenty-third Street dava uma sensação maníaca, como se alguma coisa tivesse dado errado. Não havia nenhuma lógica, mesmo tratando-se de um verão em que a atenção de todo mundo estava voltada para um jogo de xadrez em que Bobby Fischer, um rapaz americano, estava prestes a derrubar o grande urso russo. Um gigolô foi assassinado; mulheres de rua passavam agressivamente diante da nossa porta, gritando obscenidades, vasculhando nossa correspondência. A disputa ritualística entre Bard e nossos amigos havia atingido o ápice, e muitos deles foram despejados.

Robert viajava sempre com Sam, e Allen estava na estrada com a banda. Nenhum dos dois gostava de me deixar sozinha.

Quando assaltaram nosso loft, a Hasselblad e a jaqueta de motoqueiro de Robert foram roubadas. Nunca tínhamos sido assaltados, e Robert ficou chateado não só pela câmera cara, mas pelo que aquilo indicava: uma falta de segurança e a invasão da nossa privacidade. Lamentei a perda da jaqueta de motoqueiro porque havíamos usado em uma instalação. Mais tarde, encontramos a jaqueta pendurada na escada de incêndio. O ladrão havia deixado na hora da fuga, mas ficou com a câmera. Deve ter se assustado com a minha bagunça, mas levou a roupa que eu tinha usado em Coney Island em nosso aniversário de 1969. Era minha roupa favorita, a roupa da foto. Estava em um gancho do lado de dentro da minha porta, recém-chegada da lavanderia. Por que ele levou aquilo, jamais saberei.

Era hora de ir embora. Os três homens da minha vida — Robert, Allen e Sam — resolveram entre eles. Sam deu o dinheiro a Robert para comprar um loft na Bond Street, no mesmo quarteirão do dele. Allen encontrou um apartamento no primeiro andar na East Tenth Street, que dava para ir a pé até Robert ou Sam. Ele garantiu a Robert que estava ganhando o bastante com a banda para cuidar de mim.

Resolvemos nos mudar no dia 20 de outubro de 1972. Era aniversário de Arthur Rimbaud. Como Robert e eu combináramos, tínhamos mantido nossa promessa.

Tudo mudaria, pensei, arrumando minhas coisas, a loucura da minha bagunça. Amarrei um barbante em volta de uma caixa de papelão que antes estivera cheia de papel vegetal. Agora guardava uma pilha de folhas datilografadas e manchadas de café que Robert resgatara do chão e alisara com suas mãos de Michelangelo.

Robert e eu ficamos sozinhos do meu lado do loft. Eu havia deixado algumas coisas para trás — a ovelha de brinquedo, uma velha jaqueta branca feita de tecido de paraquedas, PATTI SMITH 1946, serigrafado na parede dos fundos, em homenagem ao lugar onde se deixa um pouco de vinho para os deuses. Sei que estávamos pensando a mesma coisa, em quantas coisas havíamos passado, boas e ruins, mas também com uma sensação de alívio. Robert apertou minha mão. "Você está triste?", ele perguntou.

"Eu estou pronta", respondi.

Estávamos saindo do redemoinho de nossa existência pós-Brooklyn, que fora dominada pela arena vibrante do Hotel Chelsea.

O carrossel estava ficando mais devagar. Quando eu arrumava até mesmo as coisas mais insignificantes acumuladas nos últimos anos, tudo vinha acompanhado de uma sequência de slides de rostos, alguns dos quais eu nunca mais veria outra vez.

Havia um exemplar de *Hamlet* de Gerome Ragni, que havia me imaginado fazendo o triste e arrogante príncipe dinamarquês. Meu caminho e o de Ragni, que era coautor e astro de *Hair*, nunca mais se cruzariam, mas sua fé em mim reforçou minha autoconfiança. Elétrico e musculoso, com um sorriso aberto e basta cabeleira cacheada, era capaz de se entusiasmar tanto com alguma ideia maluca, que subia na cadeira e levantava os braços como se precisasse compartilhar sua visão com o teto, ou melhor, com o universo.

Minha sacola de cetim azul com estrelas douradas que Janet Hamill havia feito para guardar minhas cartas de tarô, e as próprias cartas, que adivinharam a sorte de Annie, Sandy Daley, Harry e Peggy.

Uma boneca de pano com cabelos de renda espanhola que Elsa Peretti me dera. O porta-gaita de Matthew. Bilhetes de Rene Ricard ralhando comigo para que eu continuasse desenhando. O cinto de couro preto mexicano de David cravejado de diamantes falsos. A camisa de gola canoa de John McKendry. A malha de pelo de cabra de Jackie Curtis.

Quando eu dobrava essa malha, podia vê-la à luz vermelha da sala dos fundos do Max's. A cena do Max's estava mudando com a mesma rapidez do Chelsea, e aqueles que tentaram lhe impingir um glamour da *Photoplay* descobririam que a nova vanguarda os estava deixando para trás.

Muitos não conseguiram. Candy Darling morreu de câncer. Tinkerbelle e Andrea Whips se suicidaram. Outros se sacrificaram entre drogas e desventuras. Substituídas, o estrelato que tanto desejaram fora de alcance, estrelas opacas caíam do céu.

Não quero me justificar por ser uma das poucas sobreviventes. Eu preferiria que todas elas tivessem conseguido o sucesso, uma chance de brilhar. Acabou que fiquei com um dos melhores cavalos.

JUNTOS EM CAMINHOS SEPARADOS

Fomos viver separados, mas à distância de uma caminhada. O loft que Sam comprou para Robert era um espaço livre na Bond Street. Era uma travessa de paralelepípedos com garagens, arquitetura pós-Guerra Civil e pequenos depósitos que agora voltavam à vida, como essas ruas industriais fariam, quando viessem os primeiros artistas esfregar, liberar e limpar os anos incrustados naquelas janelas, deixando a luz entrar.

John Lennon e Yoko Ono tinham um espaço atravessando a rua; Brice Marden trabalhava na porta ao lado, seu estúdio misticamente limpo com cintilantes tonéis de pigmento e pequenas fotografias tranquilas que mais tarde ele destilaria em painéis de névoa e luz. O loft de Robert precisava de uma reforma. Saía vapor pelos canos porque a tubulação tinha problemas. Quase todos os tijolos originais estavam escondidos atrás do gesso mofado, que ele retirou. Robert limpou e cobriu o tijolo com várias camadas de tinta branca e organizou tudo, meio estúdio, meio instalação, só para ele.

Parecia que Allen estava sempre na estrada com o Blue Öyster Cult, deixando-me sozinha. Nosso apartamento na East Tenth Street ficava a apenas um quarteirão da St. Mark's Church. Era pequeno e bonito, com portas-balcão dando para um jardim. E, de nossos novos lugares, Robert e eu retomamos nossa vida como antes, comendo juntos, saindo para procurar componentes para assemblages, fotografando e acompanhando o progresso um do outro.

Embora Robert tivesse agora seu próprio espaço, ele ainda parecia tenso e preocupado com dinheiro. Não queria depender totalmente de Sam e estava mais decidido do que nunca a conseguir ganhar a vida sozinho. Eu estava no limbo quando saí da Twenty-third Street. Minha irmã Linda arranjou-me um emprego na livraria Strand. Comprei pilhas de livros, mas não li nenhum. Colei folhas de papel nas paredes, mas não desenhei. Enfiei meu violão embaixo da cama. À noite, sozinha, eu me sentava e esperava. Mais uma vez me vi contemplando o que deveria fazer que valesse a pena. Tudo o que me ocorria parecia irreverente ou irrelevante.

Na véspera do ano-novo, acendi uma vela para Roberto Clemente, o jogador de beisebol favorito de meu irmão. Ele havia falecido em uma missão humanitária de ajuda à Nicarágua depois de um terrível terremoto. Censurei-me pela inatividade e autocomplacência, e decidi voltar a me dedicar ao meu trabalho.

Mais tarde naquela mesma noite sentei-me no chão da St. Mark's para a maratona anual de leitura. Era um evento beneficente da igreja e ia do começo da tarde à madrugada, com todo mundo contribuindo para a perpetuação do Poetry Project. Fiquei ali boa parte da noite olhando para os poetas. Queria ser poeta, mas sabia que nunca me encaixaria naquela comunidade incestuosa que eles formavam. A última coisa que eu queria era negociar a política social de outra cena. Lembrei da minha mãe dizendo que o que fazíamos na noite de ano-novo era prenúncio do que faríamos no resto do ano. Senti o espírito do meu são Gregório, e decidi que 1973 seria o meu ano de poesia.

A Providência é às vezes generosa, pois Andy Brown logo se ofereceu para publicar um livro com meus poemas. A perspectiva de ser publicada pela Gotham Book Mart me inspirou. Já fazia tempo que Andy Brown me aguentava rondando a histórica livraria da Diamond Row, deixando que eu colocasse meus libelos e folhetos no balcão. Agora, com a perspectiva de ser uma autora da Gotham, guardei no coração um orgulho secreto quando olhei para o lema da loja: "Sábios pescam aqui".

Puxei minha Hermes 2000 de debaixo da cama. (Minha Remington ficara pelo caminho.) Sandy Pearlman comentou que Hermes era o mensageiro dos deuses, o patrono dos pastores e ladrões, então fiquei esperançosa de que os deuses pudessem me mandar o verbo. Eu tinha tempo de sobra. Era a primeira vez em quase sete anos que não tinha um emprego fixo. Allen pagava nosso aluguel e eu ganhava uns trocados na Strand. Sam e Robert me levavam para comer toda tarde, e à noite eu fazia cuscuz em nossa cozinha pequena e linda, portanto não precisava de dinheiro.

Robert vinha se preparando para sua primeira exposição individual de polaroides. O convite chegou em um envelope Tiffany creme: um autorretrato de seu torso nu feito diante do espelho, com a Land 360 cobrindo a virilha. Suas veias saltadas acima do punho eram inconfundíveis. Ele colara um círculo grande de papel para esconder o pau e escrevera seu nome à mão embaixo à direita. Robert achava que a exposição começava no convite, e cada convite deveria ser um presente sedutor.

A abertura na Light Gallery aconteceu no dia 6 de janeiro, aniversário de Joana d'Arc. Robert me deu uma medalha de prata com o rosto dela coroado pela flor de lis francesa. Havia um bom público, uma perfeita mescla nova-iorquina de rapazes em roupas de couro, drag queens, socialites, roqueiros e colecionadores de arte. Era um grupo otimista, talvez com alguma inveja subjacente. A exposição, ousada e elegante, misturava motivos clássicos com sexo, flores e retratos, tudo com uma apresentação equivalente: imagens despudoradas de anéis penianos ao lado de arranjos de flores. Para ele, eram a mesma coisa.

Trouble man de Marvin Gaye ficou tocando sem parar enquanto eu tentava escrever sobre Arthur Rimbaud. Colei uma foto dele com seu rosto desafiador de Dylan em cima da escrivaninha que eu raramente usava. Em vez dela, eu me esparramei pelo chão escrevendo apenas fragmentos, poemas e o começo de uma peça, um diálogo imaginário entre o poeta Paul Verlaine e eu, discutindo o amor inatingível de Arthur.

Uma tarde adormeci no chão entre minhas pilhas de livros e papéis, e voltei ao terreno familiar de um sonho apocalíptico recorrente. Tanques drapejados de tecidos cravejados e adornados com sinos de camelos. Anjos muçulmanos e cristãos roçavam seus pescoços, suas penas juncando a superfície de dunas ondulantes. Eu me arrastava por entre revolução e desespero até que encontrava, emaranhada no abandono de árvores secas, uma gasta mala de couro. E dentro dessa mala deteriorada, escrita na letra dele mesmo, a grande obra perdida de Arthur Rimbaud.

Podia-se imaginá-lo atravessando bananais, ruminando a linguagem da ciência. No fim de mundo de Harar, ele comandava os campos de café e escalava o alto platô abissínio montado em um cavalo. Na noite profunda jazia sob uma lua perfeitamente anelar, como um olho majestoso a observá-lo e presidir seu sono.

Acordei com uma súbita revelação. Eu iria à Etiópia e encontraria essa valise que parecia mais um sinal do que um sonho. Voltaria com o conteúdo preservado na poeira da Abissínia e o entregaria ao mundo. Contei meu sonho a alguns editores, revistas de viagens e fundações literárias. Mas descobri que imaginários papéis secretos de Rimbaud não eram uma causa popular em 1973. Longe de abandonar o projeto, senti que a ideia havia tomado tamanha proporção que realmente passei a acreditar que estava destinada a encontrá-los. No sonho com a árvore de olíbano que não fazia sombra na colina, eu acreditava que a valise estaria enterrada ali.

Resolvi pedir a Sam que patrocinasse minha viagem para a Etiópia. Ele era aventureiro e simpático e ficou intrigado com minha proposta. Robert ficou horrorizado com a ideia. Conseguiu convencer Sam de que eu acabaria me perdendo, que seria sequestrada ou comida viva por hienas selvagens. Sentamos em um café na Christopher Street e, enquanto nossas risadas se misturavam ao vapor de muitos expressos, dei adeus aos cafezais de Harar, resignada com a ideia de que o local do tesouro não seria perturbado naquele século.

Eu queria muito sair da Strand. Odiava ficar presa no porão desempacotando o estoque lotado. Tony Ingrassia, que me havia dirigido em *Island*, convidou-me para participar de uma peça de ato único chamada *Identity*. Li o texto e não entendi. Era um diálogo entre mim e outra garota. Depois de alguns ensaios medíocres, ele me pediu para mostrar mais ternura pela garota. "Você está muito dura, muito distante", ele dizia, exasperado. Eu era muito afetuosa com minha irmã Linda e apliquei esse afeto na minha interpretação de ternura. "Essas garotas são namoradas. Você precisa passar isso." Ele levantou os braços. Fiquei pasmada. Não havia nada no texto que sugerisse isso. "Simplesmente finja que ela é uma das suas namoradas." Tony e eu tivemos uma discussão acalorada que terminou com ele rindo sem acreditar. "Você não se pica e não é lésbica. O que você faz afinal?"

Fiz o melhor que pude ao acariciar a outra garota, mas resolvi que seria minha última peça. Eu não tinha os requisitos para ser atriz.

Robert conseguiu que Sam me tirasse da Strand, contratando-me para catalogar sua vasta coleção de livros e bonecas kachina, que ele doaria a uma universidade. Sem me dar conta, eu disse adeus aos empregos tradicionais. Nunca mais bati um cartão. Desde então eu teria meus próprios horários e meu próprio dinheiro.

Depois do fracasso como lésbica convincente em *Identity*, decidi que se voltasse novamente aos palcos seria como eu mesma. Juntei forças com Jane Friedman, que me arranjou alguns bicos lendo poesia em bares. Jane tinha uma agência de publicidade de sucesso e a reputação de ajudar os esforços de artistas alternativos. Embora eu não fosse recebida com muito entusiasmo, aquilo aguçou minhas habilidades de lidar com uma plateia hostil usando uma certa dose de humor. Ela conseguiu me agendar para uma série de números de abertura de bandas como os New York Dolls no Mercer Arts Center, localizado no decadente Broadway Central Hotel, um edifício outrora opulento, onde o milionário Diamond Jim Brady e Lillian Russell costumavam jantar e em cuja escadaria de mármore o financista Jim Fisk fora baleado no século XIX. Se ainda restava ali algo da grandiosidade passada, agora o hotel abrigava uma comunidade culturalmente rica, que incluía teatro, poesia e rock and roll.

Interpretar poesia noite após noite para uma plateia pouco receptiva e rebelde que estava ali para ver os New York Dolls revelou-se educativo e desafiador. Eu não tinha nenhum músico ou equipe, apenas a alma do meu exército fraternal, Linda, fazendo as vezes de roadie, escada e anjo da guarda. Ela tinha uma simplicidade sem afetações, mas sabia ser ousada. Havia sido ela que tomara para si a tarefa indesejada de passar o chapéu quando nossa trupe cantou e se apresentou nas ruas de Paris. No Mercer, Linda cuidava da minha bolsa de truques, que incluía um toca-fitas, um megafone e um piano de brinquedo. Eu lia meus poemas, assimilava os xingamentos e às vezes cantava músicas acompanhada de trechos reproduzidos no meu gravador.

Depois de cada apresentação, Jane tirava uma nota de cinco dólares do próprio bolso, dizendo que era nossa parte da féria. Levei algum tempo para entender que não receberia nada, e que Jane é que estava me pagando, literalmente do próprio bolso. Foi uma época dura e animada, e quando chegou o verão eu já estava andando sozinha, e as pessoas pediam poemas e pareciam estar verdadeiramente do meu lado. Eu costumava encerrar cada apresentação com "Piss Factory", um poema em prosa que eu improvisara, falando da minha fuga do emprego sem carteira em uma linha de montagem rumo à liberdade de Nova York. Aquilo parecia me aproximar da plateia.

Na sexta-feira, dia 13 de julho, fiz uma leitura em homenagem a Jim Morrison na cobertura do cineasta underground Jack Smith na esquina da Greene Street com Canal. Eu era a única atração, e todas as pessoas que estavam ali foram para celebrar Jim Morrison comigo. Entre elas estava Lenny Kaye, e, embora não fôssemos nos apresentar juntos aquela noite, muito em breve não haveria uma única apresentação minha sem ele.

O grande público para uma leitura de poesia produzida de forma independente entusiasmou Jane. Ela achou que, na companhia de Lenny, podíamos encontrar um modo de levar minha poesia a um público maior. Chegamos até a cogitar acrescentar um piano de verdade, ao que Linda comentou brincando que aquilo a levaria à falência. Quanto a isso, ela estava certa. Jane não se deixava intimidar. Ela vinha de uma antiga família da Broadway; seu pai, Sam Friedman, era um lendário assessor de imprensa, que trabalhara com Gypsy Rose Lee, Lotte Lenya, Josephine Baker, entre outros. Assistira a todas as aberturas e encerramentos que já passaram pela Broadway. Jane tinha a mesma visão e determinação obstinada do pai; ela encontraria outro caminho para que déssemos certo.

Voltei à minha máquina de escrever.

"Patti, não", engasgou Robert. "Você está puxando fumo." Virei-me para ele inocentemente. No flagra.

Eu havia assistido a *Balada sangrenta*, e ficara entusiasmada com a música. Quando comecei a ouvir a trilha sonora, com Big Youth and the Roys, U and I, me vi transportada de volta à Etiópia. Achei irresistível a ligação do rastafarianismo com Salomão e a rainha de Sabá, e com a Abissínia de Rimbaud, e nesse processo resolvi provar a erva sagrada deles.

Esse era meu prazer secreto até Robert me pegar sentada sozinha, tentando enrolar um pouco de fumo no papel de um maço de Kool. Eu não fazia ideia de como preparar um baseado. Fiquei um pouco constrangida, mas ele sentou no chão, tirou as sementes da minha trouxinha de fumo mexicano e enrolou alguns baseados finos. Olhou para mim sorrindo e fumamos nosso primeiro baseado juntos.

Com Robert, não me vi transposta para a planície abissínia, mas para o vale das gargalhadas incontroláveis. Contei-lhe que o fumo devia ser para escrever poemas, não para ficar de bobeira. Mas só fizemos dar risada. "Vamos", ele disse, "vamos até a B&H ver material de fotografia." Foi minha primeira saída para o mundo externo louca de fumo. Levei um tempo longuíssimo para amarrar minhas botas, encontrar minhas luvas, meu chapéu. Robert ficou rindo, ao ver que me movia em círculos. Agora eu entendia por que demorava tanto para Harry e Robert se aprontarem para irmos comer no Horn & Hardart.

Depois disso, como era divertido, continuei puxando meu fumo sozinha, ouvindo *Screaming target*, escrevendo prosas malucas. Nunca considerei a maconha uma droga social. Eu gostava de usar para trabalhar, para pensar e às vezes para improvisar com Lenny Kaye e Richard Sohl, quando nós três nos reuníamos sob a árvore de olíbano sonhando com Haile Selassie.

Sam Wagstaff morava no quinto andar de um clássico e imponente edifício todo branco na esquina de Bowery com Bond. Quando eu subia a escada, sempre sabia que haveria alguma coisa nova e maravilhosa para ver ali, para tocar, para catalogar: negativos de vidro, calótipos de poetas esquecidos, gravuras dos tipis dos índios hopis. Sam, por insistência de Robert, havia começado a colecionar fotografias, a princípio lentamente, com uma curiosidade encantada, e depois obsessivamente, como um lepidopterologista em uma floresta tropical. Sam comprava o que queria e às vezes parecia que ele queria tudo.

A primeira fotografia que Sam comprou foi um lindo daguerreótipo em uma caixa de veludo vermelho com um delicado fecho de ouro. Estava em condições impecáveis, e os daguerreótipos de Robert, encontrados em sebos em meio a pilhas de velhas fotos de família, empalideceram quando comparados. Isso às vezes irritava Robert, que começara a colecionar fotos primeiro. "Não posso competir com ele", dizia com certo pesar. "Criei um monstro."

Íamos os três juntos à Book Row, os sebos empoeirados que havia na Fourth Avenue. Robert ia direto garimpar nas caixas de postais antigos, cartões estereoscópicos e ferrótipos para encontrar uma pérola. Sam, impaciente, e sem o impedimento do custo, simplesmente comprava a caixa inteira. Eu ficava ao lado ouvindo-os discutir. Parecia muito familiar.

Vasculhar livrarias era uma das minhas especialidades. Em raras ocasiões, eu desenterrava um cobiçado cartão vitoriano ou um importante portfólio de catedrais da virada do século, e, em uma empreitada de sorte, uma foto perdida de Julia Margaret Cameron. Foi o apogeu das coleções de fotografia, o último período em que se podia encontrar uma pechincha. Ainda era possível deparar com fotogravuras em formato grande de paisagens de Edward Curtis. Sam ficou impressionado com a beleza e o valor histórico dessas fotos de índios norte-americanos, e comprou vários volumes. Mais tarde, sentados no chão olhando para elas, em seu grande apartamento vazio inundado de luz natural, ficamos impressionados não só pelas imagens, mas também pelo processo. Sam tocava as margens das fotos entre o polegar e o indicador. "Esse papel é muito especial", ele dizia.

Consumido por sua nova paixão, Sam passou a frequentar as casas de leilão, atravessando várias vezes o oceano para adquirir uma fotografia em particular. Robert ia com ele nessas expedições, e às vezes conseguia influenciar Sam na escolha das imagens. Dessa forma, Robert pôde examinar pessoalmente fotografias de artistas que admirava, de Nadar a Irving Penn.

Robert insistia com Sam, como fizera com John McKendry, para que usasse sua posição para elevar a fotografia a um lugar no mundo das artes. Em troca, ambos estimulavam Robert a se comprometer com a fotografia como sua forma principal de expressão. Sam, a princípio curioso, quando não cético, abraçara completamente a ideia e gastava uma pequena fortuna construindo o que viria a ser uma das coleções mais importantes do país.

A descomplicada Polaroid Land 360 de Robert não exigia fotômetro, e os parâmetros eram rudimentares: mais escuro, mais claro. Pequenos ícones indicavam as distâncias: close, perto, longe. O começo com a singela Polaroid foi perfeito para seu temperamento impaciente. Ele então, passara diretamente para a robusta Hasselblad, que fora roubada na Twenty-third Street. Na Bond Street, Robert comprou uma câmera Graphic com filme instantâneo Polaroid. Ele gostava do formato 4 x 5 polegadas. A Polaroid estava fabricando filme positivo-negativo, tornando possível a produção de cópias originais. Com o apoio de Sam, ele finalmente tinha recursos para obter sua visão de cada fotografia e pôde contratar um marceneiro, Robert Fosdick, para construir molduras sofisticadas. Assim foi muito além de meramente incorporar suas fotografias em colagens. Fosdick entendeu a sensibilidade de Robert e traduziu com precisão seus esboços em molduras esculturais, uma síntese de desenhos geométricos, planos e imagens para a apresentação das fotografias.

As molduras lembravam muito os desenhos que Robert fizera no caderno de esboços que me dera em 1968. Como no passado, ele visualizou a obra completa quase que imediatamente. Foi a primeira vez que conseguiu realizar suas visões. Isso se deveu em grande medida a Sam, que recebera ainda mais dinheiro com a morte de sua querida mãe. Robert vendeu alguns trabalhos, mas ele ainda queria simplesmente viver por conta própria.

Robert e eu fizemos muitas fotografias na Bond Street. Eu gostava da atmosfera dali e achei que fizemos imagens muito boas. Era fácil fotografar contra o fundo de tijolos brancos e com aquela luz bonita de Nova York. Um dos motivos de termos feito imagens tão boas ali era porque eu estava fora do meu elemento. Não havia nenhuma das minhas coisas amontoadas na imagem, com que eu pudesse me identificar ou atrás das quais me esconder. Mesmo com Robert e eu separados como casal, nossas fotografias se tornaram mais íntimas, pois tratavam apenas de nossa confiança recíproca.

Às vezes eu me sentava e ficava vendo-o se fotografar em seu robe listrado, e depois lentamente tirando o robe, então nu, banhado em luz.

Quando fizemos a imagem da capa de *Wītt*, meu novo livro de poemas, eu tinha na cabeça que a capa deveria ter uma aparência sagrada, como um santinho. Embora Robert não tivesse gostado dessa diretriz, estava seguro de que conseguiria satisfazer a nós dois. Fui ao loft de Robert e tomei um banho em seu chuveiro para me sentir bem limpa. Penteei o cabelo para mostrar meu rosto e me enrolei em um velho robe tibetano feito de linho cor de chá. Robert fez algumas fotos e disse que já tinha a imagem que precisava para a capa, mas que também estava contente com as fotos que continuou fazendo.

No dia 17 de setembro Andy Brown deu uma festa para comemorar o lançamento do livro, assim como a primeira exposição dos meus desenhos. Robert olhara todos os meus desenhos e escolhera os que seriam expostos. Sam pagou pelas molduras, e Dennis Florio, um amigo de Jane Friedman, emoldurou-as em sua galeria. Todo mundo ajudou a fazer uma bela exposição. Senti que havia encontrado meu nicho, com meus desenhos e poemas sendo apreciados. Significou muito para mim ver meu trabalho exposto na mesma livraria que em 1967 não tivera uma vaga para me contratar.

Wītt era muito diferente de *Seventh heaven*. Se os poemas de *Seventh heaven* eram leves, ritmados e orais, *Wītt* se valia do poema em prosa, refletindo a influência dos simbolistas franceses. Andy ficou impressionado com meu crescimento, e prometeu que, se eu escrevesse uma monografia sobre Rimbaud, ele publicaria.

Um novo plano se infiltrou em minhas veias, e apresentei-o a Robert e Sam. Como minha excursão à Etiópia fora descartada, achei que poderia pelo menos fazer uma peregrinação a Charleville, na França, onde Rimbaud nasceu e foi enterrado. Incapaz de resistir ao meu entusiasmo, Sam colaborou e concordou em financiar a viagem. Robert não tinha nenhuma objeção, uma vez que não havia hienas na França. Resolvi ir em outubro, mês do aniversário de Rimbaud. Robert me levou para comprar um chapéu adequado, e escolhemos um de feltro marrom-claro com uma fita de gorgorão. Sam me levou a um oculista para fazer o exame do Ministério da Saúde — fiz óculos redondos em homenagem a John Lennon. Sam me deu dinheiro o bastante para dois óculos, considerando minha tendência a esquecer as coisas pelo caminho, mas em vez disso preferi um par de óculos escuros italianos nada práticos, que só Ava Gardner usaria. Eram óculos de gatinho brancos, que vinham em um estojo de tweed cinza escrito Milan.

Na Bowery encontrei uma capa de chuva emborrachada verde-folha, uma blusa Dior de linho quadriculada, uma calça marrom e um cardigã bege: todo um guarda-roupa por apenas trinta dólares, só precisando lavar e remendar aqui e ali. Em minha mala xadrez coloquei minha gravata de Baudelaire, meu caderno; Robert acrescentou um postal de uma estátua de Joana d'Arc. Sam me deu uma cruz de prata copta da Etiópia, e Judy Linn carregou sua pequena câmera portátil e me mostrou como usá-la. Janet Hammil, que havia voltado de sua viagem à África, onde passara pela região dos meus sonhos, me trouxera um punhado de contas de vidro azuis — contas riscadas de Harar —, as mesmas contas que Rimbaud comerciava, como precioso suvenir. Coloquei-as no bolso como talismã da sorte.

Assim armada, eu estava pronta para minha viagem.

Witt, Bond Street, 1973

Minha capa nada prática mal me protegeu do granizo congelante do outono em Paris. Refiz alguns dos passeios que fizera com minha irmã no verão de 1969, embora sem sua presença esfuziante, o Quai Victor Hugo, La Coupole e as ruas e os cafés encantados me pareceram muito solitários. Caminhei, como havíamos caminhado, de cima a baixo pelo boulevard Raspail. Encontrei a rua onde havíamos ficado, rue Campagne-Première, número 9. Parei ali na chuva por algum tempo. Sentira-me atraída em 1969 para aquela rua onde viveram tantos artistas. Verlaine e Rimbaud. Duchamp e Man Ray. Fora ali, naquela rua, que Yves Klein encontrara seu famoso azul e onde Jean-Luc Godard filmara trechos preciosos de *Acossado*. Andei mais um quarteirão até o cemitério de Montparnasse e prestei minha homenagem a Brancusi e Baudelaire.

Guiada por Enid Starkie, biógrafa de Rimbaud, encontrei o Hôtel des Etrangers na rue Racine. Ali, de acordo com o livro, Arthur dormira no quarto do compositor Cabaner. Ele também havia sido encontrado dormindo no saguão, em um sobretudo grande demais e com um chapéu de feltro amarrotado, sacudindo resíduos de um sonho de haxixe. O recepcionista me tratou com bom humor. Expliquei, em meu francês terrível, a natureza da minha missão e por que desejava tanto passar a noite naquele hotel em particular. Ele foi simpático, mas todos os quartos estavam ocupados. Sentei no sofá bolorento do saguão, incapaz de enfrentar mais chuva. Então, como uma ajuda dos anjos, ele fez sinal para que o seguisse. Levou-me escada acima até uma porta, que dava em uma escada caracol. Procurou entre suas chaves e, depois de algumas tentativas, triunfantemente abriu-me o sótão. Estava vazio, exceto por uma cômoda de madeira com folhas de bordo entalhadas e um colchão de crina de cavalo. Raios de luz suja filtravam-se pela claraboia em declive.

"Ici?"

"Oui."

Ele me deu o quarto por um preço baixo e por alguns francos a mais trouxe uma vela e lençóis. Abri os lençóis sobre o colchão deformado que parecia estampado com a impressão de um corpo comprido e rugoso. Rapidamente me ajeitei ali. A noite caía e consegui arrumar minhas coisas ao redor da vela — a imagem de Joana d'Arc, um exemplar do *Spleen de Paris*, minha caneta e um tinteiro. Mas não consegui escrever. Só fiz me deitar sobre a crina de cavalo e me esticar sobre aquela antiga impressão de sono. A vela derretera no prato. Mergulhei na inconsciência. Nem sequer sonhei.

    De madrugada, o cavalheiro me trouxe uma xícara de chocolate quente e um brioche. Aceitei com gratidão. Arrumei minhas coisas, me vesti e fui para a Gare de l'Est. Sentei-me em um banco de couro em frente a uma governanta e um menininho que dormia. Não fazia ideia do que iria encontrar, nem de onde ficaria, mas confiei no destino. Chegando a Charleville ao entardecer, procurei um hotel. Estava um pouco tensa caminhando sozinha com minha maleta sem vivalma por perto, até que encontrei alguém. Duas mulheres dobrando roupa de cama. Pareceram surpresas, desconfiadas com a minha presença, e não falavam inglês. Não sem embaraço, fui levada escada acima até um quarto arrumado. Tudo, até o dossel da cama, era coberto de chita florida. Eu estava com muita fome, e me deram uma sopa consistente com pão caseiro.

    Porém, mais uma vez, no silêncio do meu quarto, vi que não conseguiria escrever. Dormi e acordei cedo. Novamente decidida, pus minha capa e fui para as ruas de Charleville. Para minha decepção, o Musée Rimbaud estava fechado, então continuei caminhando na atmosfera de silêncio daquelas ruas desconhecidas até chegar ao cemitério. Atrás de uma horta de repolhos imensos ficava a sepultura de Rimbaud. Fiquei ali parada por muito tempo olhando para a lápide, com as palavras *Priez pour lui* — Rezem por ele — talhadas sobre seu nome. O túmulo estava abandonado, e tirei todas as folhas caídas e pedaços de destroços. Fiz uma breve oração, enquanto deixava as contas de vidro azuis de Harar dentro de uma urna de pedra diante de sua tumba. Sentia que, como ele não conseguira voltar a Harar, eu devia levar um pouco de Harar até ele. Tirei uma foto e fui embora.

    Voltei ao museu e me sentei na escadaria. Ali Rimbaud havia parado, desdenhando tudo à sua volta, o moinho de pedra, o rio correndo por baixo do musgo da ponte, tudo que eu agora reverenciava, da mesma forma que ele desprezara. O museu ainda estava fechado. Eu estava me sentindo um tanto pesarosa quando um velho, talvez um zelador, teve pena de mim e abriu a porta pesada. Enquanto fazia suas tarefas, ele me deixou passar algum tempo com os humildes pertences do meu Rimbaud: seu livro de geografia, sua valise, sua xícara de lata, sua colher e um tapete. Vi os trechos que ele remendara de seu xale de seda listrado. Havia um pequeno pedaço de papel com um desenho que ele fizera da liteira onde se deitara enquanto os carregadores cami-

Musée Rimbaud, Charleville, 1973

nhavam do terreno rochoso à costa de onde um navio o levaria moribundo até Marselha.

Naquela noite, fiz uma refeição modesta de cozido de carne, vinho e pão. Voltei ao meu quarto, mas não consegui ficar ali sozinha. Tomei banho e troquei de roupa, pus de novo minha capa, e me aventurei na noite de Charleville. Estava bem escuro e caminhei pelo largo e vazio Quai Rimbaud. Senti um certo receio, e então, a distância, vi um pequeno luminoso, um neon — Rimbaud Bar. Parei e respirei fundo, incapaz de acreditar na minha boa sorte. Avancei lentamente, temendo que o bar pudesse desaparecer feito uma miragem no deserto. Era um bar de estuque branco com uma única janelinha. Não havia ninguém. Entrei hesitante. O interior estava na penumbra e a maioria dos fregueses eram garotos, sujeitos mal-encarados, inclinados sobre uma jukebox. Algumas imagens desbotadas de Arthur estavam coladas nas paredes. Pedi um Pernod e água, pois me pareceu o mais próximo de absinto. A jukebox tocava uma seleção maluca de Charles Aznavour, canções country e Cat Stevens.

Depois de algum tempo, fui embora e voltei para o calor do meu quarto de hotel e suas flores provincianas. *Minúsculas flores salpicando as paredes, assim como o céu fora salpicado de estrelas brotando.* Essa foi a única e solitária entrada em meu caderno. Tinha imaginado escrever palavras de arrebentar os nervos, em homenagem a Rimbaud, confirmando a fé depositada pelas pessoas em mim, mas não escrevi.

Na manhã seguinte paguei minha conta e deixei minha mala no saguão. Era uma manhã de domingo e os sinos dobravam. Pus minha camisa branca com a gravata preta baudelairiana. Minha camisa estava um pouco amarrotada, mas eu também. Voltei ao museu, que por sorte estava aberto, e comprei uma entrada. Sentei no chão e fiz um pequeno desenho a lápis — *St. Rimbaud, Charleville, Octobre 1973.*

Eu queria um suvenir, e encontrei um pequeno mercado de pulgas na Place Ducale. Havia um anel singelo de fio de ouro, mas eu não tinha o dinheiro. John McKendry me dera um anel parecido quando voltara de uma viagem a Paris. Lembrei-me dele deitado em sua elegante espreguiçadeira comigo a seus pés, enquanto ele lia passagens de *Uma temporada no inferno*. Imaginei Robert ali ao meu lado. Ele teria me dado o anel e o poria em meu dedo.

A viagem de trem para Paris foi tranquila. Percebi a certa altura que estava chorando. Chegando a Paris, tomei o metrô até a estação Père Lachaise, pois

eu ainda tinha uma coisa a fazer antes de voltar a Nova York. Estava chovendo outra vez. Parei numa florista junto ao muro do cemitério e comprei um pequeno ramalhete de jacintos, e fui procurar o túmulo de Jim Morrison. Na época ainda não havia nenhuma sinalização, e não foi fácil achar, mas fui seguindo os recados rabiscados pelos fãs nas lápides vizinhas.

Estava o mais completo silêncio, exceto pelo farfalhar das folhas de outono e a chuva, que começou a apertar. No túmulo anônimo havia presentes de visitantes anteriores a mim, pontas de cigarro, garrafas de uísque pela metade, terços partidos e estranhos amuletos. O grafite ao redor eram palavras em francês da música dele: *C'est la fin, mon merveilleux ami*. É o fim, lindo amigo.

Senti uma extraordinária leveza no peito, nada triste. Senti que ele poderia a qualquer momento sair silenciosamente do meio da neblina e tocar o meu ombro. Parecia apropriado que ele estivesse enterrado em Paris. A chuva começou a cair para valer. Quis ir embora porque estava encharcada, mas me senti presa ali. Tive a estranha sensação de que se não saísse correndo viraria pedra, uma estátua portando jacintos.

A distância vi uma senhora com um casaco pesado, segurando uma vareta pontuda e arrastando uma pesada sacola. Ela estava limpando as sepulturas. Quando me viu, começou a gritar comigo em francês. Pedi que me perdoasse por não falar a língua, embora soubesse o que ela devia estar pensando. Ela olhou para o túmulo, depois para mim, com repulsa. Todos aqueles tesouros comoventes e o grafite ao redor eram para ela mera profanação. Balançou a cabeça, resmungando. Fiquei impressionada com o modo como ignorava a chuva torrencial. De repente ela se virou e gritou em inglês: "Americanos! Por que não cultuam seus poetas?".

Eu estava muito cansada. Tinha 26 anos. À minha volta os recados escritos a giz dissolviam como lágrimas na chuva. Correntes se formavam entre amuletos, cigarros, palhetas. Pétalas das flores deixadas no pedaço de terra sobre Jim Morrison flutuavam como pedaços do buquê de Ofélia.

"Ehh!", ela exclamou ainda. "Responda-me, *Américaine*! Por que vocês, jovens, não homenageiam os seus próprios poetas?"

"*Je ne sais pas, madame*", respondi, baixando a cabeça.

"Eu não sei."

No aniversário da morte de Rimbaud, fiz a primeira das minhas apresentações de "Rock and Rimbaud", voltando a tocar com Lenny Kaye. Foi na cobertura do Le Jardin, no Hotel Diplomat saindo da Times Square. A noite começou com um clássico de Kurt Weill, "Speak low", aludindo à descrição de Ava Gardner em *Vênus, deusa do amor*, acompanhada pelo pianista Bill Elliott. O equilíbrio do programa estava na alternância de peças sobre o meu amor por Rimbaud. Lenny e eu repetimos as peças que tocamos na St. Mark's, e acrescentamos a música de Hank Ballard "Annie had a baby". Olhamos para o público e ficamos surpresos ao ver gente que ia de Steve Paul a Susan Sontag. Pela primeira vez me ocorreu que, em vez de aquilo ser coisa de uma noite apenas, tínhamos potencial para evoluir a partir dali.

Não sabíamos ao certo no que aquilo poderia dar, depois que o Broadway Central havia fechado. O que estávamos fazendo era bastante indefinido e parecia não haver um lugar próprio para aquilo. Mas as pessoas estavam lá, e eu achava que tínhamos algo a oferecer, e queria que Lenny fosse um integrante permanente do grupo.

213

Jane fez o possível para arranjar lugares onde pudéssemos tocar, uma tarefa nada fácil. De vez em quando eu lia poesia em um bar, mas ficava a maior parte do tempo lidando com mecenas embriagados. Essas experiências contribuíram para afiar minhas tiradas estilo Johnny Carson, mas de pouco serviram para aprimorar minha comunicação da poesia. Lenny me acompanhou na primeira vez que toquei no West End Bar, onde Jack Kerouac e seus amigos um dia escreveram e beberam, não necessariamente nessa ordem. Não ganhamos nada, mas no fim da noite Jane nos recompensou com uma grande notícia. Havíamos sido chamados para abrir para Phil Ochs no Max's Kansas City nos últimos dias do ano. Lenny Kaye e eu passaríamos nosso aniversário e o ano-novo fundindo poesia e rock and roll.

Foi nosso primeiro trabalho regular, durante seis dias, duas entradas por noite e três nos fins de semana. Passando por cordas que arrebentavam e plateias hostis, conseguimos superar tudo com a ajuda de um colorido elenco de amigos: Allen Ginsberg, Robert e Sam, Todd Rundgren e Bebe Buell, Danny Fields e Steve Paul. Na noite do ano-novo, estávamos prontos para o que desse e viesse.

Vários minutos depois da meia-noite, Lenny e eu entramos em cena no Max's. A plateia barulhenta, dividida, com a eletricidade tangível no ar. Foi a primeira hora do ano-novo e, quando olhei para o público, lembrei-me outra vez do que minha mãe dizia. Virei para Lenny. "Que seja assim como hoje pelo resto do ano."

Peguei o microfone. Ele deu o primeiro acorde.

Logo depois, mudei-me com Allen para a MacDougal Street, em frente ao Kettle of Fish, no coração do Village. Allen voltou a excursionar e nos vimos pouco, mas adorei morar ali, onde mergulhei em um novo ramo de estudos. Senti-me atraída pelo Oriente Médio: mesquitas, tapetes de oração e o Alcorão de Muhammad. Li *Viagem ao Oriente* de Nerval, e os contos de Bowles, Mrabet, Albert Cossery e Isabelle Eberhardt. Como o haxixe permeava a atmosfera desses contos, pus na cabeça que iria experimentar. Sob sua influência ouvi *The pipes of Pan at Joujouka*, que Brian Jones produzira em 1968. Fiquei feliz de escrever com a música que ele amava. Dos cães latindo às cornetas extáticas, foi por algum tempo a trilha sonora das minhas noites.

Sam amava o trabalho de Robert, amava como ninguém mais.

Fiquei parada com ele olhando uma foto de tulipas brancas que Robert fizera contra um fundo preto.

"Qual é a coisa mais preta que você já viu?", perguntou Sam.

"Um eclipse?", falei, como resposta de um enigma.

"Não." Ele apontou para a fotografia. "É isto aqui. Um preto onde você é capaz de se perder."

Mais tarde Robert dedicaria a fotografia a Sam. "Foi o único que realmente entendeu", ele disse.

Robert e Sam eram tão íntimos quanto dois homens podiam ser. O pai que procurava o filho, o filho que procurava o pai. Sam, como o perfeito mecenas, tinha os recursos, a visão e o desejo de valorizar o artista. Robert era o artista que ele procurava.

O afeto imortal entre Robert e Sam foi espicaçado, deformado e exposto em versão distorcida, talvez interessante em um romance, mas não se pode julgar sua relação sem compreender seu código consensual implícito.

Robert gostava do dinheiro de Sam, e Sam gostava que Robert gostasse de seu dinheiro. Se fosse apenas isso o que buscavam um no outro, eles teriam facilmente encontrado também em outras pessoas. No entanto, cada um possuía algo que o outro desejava e, por isso, complementavam-se mutuamente. Sam secretamente desejava ser artista, mas não era. Robert queria ser rico e poderoso, e também não era. Por associação, cada um desfrutava dos atributos do outro. Eram um pacote, por assim dizer. Um precisava do outro. O mecenas para ser valorizado pela criação. O artista para criar.

Eu os via como dois homens com um vínculo que não podia ser rompido. A afirmação que vinha de um fortalecia o outro. Eram ambos estoicos, mas juntos podiam revelar suas vulnerabilidades sem pejo, e confiando reciprocamente esse conhecimento ao outro. Com Sam, Robert podia ser ele mesmo, e Sam não o julgava. Sam nunca tentou forçar Robert a mudar o tom de seu trabalho ou seu modo de se vestir, ou a se submeter às instituições. À parte todo o resto, o que eu sentia que havia entre os dois era uma ternura mútua.

Robert não era voyeur. Sempre dizia que precisava estar autenticamente envolvido com o trabalho que vinha de suas pesquisas sadomasoquistas, que não estava fazendo fotografias por sensacionalismo ou transformando aquilo em uma missão para ajudar a cena SM a se tornar socialmente aceitável. Ele não achava que isso deveria acontecer, e nunca pensou que seu submundo fosse para qualquer um.

Não havia dúvida de que ele gostava, até precisava, de seu aspecto atraente. "É inebriante", dizia. "O poder que você pode ter. Toda uma fila de caras e todos desejando você, e não importa se são repulsivos, sentir aquele desejo coletivo por você é algo poderoso."

As excursões seguintes de Robert ao submundo do sadomasoquismo seriam às vezes desconcertantes e me deixaram assustada. Ele não compartilhava nada comigo, porque era algo muito distante do nosso mundo. Talvez ele me contasse se eu pedisse, mas eu não queria mesmo saber. Não tanto por negação, como por delicadeza. Suas empreitadas eram barra-pesada para mim, e ele criava obras que me chocavam: o convite com o chicote enfiado em seu traseiro, uma série de fotografias de genitálias amarradas com cordas. Ele já não usava fotos de revistas, só modelos e ele mesmo para criar imagens de dor autoinfligida. Eu o admirava por isso, mas não conseguia entender a brutalidade. Era difícil para mim associá-la ao menino que eu conhecera.

E, no entanto, quando vi o trabalho de Robert, suas imagens não estavam dizendo: "Sinto muito, meu pau está para fora". Ele nunca pede desculpas, e não quer que ninguém peça. Ele queria que seus modelos se sentissem bem com suas fotografias, fosse um sadomasoquista enfiando pregos no pau ou uma glamourosa socialite. Ele queria que todos os seus modelos se sentissem confiantes com a relação.

Ele não achava que seu trabalho era para todo mundo. Quando expôs pela primeira vez suas fotografias mais explícitas, elas ficaram em uma pasta com um X, dentro de uma redoma de vidro, para maiores de dezoito anos. Não achava que era importante esfregar essas imagens na cara das pessoas, exceto na minha, quando queria me provocar.

Quando perguntei o que o levara a fazer aquelas imagens, disse que alguém tinha que fazer, e podia muito bem ser ele. Ele desfrutava de uma posição privilegiada para presenciar atos de sexo consensual extremo e seus modelos confiavam nele. Sua missão não era revelar, mas documentar um aspecto da sexualidade como arte, como nunca havia sido feito. O que mais estimulava Robert como artista era produzir algo que ninguém houvesse feito antes.

Isso não alterava o modo como se comportava comigo. Mas eu me preocupava com ele, pois às vezes parecia estar se encaminhando para um lugar

Long Island Rail Road, 1974

mais obscuro, mais perigoso. Nos melhores momentos, nossa amizade era um refúgio de todo o resto, onde ele podia se esconder ou se encolher como um filhote de cobra exausto.

"Você devia cantar mais", Robert dizia quando eu cantava para ele alguma música de Piaf ou velhas canções de que ambos gostávamos. Lenny e eu tínhamos algumas músicas e estávamos formando um repertório, mas nos sentíamos presos. Víamos os poemas como elementos de transição para um padrão rítmico a partir do qual poderíamos criar os refrões. Embora precisássemos ainda encontrar a pessoa certa, achamos que um piano combinaria com nosso estilo, por ser tanto percussivo quanto melódico.

Jane Friedman nos cedeu uma das pequenas salas que tinha no andar que alugava em cima do Victoria Theatre na Forty-second Street com Broadway. Ali havia um velho piano de parede, e, no Dia de São José, convidamos alguns tecladistas para ver se conseguíamos arranjar a terceira pessoa. Eram todos talentosos, mas não se entrosaram com nosso estilo idiossincrático. O melhor, dizem as Escrituras, fica para o fim. Richard Sohl, mandado por Danny Fields, entrou na sala usando uma camiseta listrada de gola canoa, calça de linho amarrotada e metade do rosto coberta por uma cabeleira loira cacheada. A beleza e o jeito lacônico não esconderam o fato de que se tratava de um talentoso pianista. Enquanto ele se aquecia ao piano, Lenny e eu olhamos um para o outro, pensando a mesma coisa. Sua presença lembrou-nos o personagem Tadzio de *Morte em Veneza*.

"O que vai ser?", ele perguntou casualmente, e começou a tocar uma miscelânea que ia de Mendelssohn e Marvin Gaye a "MacArthur Park". Richard Sohl tinha dezenove anos, formação clássica, mas a simplicidade de um músico verdadeiramente seguro que não precisava exibir seu conhecimento. Ficava tão feliz tocando uma sequência repetitiva de três acordes quanto uma sonata de Beethoven. Com Richard fomos capazes de transitar tranquilamente entre o improviso e a canção. Era intuitivo e inventivo, capaz de nos propiciar um campo que Lenny e eu tínhamos a liberdade de explorar com a nossa linguagem. Chamamos de "três acordes com a força da palavra".

No primeiro dia da primavera ensaiamos com Richard para nossa estreia como trio. O Reno Sweeney's tinha um clima agitado, pseudoelegante, que não combinava muito com nossas apresentações desregradas e heréticas, mas era um lugar para tocar: éramos indefinidos e não podíamos ser definidos pelos outros. Mas, toda vez que tocávamos, vinha gente nos ver, e esse número foi aumentando e nos estimulando a continuar. Embora deixássemos o gerente maluco, ele foi generoso o bastante a ponto de nos dar cinco noites seguidas com Holly Woodlawn e Peter Allen.

No final da semana, era um Domingo de Ramos, os dois já éramos três, e Richard Sohl tinha virado DNV, *Death in Venice*, nosso menino de cabelos dourados.

Os astros faziam fila para entrar no Ziegfeld Theatre para a esfuziante estreia do filme *Ladies & gentlemen, the Rolling Stones*. Eu estava animada. Lembro que era Páscoa e estava com um vestido vitoriano de veludo preto com gola de renda branca. Depois, Lenny e eu fomos para o centro, nossa carruagem virou abóbora, e nossas roupas, trapos. Paramos na frente de um barzinho na Bowery chamado CBGB. Havíamos prometido ao poeta Richard Hell que passaríamos para ver a banda em que ele tocava baixo, o Television. Não fazíamos ideia do que esperar, mas fiquei me perguntando como seria a abordagem de outro poeta do rock and roll.

Eu costumava ir àquele trecho da Bowery para visitar William Burroughs, que morava a poucos quarteirões do bar, em um lugar chamado Bunker. Era a rua dos bêbados, e eles costumavam fazer fogo em grandes latões de lixo para manter o calor, cozinhar ou acender seus cigarros. Dava para ver da rua essas fogueiras acesas perto da porta de William, como vimos naquela bela noite pascal.

O CBGB era um salão comprido e estreito com um bar do lado direito, iluminado pelos luminosos de propaganda de várias marcas de cerveja. O palco era baixo, do lado esquerdo, ladeado por murais de fotografias de beldades da virada do século em trajes de banho. Passando o palco, havia uma mesa de bilhar, e, nos fundos, uma cozinha engordurada e uma sala onde o dono, Hilly Krystal, trabalhava e dormia com seu galgo persa, Jonathan.

A banda tinha um lado áspero, a música era errática, rígida e emotiva. Gostei de tudo, dos movimentos espasmódicos, dos floreios jazzísticos do baterista, das estruturas musicais desconexas e orgásmicas. Senti uma afinidade com o estranho guitarrista da direita. Era alto, cabelo cor de palha, e seus dedos compridos e graciosos davam a volta na guitarra como se fossem estrangulá-la. Tom Verlaine definitivamente havia lido *Uma temporada no inferno*.

Entre as entradas da banda, Tom e eu não conversamos sobre poesia, mas sobre os bosques de Nova Jersey, as praias desertas de Delaware e discos voadores pairando nos céus do Oeste. Descobrimos que havíamos sido criados a menos de vinte minutos um do outro, ouvimos os mesmos discos, vimos os mesmos desenhos animados, e ambos adorávamos *As mil e uma noites*. Terminado o intervalo, o Television voltou ao palco. Richard Lloyd pegou sua guitarra e dedilhou a abertura de "Marquee moon".

Era um mundo distante do Ziegfeld. A ausência de glamour tornava tudo mais familiar, um lugar que podíamos chamar de nosso. Quando a banda estava tocando, dava para ouvir o som do taco de bilhar espalhando as bolas, o cachorro latindo, garrafas se chocando, sons de uma cena que emergia. Sem que ninguém soubesse, as estrelas estavam se alinhando, os anjos estavam chamando.

O sequestro de Patty Hearst dominou o noticiário naquela primavera. Ela havia sido raptada em seu apartamento, em Berkeley, e feita refém de um grupo de guerrilheiros urbanos chamado Exército Simbiótico de Libertação. Senti-me atraída por essa história em parte devido à fixação de minha mãe pelo sequestro do filho de Lindbergh e seu medo, depois disso, de que suas crianças fossem roubadas. As imagens do aviador abatido pela tristeza e do pijama ensanguentado de seu filho loiro assombrou minha mãe pelo resto da vida.

No dia 15 de abril, Patty Hearst foi vista por uma câmera de segurança com uma arma, na companhia de seus sequestradores, em um roubo a banco em São Francisco. Posteriormente, foi divulgada uma fita em que ela declarava sua lealdade ao Exército Simbiótico de Libertação com a seguinte frase: "Digam a todo mundo que eu me sinto livre e forte e mande minhas saudações e meu amor a todas as irmãs e irmãos que estão por aí". Algo nessas palavras, ampliado por nosso prenome comum, levou-me a reagir ao seu pedido tão complicado. Lenny, Richard e eu misturamos minha reflexão sobre o que acontecera com ela com a versão de Jimi Hendrix de "Hey Joe". A ligação entre Patty Hearst e "Hey Joe" estava na própria letra, alguém fugindo e gritando "eu me sinto tão livre".

Andávamos pensando em fazer um compacto, para ver se o efeito que conseguíamos ao vivo podia ser traduzido em um disco. Lenny sabia como produzir e imprimir um compacto, e, quando Robert se ofereceu para entrar com o dinheiro, marcamos horário no estúdio de Jimi Hendrix, o Electric Lady. Em homenagem a Jimi, resolvi gravar "Hey Joe".

Queríamos acrescentar mais uma guitarra que pudesse representar o desejo desesperado de liberdade, então chamamos Tom Verlaine para se juntar a nós. Adivinhando como conquistar a sensibilidade de Tom, pus uma roupa que achei que um menino de Delaware entenderia: sapatilhas de balé pretas, calça capri de xantungue rosa, minha capa de chuva de seda verde e uma sombrinha roxa, e entrei no Cinemabilia, onde ele trabalhava meio período. A loja era especializada em antigas fotos de cinema, roteiros e biografias, que iam de Fatty Arbuckle a Hedy Lamarr e Jean Vigo. Se meu figurino impressionou Tom ou não, jamais saberei, mas o fato é que ele concordou entusiasticamente em gravar conosco.

Gravamos no estúdio B com uma pequena aparelhagem de oito canais nos fundos do Electric Lady. Antes de começarmos, sussurrei "Oi, Jimi" ao microfone. Depois de uma ou duas tentativas frustradas, Richard, Lenny e eu, tocando juntos, conseguimos gravar nossa parte, e Tom gravou por cima dois canais de um solo de guitarra. Lenny mixou os dois em uma faixa-guia, e depois acrescentou um tambor grave. Foi a primeira vez que usamos percussão.

Robert, nosso produtor executivo, veio acompanhar e assistiu a tudo ansiosamente da sala de controle. Ele deu a Lenny um anel de caveira de prata para celebrar a ocasião.

Depois que gravamos "Hey Joe", tínhamos ainda quinze minutos. Resolvi tentar fazer "Piss Factory". Eu ainda tinha o original datilografado do poema que Robert recolhera do chão na Twenty-third Street. Na época era um hino pessoal sobre me desvencilhar do tédio de ser uma operária, fugindo para Nova York. Lenny improvisou sobre a parte gravada de Richard, e eu declamei o poema. Terminamos exatamente à meia-noite.

Robert e eu paramos diante de um dos murais de alienígenas da entrada do Electric Lady. Ele parecia mais do que satisfeito, mas não resistiu a me provocar só um pouquinho. "Patti", disse, "você não fez nada que a gente pudesse dançar."

Falei que deixaria isso para as Marvelettes.

Lenny e eu criamos o projeto do disco. Chamamos nosso selo de Mer. Imprimimos 1500 cópias em uma pequena fábrica na Ridge Avenue em Filadélfia e distribuímos em livrarias e lojas de discos, onde eram vendidos a dois dólares cada um. Jane Friedman podia ser encontrada na entrada dos nossos shows, vendendo-os com uma sacola de compras. De todos os lugares, nossa maior fonte de orgulho foi ouvi-lo na jukebox do Max's. Ficamos surpresos ao descobrir que nosso lado B, "Piss Factory", era mais popular do que "Hey Joe", inspirando-nos a nos concentrar mais em nosso próprio trabalho.

A poesia continuaria sendo meu princípio orientador, mas eu tinha em mente um dia satisfazer o desejo de Robert.

Agora que eu já experimentara haxixe, Robert, sempre protetor, achou que não haveria problemas se viajasse de ácido com ele. Foi minha primeira vez e, enquanto esperávamos a droga fazer efeito, ficamos sentados na minha saída de incêndio, que dava para a MacDougal Street.

"Você quer fazer sexo?", ele me perguntou. Fiquei surpresa e gostei de saber que ele ainda desejava ficar comigo. Antes que eu respondesse, Robert pegou minha mão e disse: "Desculpa".

Naquela noite descemos a Cristopher Street andando até o rio. Eram duas da manhã, havia greve de coletores de lixo, e dava para ver os ratos correndo à luz dos postes de rua. Conforme nos aproximávamos da água, cruzamos com um rebuliço de bichas, barbudos de saiote, santos e anjos de roupas de couro. Eu me senti o pastor viajante em *O mensageiro do Diabo*. Tudo ganhou um ar sombrio, o cheiro de óleo de patchuli, solventes voláteis e amônia. Fui ficando cada vez mais agitada.

Robert parecia se divertir. "Patti, você devia sentir amor por todo mundo." Mas não consegui relaxar. Tudo parecia muito fora de controle, envolvido por auras laranja, rosa e verde-limão. Era uma noite quente e abafada. Sem lua ou estrelas, reais ou imaginárias.

Ele passou o braço pelos meus ombros e me levou andando para casa. Estava quase amanhecendo. Demorei algum tempo para entender a natureza daquela viagem, a visão demoníaca da cidade. Sexo aleatório. Rastros de purpurina cintilando em braços musculosos. Medalhas católicas arrancadas de pescoços barbeados. Um fabuloso festival do qual eu não consegui participar.

Não criei nada naquela noite, mas as imagens das Cockettes e Wild Boys correndo logo se transformariam na visão de um menino em um corredor, bebendo um copo de chá.*

William Burroughs era ao mesmo tempo velho e jovem. Parte xerife, parte detetive. Totalmente escritor. Tinha um armário de remédios que deixava sempre trancado, mas, se você estivesse com alguma dor, ele abria. Se você estivesse fraco, ele dava comida. Ele aparecia na sua porta com um peixe embrulhado em jornal e fritava para você. Era inacessível para uma garota, mas eu o amava mesmo assim.

Ele vivia no Bunker com sua máquina de escrever, sua espingarda e seu sobretudo. De quando em quando ele punha o casaco, aparecia na nossa frente e tomava o lugar na mesa que havíamos reservado para ele na beira do palco. Robert, com sua jaqueta de couro, costumava sentar com ele. Johnny e o cavalo.**

Estávamos bem no meio de uma temporada de várias semanas no CBGB que havia começado em fevereiro e se prolongaria até a primavera. Dividíamos a noite com o Television, como havíamos feito no Max's no verão anterior, fazendo duas entradas alternadas de quinta a domingo. Era a primeira vez que tocávamos regularmente como uma banda, e isso ajudou a definir a narrativa interna que ligava as várias correntes do nosso trabalho.

Em novembro tínhamos ido com Jane Friedman a Los Angeles para nossos primeiros shows no Whisky a Go Go, onde os Doors tinham tocado, e depois a São Francisco. Tocamos no andar de cima da Rather Ripped Records em Berkeley, e na noite das audições no Fillmore West com Jonathan Richman na bateria. Foi a primeira vez que estive em São Francisco, e fizemos uma peregrinação à livraria City Lights, cuja vitrine estava cheia de livros de nossos amigos. Foi durante essa primeira excursão fora de Nova York que resolvemos acrescentar mais um guitarrista para expandir nosso som. Escutávamos nas nossas cabeças coisas que não conseguíamos realizar como um trio.

Quando voltamos a Nova York, pusemos um anúncio no *Village Voice*

---

* Alusão à primeira parte da letra de "Land", do disco *Horses* (1975). (N. T.)
** Alusão à letra de "Land", do disco *Horses* (1975). (N. T.)

procurando um guitarrista. A maioria dos guitarristas que apareceu já parecia saber o que queria fazer, ou como gostaria de soar, e quase nenhum deles, homens, muito interessado em ter uma garota como líder. Encontrei meu terceiro homem em um atraente tcheco-eslovaco. Em sua aparência e no estilo musical, Ivan Kral mantinha a tradição e a promessa do rock assim como os Rolling Stones celebravam o blues. Ele havia sido um astro pop em ascensão em Praga, mas seus sonhos foram arruinados quando seu país natal fora invadido pela Rússia em 1968. Fugindo com a família, foi obrigado a começar do zero. Era bem-disposto e tinha uma cabeça aberta, pronto para ampliar nosso conceito, rapidamente desenvolvido, de como devia ser o tal rock and roll.

Nós nos víamos como os Filhos da Liberdade com uma missão de preservar, proteger e projetar o espírito revolucionário do rock and roll. Temíamos que a música que sempre nos sustentara estivesse correndo o risco de subnutrição espiritual. Temíamos que perdesse seu propósito, temíamos que caísse em mãos aburguesadas, temíamos que patinasse no lodo do espetáculo, das finanças e da complexidade técnica insossa. Vinha-nos a lembrança da imagem de Paul Revere, cavalgando pela noite americana, acordando as pessoas, incitando a que pegassem em armas. Nós também pegaríamos em armas, as armas da nossa geração, a guitarra elétrica e o microfone.

O CBGB era o lugar ideal para fazer soar nossas trombetas. Era um clube na rua dos oprimidos que atraía uma gente estranha que gostava de artistas ainda desconhecidos. A única coisa que Hilly Krystal exigia de quem tocava lá era que fosse novo.

Do final do inverno ao retorno da primavera, lutamos e conseguimos continuar até que encontramos nosso ritmo. Quando tocávamos, as músicas ganhavam vida própria, muitas vezes refletindo a energia do público, a atmosfera, nossa confiança crescente e os eventos que ocorriam em nosso território imediato.

São muitas as coisas de que me lembro dessa época. Do cheiro de mijo e cerveja. Das frases entrelaçadas das guitarras de Richard Lloyd e Tom Verlaine ao tocarem "Kingdom come". De apresentar uma versão de "Land" que Lenny chamou de "zona flamejante", com Johnny incendiando seu próprio rastro, correndo para mim na noite ácida em que os meninos selvagens reinavam, do vestiário ao mar das possibilidades, como que canalizado da terceira e da quarta mente de Robert e William sentados em nossa frente.* Da presença de Lou Reed, cuja exploração de poesia e rock and roll serviu a todos nós. Da linha tênue entre o palco e a plateia e dos rostos de todo mundo que nos apoiou. De Jane Friedman esfuziante ao nos apresentar a Clive Davis, presidente da Arista Records. Ela percebera corretamente a ligação entre ele, seu selo e nós. E de, no fim de cada noite, parar em frente ao toldo com as letras CBGB & OMFUG e ver os rapazes carregando nosso singelo equipamento no porta-malas do Impala 64 de Lenny.

Na época, Allen excursionava tanto com o Blue Öyster Cult que algumas pessoas me perguntavam como eu conseguia continuar fiel a alguém que quase nunca estava em casa. A verdade é que eu gostava mesmo dele, e achava que a nossa comunicação era forte o bastante para superar suas longas ausências. Esses prolongados períodos sozinha me deram o tempo e a liberdade para ir atrás do meu crescimento artístico, mas, conforme o tempo foi passando, revelou-se que a confiança que eu achava que compartilhávamos havia sido violada várias vezes, pondo-nos em risco e comprometendo a saúde dele. Esse homem gentil, inteligente e aparentemente moderado tinha na estrada um estilo de vida incoerente com o que eu acreditava ser nosso vínculo tranquilo. Por fim isso acabou por destruir nossa relação, mas não o respeito que eu tinha por ele, nem a gratidão que senti pelo bem que me fez enquanto eu adentrava um território inexplorado.

A WBAI era uma emissora importante dos últimos vestígios da revolução no rádio. No dia 28 de maio de 1975, minha banda colaborou com eles fazendo um show beneficente em uma igreja no Upper East Side. Éramos perfeitos para as possibilidades de uma transmissão ao vivo, tanto ideológica como esteticamente. Sem precisarmos nos ater a nenhuma restrição formal, estávamos livres para improvisar, algo raro até mesmo nas estações mais progressistas de FM. Estávamos todos cientes da multidão de pessoas que estaríamos atingindo — foi nossa primeira vez no rádio.

* Alusões à letra de "Land", do disco *Horses* (1975). (N. T.)

Nosso show terminava com uma versão de "Gloria" que tomara forma nos últimos meses, misturando meu poema "Oath" ao clássico de Van Morrison. Tudo começou com o baixo Danelectro cor de cobre de Richard Hell, que compramos dele por quarenta dólares. Minha ideia era tocá-lo, e, como era um instrumento pequeno, achei que fosse conseguir segurá-lo. Lenny me ensinou a tocar um mi, e, quando toquei a nota, declamei o verso: "Jesus morreu pelos pecados de alguém, mas não pelos meus". Eu havia escrito esse verso alguns anos antes como uma declaração de existência, como um voto de responsabilidade pelas minhas próprias ações. Cristo era alguém contra quem valia a pena se rebelar, pois ele era a rebelião em pessoa.

Lenny começou tocando os clássicos acordes do rock, mi, ré, lá, e o casamento dos acordes com o poema me entusiasmaram. Três acordes com a força da palavra. "Esses acordes são de uma música que existe?"

"Simplesmente a mais gloriosa de todas", ele respondeu, atacando "Gloria", e Richard foi atrás.

Com o passar das semanas no CBGB, ficou claro para todos nós que estávamos nos transformando em uma banda de rock and roll. No 1º de Maio, Clive Davis me ofereceu um contrato de gravação com a Arista Records, e no dia 7 assinei. Nós ainda não havíamos posto em palavras, mas, durante o show da WBAI, pudemos sentir a oportunidade se formando. No final improvisado de "Gloria", já havíamos nos entrosado completamente.

Lenny e eu combinávamos ritmo e linguagem, Richard fornecia a cama, e Ivan havia fortalecido nosso som. Estava na hora do próximo passo. Precisávamos encontrar outra pessoa como nós, que não alteraria mas impulsionaria, que seria um de nós. Terminamos nosso show animado com uma súplica coletiva: "Precisamos de um baterista e sabemos que você está aí".

Ele estava mesmo, mais do que podíamos imaginar. Jay Dee Daugherty fizera o nosso som no CBGB usando partes de seu aparelho de som caseiro. Viera originalmente de Santa Barbara para Nova York com o Mumps de Lance Loud. Trabalhava duro, era meio tímido, idolatrava Keith Moon e, com duas semanas de apresentações na WBAI, se tornou parte da nossa geração.

Agora, quando eu entrava em nossa sala de ensaio, não podia deixar de sentir, olhando para nossos equipamentos, que só faziam aumentar, nossos amplificadores Fender, o teclado RMI de Richard e a bateria Ludwig prateada de Jay Dee, o orgulho de ser líder de uma banda de rock and roll.

Nosso primeiro trabalho com bateria foi no Other End, perto de onde eu morava na MacDougal Street. Era só amarrar o cadarço das minhas botas, vestir minha jaqueta e ir andando para o trabalho. O foco dessa vez era nos entendermos com Jay Dee, mas para outras pessoas seria o momento de ver como nos sairíamos com as expectativas que nos cercavam. A presença de Clive Davis conferiu um ar de excitação à noite da estreia da nossa temporada de quatro dias. Quando atravessamos a plateia para subir ao palco, a atmosfera se intensificou, carregada como antes de uma tempestade.

A noite, como diz o ditado, era a cereja do nosso bolo. Tocamos como se fôssemos uma pessoa só, e o pulso e a pegada da banda nos conduziu a outra dimensão. Mas, apesar de toda a agitação à nossa volta, eu podia sentir outra presença, tão certo quanto o coelho sente a do cão de caça. Ele estava lá. Subitamente entendi a origem da eletricidade no ar. Bob Dylan tinha entrado no clube. Saber disso teve um estranho efeito sobre mim. Em vez de abatida, senti o poder, talvez dele; mas senti também meu próprio valor e o valor da minha banda. Para mim, foi como uma noite de iniciação, na qual eu tinha que me tornar completamente eu mesma na presença daquele em quem eu me inspirara.

No dia 2 de setembro de 1975, abri as portas do estúdio Electric Lady. Ao descer as escadas, foi inevitável me lembrar de quando Jimi Hendrix parou por um momento para conversar com uma menina tímida. Entrei no estúdio A. John Cale, nosso produtor, estava na mesa de controle, e Lenny, Richard, Ivan e Jay Dee estavam lá dentro na sala de gravação, ajustando os equipamentos.

Nas cinco semanas seguintes gravamos e mixamos meu primeiro álbum, *Horses*. Jimi Hendrix nunca mais voltou para criar sua nova linguagem musical, mas deixou para trás um estúdio que ressoava todas as suas esperanças do futuro da nossa voz cultural. Essas coisas estavam na minha cabeça desde o momento em que entrei na cabine para gravar a voz. A gratidão que eu sentia pelo rock and roll por ter me ajudado a atravessar uma adolescência difícil. A alegria que sentia ao dançar. A força moral que eu reunia ao me responsabilizar pelas atitudes de alguém.

Essas coisas estão todas entranhadas em *Horses* assim como uma saudação àqueles que pavimentaram o caminho antes de nós. Em "Birdland", embarcamos com o jovem Peter Reich enquanto ele esperava que seu pai, Wilhelm

Reich, descesse do céu e o fizesse nascer. Em "Break it up", Tom Verlaine e eu escrevemos um sonho em que Jim Morrison, amarrado feito Prometeu, de repente se liberta. Em "Land", imagens de meninos gays mescladas com cenários da morte de Hendrix. Em "Elegie", lembrando de tudo, passado, presente, futuro, daqueles que perdemos, estávamos perdendo e acabaríamos perdendo.

Nunca houve dúvida de que Robert faria meu retrato para a capa de *Horses*, minha espada sonora embainhada por uma imagem de Robert. Eu não fazia ideia de como ficaria, apenas que deveria ser verdadeira. A única coisa que prometi a Robert foi que eu usaria uma camisa branca sem nenhuma mancha.

Fui até a loja do Exército da Salvação na Bowery e comprei uma pilha de camisas brancas. Algumas eram grandes demais para mim, mas a que eu realmente gostei estava bem passada e tinha um monograma abaixo do bolso da frente. Lembrou-me uma foto que Brassaï fez de Jean Genet usando camisa branca com monograma e mangas arregaçadas. Havia um rv bordado na minha camisa. Imaginei que pudesse ter sido de Roger Vadim, o diretor de *Barbarella*. Cortei os punhos das mangas para usar por baixo do meu paletó preto enfeitado com o broche de cavalo que Allen Lanier me dera.

Robert queria fotografar no espaço de Sam Wagstaff, porque a cobertura no número 1 da Fifth Avenue era banhada de luz natural. A janela do canto fazia uma sombra que criava um triângulo de luz, e Robert queria usá-lo na fotografia.

Saí da cama e percebi que estava tarde. Corri com meu ritual matutino, fui até a padaria marroquina da esquina, peguei um pão de casca grossa, um ramo de hortelã fresca e um pouco de anchova. Voltei, fervi água com a hortelã dentro. Derramei azeite no pão aberto, nas anchovas, e coloquei-as dentro do pão, jogando um pouco de pimenta vermelha. Servi-me de uma xícara de chá e achei melhor ir vestir minha camisa, sabendo que acabaria deixando cair azeite na frente.

Robert veio me buscar. Ele estava preocupado porque o céu estava muito fechado. Terminei de me vestir: calça preta de pregas, meia branca de linho, sapatilhas pretas. Acrescentei minha fita favorita, e Robert limpou os farelos do meu paletó preto.

Fomos para a rua. Ele estava com fome, mas se recusara a comer meu sanduíche de anchova, então acabamos parando para um mingau com ovos no Pink

Tea Cup. De alguma forma o dia estava passando muito depressa. Estava nublado e escuro, e Robert ficava o tempo todo vendo se o sol saía. Até que, no fim da tarde, o céu começou a abrir. Atravessamos a Washington Square com o céu ameaçando fechar de novo. Robert estava preocupado que fôssemos perder a luz, e fomos correndo o resto do caminho até o número 1 da Fifth Avenue.

A luz já estava esmaecendo. Ele estava sem assistente. Nunca conversávamos sobre o que faríamos, ou como ficaria. Ele faria a foto. Eu seria fotografada.

Eu tinha a imagem na cabeça. Ele tinha a luz na cabeça. Simplesmente.

O apartamento de Sam era espartano, todo branco e quase vazio, com um abacateiro alto junto à janela que dava para a Fifth Avenue. Havia um imenso prisma que refratava a luz, quebrando-a em uma cascata iridescente na parede defronte ao aquecedor branco. Robert posicionou dentro do triângulo. Suas mãos estavam um pouco trêmulas enquanto se aprontava para a foto. Fiquei parada.

As nuvens continuavam indo e vindo. Aconteceu alguma coisa com seu fotômetro, e ele ficou um pouco agitado. Fez algumas fotos.

Largou o fotômetro. Uma nuvem passou e o triângulo desapareceu. Falou: "Sabe, eu realmente gosto da brancura da camisa. Você pode tirar o paletó?".

Joguei o paletó no ombro, tipo Frank Sinatra. Eu era cheia de referências. Ele era cheio de luzes e sombras.

"Voltou", ele disse.

Fez mais algumas fotos.

"Consegui."

"Como você sabe?"

"Eu simplesmente sei."

Ele fez doze fotos naquele dia.

Em poucos dias me mostrou um contato. "Essa aqui tem a mágica", ele disse.

Até hoje quando olho para essa foto, nunca me vejo. Vejo nós dois.

Robert Miller promovia pessoas como Joan Mitchell, Lee Krasner e Alice Neel, e, quando viu meus desenhos no segundo andar da Gotham Bookmart, convidou-me a expor meu trabalho em sua galeria. Andy Brown apoiara meu trabalho por anos e ficou muito contente com essa oportunidade.

Quando visitei a enorme e sofisticada galeria na Fifty-seventh com Fifth Avenue, fiquei na dúvida se eu merecia um espaço daqueles. Senti ao mesmo tempo que não podia fazer uma exposição em uma galeria daquele calibre sem Robert. Perguntei se podíamos expor juntos.

Em 1978, Robert estava imerso na fotografia. Seus quadros elaborados espelhavam sua relação com as formas geométricas. Ele havia feito retratos clássicos, flores especificamente sexuais, e levara a pornografia ao domínio da arte. Sua tarefa então era dominar a luz e obter os pretos mais densos.

Robert era ligado à galeria de Holly Solomon na época, e pediu permissão para expor comigo. Eu não entendia nada da política do mundo da arte; só sabia que devíamos expor juntos. Escolhemos expor um conjunto de trabalhos que enfatizasse a nossa relação: artista e musa, papéis intercambiáveis entre nós.

Robert queria que criássemos algo especial para a Robert Miller Gallery. Começou escolhendo seus melhores retratos meus, ampliando-os em formatos imensos, e estourando a nossa foto em Coney Island em uma tela de mais de 1,80 metro. Desenhei uma série de retratos dele, e resolvi fazer uma série de desenhos baseados em suas fotografias pornográficas. Escolhemos o rapaz urinando na boca do outro, os testículos ensanguentados, e um modelo agachado com roupa de borracha preta. As imagens foram ampliadas em formatos relativamente pequenos e as cerquei de imagens com poemas e completei outras com desenhos a lápis.

Pensamos em fazer um pequeno filme, mas nossos recursos eram limitados. Juntamos nosso dinheiro, e Robert chamou uma estudante de cinema, Lisa Rinzler, para filmar.

Não tínhamos as sequências esboçadas. Simplesmente sabíamos que cada um faria o papel de si mesmo. Quando Robert me chamou para filmarmos na Bond Street, disse que tinha uma surpresa para mim. Estendi um pano no chão, pus o vestido branco que Robert me dera, minhas sapatilhas brancas de balé, sinos indianos de tornozelo, fitas de seda e a Bíblia da família, e amarrei tudo em uma trouxa. Achei que estava pronta para nossa tarefa e fui andando até o loft dele.

Fiquei exultante ao ver o que Robert havia preparado para mim. Foi como voltar à nossa casa no Brooklyn, quando ele transformava a sala em uma instalação viva. Ele havia criado um ambiente mítico, cobrindo as paredes com tule branco e colocando apenas uma estátua de Mefistófeles diante daquele fundo.

Coloquei minha trouxa no chão e Robert sugeriu que tomássemos MDA. Eu não sabia exatamente o que era MDA, mas confiava inteiramente em Robert, e então concordei. Quando começamos a filmar, eu ainda não sabia se estava ou não fazendo efeito. Eu estava muito concentrada no meu papel naquele projeto. Pus meu vestido branco e os sinos de tornozelo, deixando a trouxa aberta no chão. Eis o que passava pela minha cabeça: as Revelações apocalípticas. Comunhão. Anjos. William Blake. Lúcifer. Nascimento. Enquanto eu falava, Lisa ia filmando e Robert fotografava. Ele foi me guiando sem palavras. Eu era um remo na água, e ele era a mão firme.

A certa altura, resolvi arrancar o tule da parede, na verdade destruindo o que ele havia criado. Estiquei o braço, peguei a ponta do tecido e parei, fisicamente paralisada, incapaz de me mover nem falar. Robert correu na minha direção e pôs a mão no meu pulso, segurando-o ali até que eu relaxasse. Ele me conhecia tão bem que, sem dizer uma palavra, me fez entender que estava tudo bem.

O momento passou. Enrolei-me no tule, e olhei para ele, e ele fotografou aquele movimento. Tirei o vestido branco e os sinos dos tornozelos. Vesti mi-

Robert com Lily, *1978*

Patti, Still moving, *1978*

nha jardineira, calcei minhas botas de marechal, minha velha camiseta preta — minhas roupas de trabalho —, guardei todo o resto na trouxa, e pendurei-a no ombro.

Na narração do filme, abordei ideias que Robert e eu costumávamos discutir. O artista busca entrar em contato com sua noção intuitiva dos deuses, mas, para criar seu trabalho, não pode permanecer nesse domínio sedutor e incorpóreo. Ele deve voltar ao mundo material para fazer sua obra. A responsabilidade do artista é equilibrar a comunhão mística com o trabalho criativo.

Deixei para trás Mefistófeles, os anjos e os restos de nosso mundo artesanal, dizendo: "Eu escolho a Terra".

Caí na estrada com a minha banda. Robert telefonava diariamente. "Você está trabalhando na exposição? Você está desenhando alguma coisa?" Ele me ligava de hotel em hotel. "Patti, o que você está fazendo? Está desenhando?" Ele estava tão preocupado que, quando tive uma folga de três dias em Chicago, fui a uma loja de material de arte e comprei várias folhas de papel Arches acetinado, meu papel favorito, e cobri as paredes do quarto do hotel. Colei a foto do rapaz urinando na boca do outro, e fiz vários desenhos baseados nela. Sempre trabalhei em surtos. Quando trouxe os desenhos de volta a Nova York, Robert, a princípio irritado com meu atraso, ficou muito contente com o que viu. "Patti", ele disse, "por que você demorou tanto?"

Robert me mostrou o trabalho que vinha preparando para a exposição enquanto eu estava fora. Ele havia ampliado uma série de cenas do filme. Eu estivera tão absorta pelo meu papel que não me dera conta de que ele fizera tantas fotos. Estavam entre as melhores fotografias que já fizéramos juntos. Ele resolveu chamar o filme de *Still moving*, pois incorporara as fotos na edição final do filme, e criamos uma trilha sonora com meus comentários mixados ao som da minha guitarra elétrica e trechos de "Gloria". Ao fazê-lo, ele reuniu as várias facetas do nosso trabalho — fotografia, poesia, improvisação e performance.

Still moving refletia a visão dele sobre o futuro da expressão visual com música, uma espécie de vídeo musical com validade artística própria. Robert Miller gostou do filme, dando-nos uma salinha para projetá-lo continuamente.

Sugeriu que fizéssemos um pôster, e cada um escolheu uma imagem do outro para reforçar nossa crença em nós mesmos como artista e musa.

Vestimo-nos para a abertura na casa de Sam Wagstaff. Robert pôs uma camisa branca com as mangas arregaçadas, um colete de couro, jeans e sapatos de bico fino. Eu pus uma blusa de seda e calça de pregas. Milagrosamente, Robert gostou da minha roupa. Pessoas de todos os universos de que fizéramos parte desde o Chelsea estavam ali. Rene Ricard, o poeta e crítico de arte, resenhou a exposição e escreveu um texto lindo, chamando nosso trabalho de "O diário de uma amizade". Devo muito a Rene, que sempre me criticava e me estimulava quando eu pensava em parar de desenhar. Enquanto eu olhava os trabalhos com Robert e Rene, naquelas molduras douradas, senti uma grande gratidão por aqueles dois nunca terem me deixado desistir.

Foi nossa primeira e última exposição juntos. Meu trabalho com a banda e a equipe nos anos 70 me afastaria de Robert e de nosso universo. E enquanto eu excursionava pelo mundo tive tempo de refletir que Robert e eu nunca tínhamos viajado juntos. Nunca fomos além de Nova York, exceto pelos livros, e nunca sentamos de mãos dadas em um avião para ascender em um novo céu e descer em uma nova terra.

Mas Robert e eu exploramos a fronteira do nosso trabalho e criamos espaços um para o outro. Quando eu entrava em um palco do mundo sem ele, fechava os olhos e o imaginava tirando sua jaqueta de couro, entrando comigo na terra infinita das mil danças.

Em um final de tarde, estávamos descendo a Eighth Street quando ouvimos "Because the night" tocando nas caixas de som de várias lojas. Era minha parceria com Bruce Springsteen, o compacto do álbum *Easter*. Robert foi nosso primeiro ouvinte depois que gravamos a música. Eu tinha um motivo para isso. Era o que ele sempre quisera de mim. No verão de 1978, a música chegou ao 13º lugar entre os Top 40, realizando o sonho de Robert de que eu um dia tivesse um disco de sucesso.

Robert estava sorrindo e andando no ritmo da música. Pegou um cigarro e acendeu. Havíamos passado por muita coisa desde que ele me salvara do escritor de ficção científica e me pagara um *egg cream* perto da Tompkins Square.

Robert estava descaradamente orgulhoso do meu sucesso. O que ele queria para si mesmo, ele queria para nós dois. Exalou uma coluna perfeita de fumaça, e falou com um tom que só usava comigo — uma bronca perplexa — de admiração sem inveja, nossa linguagem de irmão e irmã.

"Patti", ele falou lentamente, "você ficou famosa antes de mim."

1, Fifth Avenue, 1978

DE MÃOS DADAS COM DEUS

Na primavera de 1979, fui embora de Nova York para começar uma nova vida com Fred Sonic Smith. Por algum tempo, vivemos em um quartinho no Book Cadillac, um hotel histórico e abandonado no centro de Detroit. Não tínhamos bens, exceto as guitarras dele, meus livros mais preciosos e meu clarinete. Assim eu estava vivendo, como fizera com meu primeiro amor, com o homem que escolhi para ser meu último e definitivo. Do homem que se tornaria meu marido, quero apenas dizer que ele era um rei entre os homens e os homens sabiam disso.

Foi difícil partir, mas estava na hora de eu seguir por conta própria. "E nós?", Robert disse de repente. "A minha mãe ainda acha que somos casados."

Eu realmente não tinha pensado nisso. "Acho que você vai ter que dizer que nos divorciamos."

"Não posso dizer isso", ele disse, olhando fixamente para mim. "Católicos não se divorciam."

Em Detroit, sentei no chão para escrever um poema para o Portfólio Y de Robert. Ele me dera um punhado de flores, um buquê de fotografias que preguei na parede. Escrevi sobre o processo de criação, sobre a varinha de radiestesia e a vogal esquecida. Retomei minha vida de cidadã. Ela me levou para longe do mundo que eu conhecera, mas Robert esteve o tempo inteiro na minha consciência; a estrela azul na constelação da minha cosmologia pessoal.

Robert foi diagnosticado com aids ao mesmo tempo que descobri que estava esperando meu segundo filho. Era 1986, final de setembro, e as árvores estavam carregadas de peras. Adoeci com sintomas de gripe, mas meu médico armênio, intuitivo, me disse que eu não estava doente, mas no início de uma gravidez. "O que você sonhou virou realidade", me disse. Mais tarde, sentei impressionada na cozinha e achei que era uma boa hora para telefonar a Robert.

Fred e eu havíamos começado a trabalhar no álbum que se tornaria *Dream of life*, e ele sugeriu que eu pedisse a Robert para me fotografar para a capa. Fazia algum tempo que eu não o via ou falava com ele. Sentei para me preparar, pensando no telefonema que faria, quando o telefone tocou. Eu estava tão concentrada em Robert que por um instante achei que pudesse ser ele. Mas era minha amiga e conselheira jurídica Ina Meibach. Ela disse que tinha más notícias e senti imediatamente que deviam ser sobre Robert. Ele havia sido hospitalizado com uma pneumonia associada à aids. Fiquei atônita. Levei a mão instintivamente à barriga e comecei a chorar.

Todos os medos que eu já abrigara pareceram se materializar subitamente como um veleiro em chamas. Minha premonição de juventude em que Robert se esfarelava na poeira voltou com uma clareza cruel. Vi sua impaciência em obter reconhecimento com outra luz, como se ele houvesse vivido uma vida predeterminada, como a de um jovem faraó.

Ocupei-me de inúmeras pequenas tarefas, pensando no que diria, já que, em vez de telefonar para a casa dele para falar novamente sobre trabalho, eu precisaria ligar para o hospital. Para me acalmar, resolvi ligar primeiro para Sam Wagstaff. Embora não falasse com Sam havia alguns anos, foi como se não houvesse passado tempo algum, e ele ficou contente de falar comigo. Perguntei sobre Robert. "Ele está muito doente, pobrezinho", disse Sam, "mas não está tão ruim quanto eu." Esse foi outro choque, especialmente porque Sam, apesar de mais velho do que nós, sempre foi a pessoa mais viril, imune a qualquer abalo físico. Como era de seu feitio, Sam disse que achava aquela doença, que impiedosamente o atacava por todos os lados, "deveras irritante".

Embora eu estivesse triste porque Sam também estava doente, ouvir sua voz já bastou para que eu tivesse coragem de fazer o segundo telefonema. Quando Robert atendeu, me pareceu fraco, mas sua voz engrossou ao ouvir a minha. Mesmo havendo passado tanto tempo, éramos os mesmos de sempre, ofegantemente completando as frases um do outro. "Eu vou ganhar dessa coisa", ele me disse. Acreditei nele do fundo do coração.

"Vou vê-lo em breve", prometi.

"Você salvou o meu dia, Patti", ele disse ao desligar. Ainda posso ouvi-lo dizendo isso. Posso ouvi-lo até agora.

Assim que Robert ficou bem o bastante para sair do hospital, combinamos um encontro. Fred pegou todas as guitarras e fomos de carro com nosso filho, Jackson, de Detroit a Nova York. Ficamos no Mayflower Hotel e Robert veio nos cumprimentar. Estava usando seu sobretudo de couro, e me pareceu lindíssimo apesar de um pouco corado demais. Pegou minhas tranças compridas e me chamou de Pocahontas. A energia entre nós era tão intensa que parecia atomizar todo o quarto, manifestando uma incandescência que era só nossa.

Robert e eu fomos visitar Sam, que estava na ala destinada a aids do St. Vincent's Hospital. Sam, que outrora era mentalmente hiperalerta, de pele reluzente e corpo musculoso, jazia ali agora mais ou menos inerte, entre o sono e a consciência. Estava com carcinoma, e seu corpo estava coberto de feridas.

Robert estendeu a mão, e Sam afastou-a. "Não seja tolo", Robert censurou-o, e delicadamente pegou a mão dele. Cantei a Sam a canção de ninar que Fred e eu tínhamos feito para nosso filho.

Fui andando com Robert até seu novo loft. Ele já não morava na Bond Street, mas em um espaçoso estúdio em um edifício art déco na Twenty-third Street, a duas quadras do Chelsea. Ele estava otimista e seguro de que iria sobreviver, contente com seu trabalho, seu sucesso e seus bens. "Eu fiz tudo certo, não foi?", disse ele com orgulho. Percorri a sala com os olhos: um Cristo de marfim, um mármore branco de um Cupido adormecido; cadeiras e um gabinete Stickley; uma coleção de vasos Gustavsberg raros. A escrivaninha, para mim, coroava o conjunto de seus bens. Desenhada por Gio Ponti, era lavrada em nó de imbuia clara com uma superfície para escrever apoiada em cantiléver. Compartimentos revestidos de madeira zebrada expunham, como em um altar, pequenos talismãs e canetas-tinteiro.

Acima da escrivaninha havia um tríptico de ouro e prata com a fotografia que ele fizera de mim em 1973 para a capa de *Witt*. Ele escolhera a que tinha a expressão mais pura, revertendo o negativo e criando uma imagem espelhada, centralizada, com um filtro roxo. O roxo havia sido a nossa cor, a cor do colar persa.

"Sim", falei. "Você fez tudo certo."

Nas semanas seguintes, Robert me fotografou diversas vezes. Durante uma das últimas sessões usei meu vestido preto favorito. Ele me deu uma borboleta azul empalhada em um alfinete de cabeça de vidro. Fez uma Polaroid colorida. Tudo em preto e branco compensado por uma borboleta iridescente, um símbolo da imortalidade.

Como sempre, Robert estava entusiasmado para me mostrar seu novo trabalho. Grandes cópias em platina sobre tela, lírios positivados em *dye transfers*. A imagem de Thomas e Dovanna, um homem negro nu abraçado, como que dançando, com uma mulher de branco cercada por painéis de cetim branco moiré. Ficamos vendo a peça que tinha acabado de chegar, na moldura que ele desenhara: Thomas em uma pose atlética dentro de um círculo preto, sobre um painel de pele de oncinha. "É genial, não?", ele disse. O tom de sua voz, a familiaridade daquelas palavras naquela conversa em particular, me deixaram sem ar. "Sim, é genial."

Ao retomar o padrão da minha vida diária em Michigan, senti saudade da presença de Robert; eu tinha saudade de nós dois. O telefone, que eu normalmente evitava, tornou-se nossa ligação vital e passamos a nos falar sempre, ainda que às vezes as conversas fossem dominadas pela tosse de Robert, cada vez pior. No meu aniversário, ele expressou sua preocupação com Sam.

Na noite do ano-novo, liguei para Sam. Ele havia acabado de receber uma transfusão de sangue e parecia bastante confiante. Disse que se sentia transformado em um homem que conseguiria superar aquilo. Eterno colecionador, queria voltar ao Japão, por onde ele e Robert haviam passeado, pois vira um conjunto de chá com uma caixa de laca azul-celeste que queria muito. Pediu que eu cantasse de novo a canção de ninar e eu cantei.

Quando estávamos quase nos despedindo, Sam me deu de presente mais uma de suas histórias infames. Sabendo do meu amor pelo grande escultor, ele contou: "Peggy Guggenheim me disse uma vez que, quando Brancusi fazia amor, não deixava encostar na barba dele".

"Vou me lembrar disso", respondi, "quando me encontrar com ele no céu."

No dia 14 de janeiro, recebi uma ligação angustiada de Robert. Sam, seu amor e mecenas, estava morto. Haviam passado por mudanças dolorosas em sua relação, e superado as línguas ferinas e a inveja alheia, mas não foram capazes de sobreviver à maré do destino terrível que lhes coube sofrer. Robert ficou arrasado com a perda de Sam, a fortaleza de sua vida.

A morte de Sam também lançou uma sombra sobre as esperanças de Robert quanto à sua própria recuperação. Para consolá-lo, escrevi a letra que Fred musicou de "Paths that cross", uma espécie de canção sufi em memória de Sam. Embora Robert tenha ficado grato pela canção, eu sabia que um dia talvez usasse aquelas palavras para mim mesma. *Caminhos que se cruzam voltarão a se cruzar.*

Voltamos para Nova York no Dia dos Namorados. Robert vinha se sentindo febril às vezes e tendo distúrbios de estômago recorrentes, mas ainda estava extremamente ativo.

Passei boa parte dos dias seguintes gravando com Fred na Hit Factory. Estávamos com uma agenda apertada, pois minha gravidez vinha se tornando cada vez mais pronunciada, e ficava difícil cantar. Eu estava sendo esperada no estúdio quando Robert me ligou, muito aflito, para dizer que Andy Warhol havia morrido.

"Ele não devia morrer", exclamou, algo desesperado e petulante, como uma criança mimada. Mas eu podia ouvir outros pensamentos fluindo entre nós.

Nem você.

Nem eu.

Não falamos nada. Desligamos com relutância.

Estava nevando quando passei pela igreja fechada por um portão de ferro. Reparei que estava rezando ao ritmo dos meus pés. Apressei-me. Fazia uma noite bonita. A neve, que antes caíra de leve, agora caía com força. Enrolei-me em meu casaco. Eu estava no quinto mês, e o bebê se mexia dentro de mim.

Estava quente e iluminado dentro do estúdio. Richard Sohl, meu amado pianista, deixou seu posto para me fazer um café. Os músicos reunidos. Era nossa última noite em Nova York antes da chegada do bebê. Fred disse alguma coisa sobre a morte de Warhol. Gravamos "Up there down there". No meio da música me veio a imagem de um cisne-trombeteiro, o cisne da minha infância.

Saí noite afora. A neve havia parado de cair e parecia que toda a cidade, em homenagem a Andy, estava coberta por uma pacífica camada de neve — branca e esvoaçante como o cabelo de Warhol.

Nós todos voltamos a nos encontrar em Los Angeles. Robert, que visitava seu irmão mais novo, Edward, resolveu fazer a foto da capa lá mesmo, enquanto Fred e eu trabalhávamos para terminar o álbum com nosso coprodutor, Jimmy Iovine.

Robert estava pálido e suas mãos tremiam enquanto arrumava tudo para fazer o retrato na frente de uma touceira de palmeiras secas em pleno sol. Quando ele deixou cair o fotômetro, Edward se ajoelhou para pegá-lo do chão. Robert não estava se sentindo bem, mas de alguma forma juntou forças e fez a foto. Naquele momento, além de confiança, compaixão, havia nossa mútua noção de ironia. Ele trazia a morte dentro de si e eu trazia a vida. Ambos sabíamos disso, tenho certeza.

Foi uma fotografia simples. Meu cabelo trançado como o de Frida Kahlo. O sol nos meus olhos. E eu olhando para Robert ainda vivo.

Mais tarde, Robert foi à sessão de gravação da canção de ninar que Fred e eu fizéramos para nosso filho, Jackson. Foi a música que cantei para Sam Wagstaff. Havia uma alusão a Robert no segundo verso: "Estrelinha azul que oferece a luz". Ele sentou no sofá da sala de controle. Nunca vou esquecer. Era dia 19 de março, aniversário da minha mãe.

Richard Sohl estava ao piano, eu de frente para ele. Estávamos gravando ao vivo. O bebê se mexendo dentro de mim. Richard perguntou a Fred se ele tinha alguma orientação especial. "Faça-os chorar, Richard", foi tudo o que disse. Da primeira, não deu certo, então demos tudo na segunda vez. Quando terminei, Richard repetiu os acordes finais. Olhei pelo vidro da janela da sala de controle. Robert tinha adormecido no sofá, e Fred estava de pé sozinho, chorando.

No dia 27 de junho de 1987, nossa filha, Jesse Paris Smith, nasceu em Detroit. Um duplo arco-íris apareceu no céu e me senti otimista. No Dia de Todos os Santos, prestes a terminar o disco adiado, fizemos novamente as

Última polaroide, 1988

malas e fomos com nossas duas crianças de carro até Nova York. Durante a longa viagem, pensei em ver Robert e imaginei-o segurando minha filha.

Robert estava comemorando seu aniversário de 41 anos em seu loft com champanhe, caviar e orquídeas brancas. Naquela manhã sentei-me diante da escrivaninha do Mayflower Hotel e escrevi para ele a canção "Wild leaves", mas não lhe mostrei. Embora estivesse tentando escrever algo imortal, pareceu-me mortal demais tudo aquilo.

Alguns dias depois, Robert me fotografou usando a jaqueta de aviador de Fred para a capa do projeto de um compacto com "People have the power". Quando Fred viu a foto, falou: "Não sei como ele faz isso, mas, em todas as fotos que fez de você, você está se parecendo com ele".

Robert queria muito fazer nosso retrato de família. Na tarde em que chegamos, ele estava bem-vestido e bem-humorado, embora saísse a todo instante da sala, tomado por uma onda de enjoos. Fiquei observando, impotente, enquanto ele, sempre estoico, disfarçava seu sofrimento.

Ele só fez algumas fotografias, mas afinal, como sempre, era só o que precisava fazer. Retratos animados de Jackson, Fred e eu juntos, nós quatro, e depois, quase na hora de ir embora, ele nos deteve. "Um minuto. Deixe-me fazer uma de você com a Jesse."

Segurei Jesse em meus braços, e ela se ofereceu para ir com ele, sorrindo. "Patti", ele disse, apertando o disparador. "Ela é perfeita."

Foi nossa última fotografia.

Aparentemente, Robert tinha tudo o que sempre desejara. Certa tarde, sentamos em seu loft, cercados pelas provas de seu sucesso aburguesado. O estúdio perfeito, objetos sofisticados e recursos para realizar tudo o que inventasse. Ele agora era um homem; embora em sua presença eu sempre me sentisse uma garota. Deu-me alguns metros de linho indiano, um caderno e um corvo de papel machê. Coisinhas que guardara durante a nossa longa separação. Tentamos preencher os vazios: "Eu punha músicas do Tim Hardin para os meus amantes e contava de você. Fiz fotos para uma tradução de *Uma temporada no inferno* por sua causa". Eu disse que ele estava sempre comigo, era parte de quem eu sou, assim como ainda é neste exato momento.

Sempre protetor, ele jurou, como fizera um dia em nossa casa da Twenty-third Street, que se fosse preciso poderíamos morar juntos. "Se acontecer alguma coisa com o Fred, por favor, não se preocupe. Estou comprando uma casa, uma dessas de arenito como a de Warhol. Vocês podem vir morar comigo. Eu ajudo a criar as crianças."

"Não vai acontecer nada com o Fred", garanti. Ele virou o rosto.

"A gente nunca teve filho", disse ele, sentido.

"Nossos filhos foram nosso trabalho."

Já não lembro a cronologia exata daqueles últimos meses. Parei com o diário, talvez sem coragem. Fred e eu ficamos indo e voltando, entre Detroit e Nova York, por conta do nosso trabalho e por causa de Robert. Ele estava lutando. Trabalhando. Hospitalizado outra vez. E por fim seu loft se tornou um leito de hospital.

Partir é sempre lancinante. Eu vivia assombrada pela ideia de que se eu ficasse por perto ele sobreviveria. Mas, ao mesmo tempo, às voltas com uma resignação cada vez maior. Senti vergonha por isso, pois o próprio Robert vinha lutando como se pudesse sarar só com sua força de vontade. Tentara de tudo, de ciência a vodu, tudo menos rezar. Isso, pelo menos, eu podia lhe fornecer em abundância. Rezei por ele incessantemente, uma oração desesperada. Não por sua vida, ninguém podia livrá-lo desse destino, mas para que ele tivesse força de suportar o insuportável.

Em meados de fevereiro, tomada de uma súbita sensação de urgência, pegamos um avião para Nova York. Fui visitar Robert sozinha. Parecia tudo silencioso. Percebi que era a ausência daquela tosse terrível. Passei por sua cadeira de rodas vazia. A imagem de Lyn Davis de um iceberg, erguendo-se como um torso humano torneado pela natureza, dominava a parede. Ele tinha um gato branco, uma cobra branca, e havia um folheto de um aparelho de som branco sobre a mesa branca que ele mesmo desenhara. Reparei que ele havia acrescentado um quadrado branco sobre o fundo preto onde ficava o Cupido adormecido.

Não havia ninguém ali exceto a enfermeira, e ela nos deixou a sós. Sentei na beira da cama e segurei a mão dele. Ficamos assim por um longo tempo, sem falar nada. De repente ele me olhou e disse: "Patti, será que a arte nos entendeu?".

Virei o rosto, sem querer pensar naquilo. "Eu não sei, Robert. Não sei."

Talvez tivesse, mas ninguém podia se lamentar por isso. Só um tolo lamentaria ser compreendido pela arte; ou um santo. Robert pediu minha ajuda para levantar, e hesitou. "Patti", disse ele, "estou morrendo. É muito doloroso."

Ele olhou para mim, com seu olhar de amor e censura. Meu amor por ele não podia salvá-lo. Seu amor pela vida não podia salvá-lo. Foi a primeira vez que entendi de verdade que ele ia morrer. Vinha sofrendo um tormento físico que nenhum homem deveria sofrer. Olhou para mim com tamanho pedido de desculpas que não aguentei e rompi em prantos. Ele me censurou por isso, e me abraçou. Tentei me recompor, mas era tarde demais. Eu não tinha mais nada para oferecer além de amor. Ajudei-o a chegar ao sofá. Sorte que ele não tossiu, e adormeceu com a cabeça no meu ombro.

A luz entrava pelas janelas sobre suas fotografias e o poema de nós dois juntos pela última vez. Robert morrendo: criando silêncio. Eu, destinada a viver, ouvindo atentamente um silêncio que demoraria uma vida para expressar.

Querido Robert,

Sempre que estou na cama acordada me pergunto se você também está acordado na cama. Você está com alguma dor ou se sentindo sozinho? Você me tirou do período mais negro da minha juventude, dividindo comigo o mistério sagrado do que é ser artista. Aprendi a ver com você e nunca faço um verso ou desenho uma curva que não venha do conhecimento que consegui durante nosso valioso tempo juntos. O seu trabalho, oriundo de uma fonte fluida, remonta à canção nua da sua juventude. E você fala em ficar de mãos dadas com Deus. Lembre-se, aconteça o que acontecer, você sempre esteve segurando essa mão, aperte-a com força, Robert, não solte.

Na outra tarde, quando você dormiu no meu ombro, eu também cochilei. Mas antes pensei em dar uma olhada nas suas coisas e no seu trabalho e, passando por anos de trabalho na minha cabeça, vi que, de todos os seus trabalhos, você ainda é o mais bonito. O trabalho mais lindo de todos.

Patti

★

Ele seria uma capa comprida, uma pétala de veludo. Não era o pensamento mas a forma do pensamento que o atormentava. Entrava nele como um espírito horrível e fazia seu coração bater pesado, descompassado, sua pele vibrar e ele se sentir sob uma máscara fantasmagórica, sensual mas sufocante.

Achei que fosse estar com ele quando morreu, mas não estava. Acompanhei as etapas de sua passagem até quase onze horas, quando soube dele pela última vez, respirando com tanta força que obscurecia a voz do irmão ao telefone. Por algum motivo, esse som me encheu de uma estranha felicidade quando subi as escadas para ir dormir. Ele ainda está vivo, pensei. Ele ainda está vivo.

Robert morreu no dia 9 de março de 1989. Quando seu irmão telefonou naquela manhã, eu estava calma, pois sabia o que estava por vir, quase na hora exata. Sentei e ouvi uma ária da *Tosca* com um livro aberto no colo. De repente percebi que estava tremendo. Fui tomada por uma excitação, uma aceleração, como se, devido à proximidade do que experimentei com Robert, pudesse tomar parte em sua nova aventura, no milagre da sua morte.

Essa louca sensação permaneceu comigo por alguns dias. Sabia que era impossível detectá-la. Mas talvez minha tristeza fosse mais aparente do que eu imaginava, pois meu marido fez nossas malas e fomos de carro para o sul. Encontramos um hotel perto da praia e passamos ali o feriado da Páscoa. Passeando pela praia deserta, usei minha blusa preta. Com a assimetria daquelas dobras espaçosas eu me sentia uma princesa ou uma monja. Sei que Robert teria gostado dessa imagem: um céu nublado, um mar cinza e aquela blusa preta tão peculiar.

Enfim, junto ao mar, onde Deus está em toda parte, lentamente fui me acalmando. Continuei olhando o céu. As nuvens tinham as cores de um Rafael. Uma rosa ferida. Tive a sensação de que ele próprio tinha pintado a nuvem. Você o verá. Você o conhecerá. Você verá a mão dele. Essas palavras me vieram, e eu soube que um dia veria um céu pintado pela mão de Robert.

Vieram palavras e depois uma melodia. Peguei meus mocassins e caminhei pela beira d'água. Eu havia transfigurado os aspectos tortuosos da minha tristeza e os desdobrara como um tecido brilhante, uma canção em homenagem a Robert.

Little emerald bird wants to fly away.
If I cup my hand, could I make him stay?
Little emerald soul, little emerald eye.
*Little emerald bird, must we say goodbye?**

Na distância ouvi alguém chamando, eram vozes das minhas crianças. Correram para mim. Nesse trecho fora do tempo, fiquei parada. De repente eu o vi, seus olhos verdes, seus cachos castanhos. Ouvi a voz dele acima das gaivotas, a risada infantil e o rumor das ondas.
Sorria para mim, Patti, como estou sorrindo para você.

Depois que Robert morreu, tive que lidar com o que fazer de suas coisas, algumas das quais um dia haviam sido nossas. Eu sonhava com seus chinelos. Ele os usou no fim da vida, chinelos belgas pretos com iniciais bordadas em ouro velho. Eu desejava sua escrivaninha e sua cadeira. Seriam leiloadas com outros de seus bens de valor na Christie's. Perco o sono pensando nelas, fico tão obcecada que adoeço. Eu poderia ter feito um lance, mas não teria suportado; sua escrivaninha e sua cadeira passaram a mãos estranhas. Sempre penso no que Robert dizia quando estava obcecado por algo que não podia ter. "Eu sou um egoísta desgraçado. Se eu não puder ter, não quero que ninguém mais tenha."

Por que não consigo escrever algo que faça despertar os mortos? Essa busca é o que arde mais fundo. Superei a perda de sua escrivaninha e da cadeira, mas nunca o desejo de produzir uma corrente de palavras mais valiosa que as esmeraldas de Cortés. Mas tenho um cacho de seu cabelo, um punhado de suas cinzas, uma caixa com suas cartas, um pandeiro de pele de cabra. E nas dobras do desbotado lenço roxo um colar, com duas placas roxas escritas em árabe, enfileirando suas contas prateadas e pretas, que me deu o menino que amava Michelangelo.

∗ *fin* ∗

---

* Passarinho esmeralda quer sair voando./ Se eu fizer a mão em concha, será que não vai?/ Almazinha de esmeralda, olho de esmeralda./ Passarinho esmeralda, será que é adeus? (N. T.)

Dissemos adeus e saí do quarto dele. Mas algo me atraiu de volta. Ele caíra em um sono leve. Fiquei ali parada olhando para ele. Pacífico, como uma criança antiga. Ele abriu os olhos e sorriu. "Já voltou?" E tornou a dormir.

E assim minha última imagem foi a primeira. Um jovem adormecido sob um manto de luz, que abriu os olhos com um sorriso de reconhecimento para alguém que nunca fora uma estranha para ele.

Agradecimentos

Antes de Robert morrer, prometi que um dia iria escrever a nossa história. Gostaria de estender meu profundo apreço a Betsy Lerner e a todos aqueles que me deram força e ajudaram a manter minha promessa.

Lenny Kaye, Rosemary Carroll, Daniel Halpern, Edward Mapplethorpe, Sharon Delano, Judy Linn, Andy Ostrowe, Oliver Ray, Nancy M. Rooney, Janet Hamill, David Croland, Abigail Holstein, Lynn Davis, Steven Sebring, Linda Smith Bianucci, Renaud Donnedieu de Vabres e Jesse Paris Smith.

Fotografias e ilustrações

Cortesia de Patti Smith Archive, frontispício, 22, 46
Imagens de cabine fotográfica, 187, 263
Polaroide de Robert Mapplethorpe, 249
© Patti Smith, 102, 190, 210, 212

Cortesia de Edward Mapplethorpe Archive, 23

Todas as obras de Mapplethorpe © Robert Mapplethorpe Foundation, Inc. Uso permitido, 127, 179, 207, 229, 233, 237, 245

Cortesia de Robert Miller Gallery, 77 (*Autorretrato*, 1968), 232 (*Robert com Lily*, 1978)

© Lloyd Ziff. Uso permitido, 51, 58

© Linda Smith Bianucci. Uso permitido, 82

© Judy Linn. Uso permitido, 133, 137, 139, 140, 141, 217, 255

© Gerard Malanga. Uso permitido, 186

Cabine fotográfica, Forty-second Street, 1969

Índice onomástico

À margem da vida (filme), 59
Acossado (filme), 208
Age of Rock II, The (Eisen), 167
Alcott, Louisa May, 19
Allen, Peter, 219
América: uma profecia (Blake), 54
Andersen, Eric, 149
"Annie Had a Baby" (Ballard), 181, 213
Antologia da Música Folk Americana (Smith), 94
Arbuckle, Fatty, 221
Arbus, Diane, 126, 132
Archy and Mehitabel (quadrinhos), 109
Ariel (Plath), 97
Art International (revista), 53
Artaud, Antonin, 86
Ascensão e queda da cidade de Mahagony (Brecht), 111
Ayler, Albert, 36, 139

Baez, Joan, 50, 132
Baker, Josephine, 202
Balada sangrenta (filme), 202

"Ballad of a Bad Boy" (Patti Smith), 168, 170
Ballard, Hank, 21, 213
Band, The, 149
Bande à Part (filme), 59
Barbarella (filme), 228
Bard, Stanley, 91, 93, 99
Barnes, Djuna, 142
Barrett, Syd, 100
Baudelaire, Charles, 27, 42, 82, 161, 166, 206, 208
Beatles, The, 27
Beaton, Cecil, 115
Beau Geste (filme), 172
"Because the Night" (Smith & Springsteen), 235
Beckett, Samuel, 168
"Beckoning Sea, The" (Mandel), 166
Beethoven, Ludwig van, 218
Beggars Banquet (álbum), 101
Berenson, Marisa e Berry, 176
Bergé, Pierre, 177
Berrigan, Ted, 169

Between the Buttons (álbum), 50
Biderman, Peggy, 93
"Birdland" (Patti Smith), 227
Blake, Robert, 54
Blake, William, 53-4, 145, 157, 183, 231
Blonde on Blonde (álbum), 27, 50, 146
Blow-Up: depois daquele beijo (filme), 27, 181
Blue Öyster Cult, 183, 197, 225
Bonnie e Clyde (filme), 53
Bottomly, Susan, 140
Bowles, Paul, 214
Boyfriend, The (musical), 134
Brady, Diamond Jim, 201
Brainard, Joe, 169
Brancusi, Constantin, 208, 246
"Break It Up" (Patti Smith), 228
Brecht, Bertolt, 94, 111, 169
Brentano, 145
Bresson, Robert, 98
Breton, André, 142
Bringing It All Back Home (álbum), 101, 146, 156, 167
"Bristol Stomp" (Dovells), 167
Brown Jr., Oscar, 153
Brown, Andy, 198, 205, 230
Brown, James, 21
Browning, Tod, 69
Buckley, Tim, 50, 56, 62, 114
Buell, Bebe, 214
Burns, Robert, 106
Burroughs, William, 91, 105, 131, 219, 223
Butterfield, Paul, 36
Byrds, The, 62

Cain's Book (Trocchi), 154
Cameron, Julia Margaret, 178
Canção de Bernadette (filme), 20
Canção do Sul, A (filme), 134
Canções da inocência e da experiência (Blake), 53
Capote, Truman, 166
Carney, Art, 153

Carroll, Jim, 153
Carroll, Lewis, 178
Carson, Johnny, 214
Cavale, La (Sarrazin), 172
Chamberlain, John, 114
Chant d'Amour (filme), 150
Chenier, Clifton, 139
Christine, Miss, 169
Cinderela em Paris (filme), 60, 115
Circus (revista), 166
Clamor do sexo (filme), 53
Clark, Ossie, 115
Clarke, Arthur C., 109
Clarke, Shirley, 126
Classic Comics (gibi), 17
Claudel, Camille, 65
Clemente, Roberto, 198
Cocteau, Jean, 71-2, 184-5
Coleman, Ornette, 52
Coles, Charles, 165
Collages (Nin), 44
Coltrane, John, 36-7, 52, 166
"Coney Island Baby" (Excellents), 107
Cooper, Gary, 172, 189
Cornell, Joseph, 53, 55, 73
Corso, Gregory, 131, 146, 153, 166
Cortés, Hernán, 254
Cossery, Albert, 214
Country Joe and the Fish, 36, 104
County, Wayne, 124, 152
Cowboy Mouth (Shepard & Smith), 172-3, 182
Crabtree, Lee, 182
Crawdaddy (revista), 160-1, 166
Crazy Horse, 106, 168, 170
Creeley, Robert, 168
Creem (revista), 170, 182
Crockett, Davy, 16
Croland, David, 140, 150, 188
Cross, Faith, 59
Crowley, Aleister, 108, 112
"Cry Me a River" (Patti Smith), 170

"Crystal Ship" (The Doors), 37
Curtis, Edward, 204
Curtis, Jackie, 124, 134, 162, 193

D'Arc, Joana, 28, 45, 199
Daley, Sandy, 100, 113, 150, 159, 165, 169, 171, 175, 193
Dalí, Salvador, 20, 114, 126
Darling, Candy, 124-5, 155, 193
Daugherty, Jay Dee, 226
Davis, Bette, 125
Davis, Clive, 225-7
Dean, Dorothy, 121
Delsarte, Louis, 60
"Devil Has a Hangnail, The" (Patti Smith), 169
Diary of a Drug Fiend (Crowley), 112
Doctor Martino (Faulkner), 106
Dolphy, Eric, 52
Dont Look Back (filme), 135
Doors, The, 62, 174, 223
Doutor Seuss (gibi), 15
Dovells, 167
Dream of Life (álbum), 243
Dubuffet, Jean, 21, 53
Duchamp, Marcel, 60, 115, 178, 208
Duncan, Isadora, 86
Dylan, Bob, 27, 49, 94, 101, 110, 114, 132, 135, 144, 154, 161, 167, 181, 227
"Dylan's Dog" (Patti Smith), 183

Eakins, Thomas, 20, 177
Earhart, Amelia, 184
Easter (álbum), 235
Eberhardt, Isabelle, 214
Eisen, Jonathan, 167
"Elegie" (Patti Smith), 228
Eliot, T. S., 150
Elliott, Bill, 213
Elvira Madigan (filme), 37
Enfants Terribles, Les (Cocteau), 185
Escravos, Os (Michelangelo), 47, 64, 72
Esquire (revista), 141

Eurípides, 134
Excellents, The, 107

Fabulous life of Diego Rivera, The (Wolfe), 21
Faithfull, Marianne, 180, 184
Falaise, Loulou de la, 147, 177, 180
Falaise, Maxime de la, 176
Faulkner, William, 106
Feldman, Andrea, 167
Femme Fatale (Curtis), 134, 139
Fields, Danny, 122, 167, 214, 218
"Fire of Unknown Origin" (Patti Smith), 154, 169, 183
Fisk, Jim, 201
Fitzgerald, Scott, 57, 141
Fitzgerald, Zelda, 141, 163
Flagg, Ernest, 57
Flavin, Dan, 121, 122
Florio, Dennis, 205
Ford, Charles Henri, 142
Fosdick, Robert, 204
Foxe, John, 15
Friedman, Jane, 158, 201, 205, 218, 222-3, 225
Friedman, Sam, 202
Fürstenberg, Diane von, 176
Fürstenberg, Egon von, 176

Garbo, Greta, 126
Gardner, Ava, 206, 213
Garfield, John, 98, 131
Garland, Judy, 162
Gaye, Marvin, 199, 218
Geldzahler, Henry, 176
Genet, Jean, 49, 54, 60, 72, 78, 80, 95, 169, 172, 184, 228
Gide, André, 78, 184
Ginsberg, Allen, 108, 119, 131, 157, 169, 214
Giorno, John, 169
Glaudini, Robert, 173
"Gloria" (Patti Smith), 226

Glover, Tony, 181
Godard, Jean-Luc, 74, 83, 208
Goldberg, Danny, 167, 181
Gorey, Edward, 59
Gorky, Arshile, 53
Graham, John, 53
Gray, Maureen, 167
Grogan, Emmett, 156
Grossman, Sally, 156
Guernica (Picasso), 68
Guggenheim, Peggy, 189, 246

Hair (musical), 165, 192
Hall Street, 73
Hamill, Janet, 26-7, 57, 61-2, 73-4, 97, 193, 206
Hamlet (Ragni), 192
Hansen, Ed, 61-2
Happy Birthday of Death, The (Corso), 131
Hardin, Tim, 50, 122, 250
Hearst, Patty, 220
Hell, Richard, 219, 226
Hemingway, Ernest, 57
Hemmings, David, 181
Hendrix, Jimi, 34, 37, 99, 104, 158-60, 220-1, 227-8
Hepburn, Audrey, 115
Hepburn, Katherine, 59
"Hey Joe" (Hendrix), 220-2
Hipólito (Eurípides), 134
Hoffman, Ronni, 169
Holiday, Billie, 36, 52
Holly, Buddy, 93
Holy Modal Rounders, 160, 162, 182
Hopper, Edward, 108
Horses (álbum), 227-8
House of Mystery (gibi), 17
"How Can You Hang On to a Dream?" (Hardin), 123
Howks, Howard, 126
Hughes, Fred, 132

"I Sold My Heart to the Junkman" (canção), 158
Identity (Ingrassia), 200-1
Illuminations (Rimbaud), 26, 30-2, 176
Index Book (Warhol), 98
Ingrassia, Tony, 151-2, 155, 200
Island (Ingrassia), 151, 153, 155, 200

Jagger, Bianca, 176
Jagger, Mick, 83, 134, 140
James, Henry, 34, 124
James, Jesse, 170
Jardim de poemas infantis, Um (Stevenson), 16
Jesus Cristo, 15, 64, 226
Jogo do dinheiro, O (Smith), 67
Jones, Brian, 83, 99, 102-3, 134, 147, 151, 160, 174, 214
Jones, Jennifer, 20
Joplin, Janis, 62, 103, 114, 149, 155, 159-60, 182
Joyce, James, 62
Junky (Burroughs), 105

Kahlo, Frida, 21, 76, 248
Karina, Anna, 59
Kavan, Anna, 109
Kaye, Lenny, 167, 169, 181, 202-3, 213-4
Keaton, Buster, 180
Keats, John, 131, 157
Kennedy, Jacqueline, 68
Kennedy, Patrick e Margaret, 47
Kennedy, Robert, 71
Kerouac, Jack, 119, 153, 166, 214
King, Coretta Scott, 68
Kitaj, R. B., 53
Klein, Yves, 208
Kligman, Ruth, 188
Kodak (Patti Smith), 181
Kooning, Willem de, 53, 73, 76, 158
Kral, Ivan, 224
Krasner, Lee, 60, 158, 230
Kristofferson, Kris, 149, 150

Krystal, Hilly, 219, 224

L.A. Woman (álbum), 174
Ladies & Gentlemen, the Rolling Stones (filme), 219
Laforgue, Jules, 65
Lamarr, Hedy, 221
"Land" (Patti Smith), 224, 228
Lanier, Allen, 183, 228
Lanier, Sidney, 183
Lartigue, Jacques-Henri, 80
Laundromat, 61
"Lay Lady Lay" (Dylan), 97
Leary, Timothy, 61
Lee, Gypsy Rose, 202
Lennon, John, 27, 49, 53, 197, 206
Lenya, Lotte, 49, 166-7, 202
Lester, Richard, 53
Lichtenstein, Roy, 114
Life (revista), 103
"Light My Fire" (The Doors), 27
Lindbergh, Charles, 220
Lindsay, Vachel, 153
Linn, Judy, 61, 79, 120, 169, 206
Livro dos mártires, O (Foxe), 15
Lloyd, Richard, 220, 224
Locus Solus (Roussel), 126
Love Affair: A Memoir of Jackson Pollock (Kligman), 188
Love and Mr. Lewisham (Wells), 98
Love on the Left Bank (Elsken), 31, 171
Love Supreme, A (Coltrane), 36, 50
Ludlam, Charles, 155
Luluzinha (gibi), 17, 161
Lupino, Ida, 61
Luther King, Martin, 68
Lyons, Donald, 114, 150, 165

"MacArthur Park" (canção), 218
"Mack the Knife" (Brecht), 169
Madame Butterfly (ópera), 50
Maeterlinck, Maurice, 80
Mahagonny (filme), 165

Maiakóvski, Vladimir, 98, 116, 119, 144, 153, 166
Malanga, Gerard, 114, 142, 153, 165, 168-9
Mallarmé, Stéphane, 178
Mamãe Ganso (Perrault), 15
Mandel, George, 166
Manson, Charles, 103
Mapplethorpe, Edward (irmão de Robert), 10, 248
Mapplethorpe, Harry (pai de Robert), 25, 52, 56, 69
Mapplethorpe, Joan (mãe de Robert), 24-5, 69, 117
Marden, Brice, 149, 156, 197
"Marquee Moon" (Television), 220
Marsh, Dave, 181
Marvelettes, 158, 221
Mayer, Bernadette, 169
McGuinn, Roger, 149
McKendry, John, 176, 178, 188, 193, 204, 211
McTell, Blind Willie, 148
"Me and Bobby McGee" (Joplin), 150
"Medicine Man" (Robertson), 149
Meibach, Ina, 243
Mekas, Jonas, 126
Meltzer, Richard, 166, 169
Mendelssohn, Felix, 218
Mensageiro do Diabo, O (filme), 222
Michaels, Howard, 73
Michaux, Henri, 45, 128
Michelangelo, 47, 53, 64, 72, 105, 192, 254
Midnighters, 21
Milagre da rosa, O (Genet), 72
Milford, Nancy, 163
Milton (Blake), 54
Mineo, Sal, 63
Mishima, Hiraoka, 78
Mitchell, Joan, 230
Modigliani, 20, 21
Montand, Yves, 115
Moon, Keith, 226
Morrison, Jim, 62, 174, 182, 202, 212-3, 228

Morrison, Van, 226
Morte em Veneza (Mann), 218
Mrabet, Mohammed, 214
Muhammad, 214
Mulherzinhas (Alcott), 20
Muni, Paul, 97, 126
Myers, Vali, 31

Nadar, Félix, 115, 204
Name, Billy, 98, 114
Nerval, Gérard de, 82, 214
Neuwirth, Bob, 114, 135, 148
Newton, Helmut, 115
Nietzsche, Friedrich, 74
Nin, Anaïs, 44
Nureyev, Rudolf, 86

O'Hara, Frank, 36, 97
O'Keeffe, Georgia, 177
"Oath" (Patti Smith), 169, 226
Ochs, Phil, 214
"Ode to Billie Joe" (Gentry), 37
"Ohio" (Young), 149
Ondine, 114
One Plus One (filme), 83
Ono, Yoko, 125, 197
Orlovsky, Peter, 157

Pallenberg, Anita, 184
Papus, 61
Parks, Harvey, 60
Parrish, Maxfield, 57
Pasolini, Pier Paolo, 71
"Paths That Cross" (Patti Smith), 247
Patton, Charlie, 111
Paul, Steve, 126, 128, 159, 170, 174, 213-4
Paxton, Tom, 149
Pearlman, Sandy, 166-7, 169, 181-3, 198
Peck, Gregory, 189
Penn, Irving, 204
"People Have the Power" (Patti Smith), 250
Perdidos na noite (filme), 83, 99, 129
Peretti, Elsa, 193

Performance (filme), 140
Perkins, Maxwell, 57
Perkins, Tony, 176
Peter Pan (Barrie), 178
"Phantasmagoria in Two" (Buckley), 56
Phillips, John, 101
Photoplay (revista), 164, 193
Piaf, Édith, 49, 82, 135, 143, 218
Picasso, Pablo, 20-1, 68, 110
"Picture Hanging Blues" (Patti Smith), 170
Pipes of Pan at Joujouka, The (álbum), 214
"Piss Factory" (Patti Smith), 202, 221-2
Plath, Sylvia, 97
Plimpton, George, 176, 185
Podlewski, Diane, 132
Poems a Penny Each (Joyce), 62
Pollard, Michael, 149, 156
Pollock, Jackson, 53, 60, 73, 97, 158, 168
Ponti, Gio, 245
Poons, Larry, 149
Poussette-Dart, Richard, 45
Powell, Annie, 97, 169
Pratt Institute, 73, 120
Pride, Charlie, 156
Proust, Marcel, 54
Psicose (filme), 86
Psychedelic Prayers (Leary), 61

Que delícia de guerra (filme), 53
Quincey, Thomas de, 128

Raft, George, 98
Ragni, Jerome, 165, 192
Ramo de ouro, O (Frazer), 112
Rauschenberg, Robert, 114
Ray, Man, 142, 208
Redgrave, Vanessa, 27
Redon, Odilon, 9
Reed, Lou, 150, 169, 225
Reich, Matthew, 101
Reich, Peter e Wilhelm, 227
Revere, Paul, 224
Ricard, Rene, 165, 169, 193, 235

Richards, Keith, 132, 134
Richman, Jonathan, 223
"Riders on the Storm" (Doors), 174
Rimbaud, Arthur, 24, 30-1, 49, 65, 78, 86, 119, 153, 169, 176, 181, 192, 199-200, 202, 206, 208-9, 211, 213
Rincão das tormentas (filme), 107
Rinzler, Lisa, 231
Rivera, Diego, 21, 53, 174
Robertson, Robbie, 149
Robinson, Lisa, 167, 169
Rolling Stone (revista), 166
Rolling Stones, 27, 79, 83, 224
Rooney, Mickey, 162
Rothschild, família, 57, 59
Roussel, Raymond, 126
Roxon, Lillian, 167, 169
Rudow, Bruce, 99, 117, 119, 132, 158, 165
Rundgren, Todd, 149, 151, 160, 169, 214
Runt (álbum), 160
Ruskin, Mickey, 113, 121
Russell, Lillian, 201

"Sad-Eyed Lady of the Lowlands" (Dylan), 110
Saint Laurent, Yves, 147, 177
Salário do medo (filme), 115
Sánchez, Fernando, 180
Sandálias do pescador, As (West), 16
Sandoz, Mari, 171
Sapatos vermelhos, Os (Andersen), 16
Sargent, John Singer, 20
Sarrazin, Albertine, 172
Sauvage, Eau, 110
Scarfacei (filme), 126
Schiaparelli, Elsa, 147, 180
Schiff, Gert, 110
Schrader, Paul, 98
Schweitzer, Albert, 16
Screaming Target (álbum), 203
Sedgwick, Edie, 110, 114, 140, 150, 165, 167, 185
Selassie, Haile, 203

Servidão humana (filme), 125
Seurat, Georges-Pierre, 65
Seventh Heaven (Patti Smith), 185, 206
Shadow, Slim, 160, 172-3
Shelley, Percy Bysshe, 131
Shepard, Sam, 162-3, 168-9, 171-3
Shinbone Alley (desenho animado), 109
Shirelles, 21
Simone, Nina, 31, 160
Slick, Grace, 104
Smith, Adam, 67
Smith, Fred Sonic, 241, 243-5, 247-8, 250-1
Smith, Harry, 91, 93
Smith, Jack, 202
Smith, Jackson (filho de Patti), 244, 248, 250
Smith, Jesse Paris (filha de Patti), 248, 250
Smith, Kimberly (irmã de Patti), 19, 56, 171
Smith, Linda (irmã de Patti), 14, 17, 21, 80, 82-3, 198, 200-2
Smith, Todd (irmão de Patti), 14, 19, 21, 56, 106
"So You Want to Be a Rock 'N' Roll Star" (Byrds), 62
Sob o domínio do mal (filme), 151
Sohl, Richard, 203, 218, 219, 247-8
Solanas, Valerie, 71, 114
Sontag, Susan, 164, 213
Soutine, Chaïm, 62
"Speak Low" (Weill), 213
Spector, Phil, 158
Spillane, Mickey, 185
Spleen de Paris (Baudelaire), 208
Springsteen, Bruce, 235
Stage Fright (álbum), 149
Starkie, Enid, 208
Steber, Eleanor, 50
Stein, Gertrude, 142
Stevenson, Robert Louis, 16
Stewart, Ellen, 155
Stieglitz, Alfred, 177
Still Moving (filme), 234
Strand, Paul, 177-8

Strange Man of the Oglalas, The (Sandoz), 170
"Strawberry Fields Forever" (Beatles), 27
Superman (gibi), 17
Swan, Billy, 149
"Sympathy for the Devil" (Rolling Stones), 79

"Taffy Was a Welshman" (cantiga), 118
Talbot, Fox, 177
Tarantula (álbum), 181
Tate, Sharon, 103
Taylor, Elizabeth, 104, 188
Television, 219-20, 223
Temporada no inferno, Uma (Rimbaud), 211, 220, 250
Terry (namorado de Robert), 79, 81, 83, 148
Teste do ácido do refresco elétrico, O (Wolfe), 67
Thirteen Most Beautiful Boys, The (filme), 99
Thomas, Dylan, 95, 103, 110, 116, 142
Tinkerbelle, 140-1, 145, 147-8, 193
Tisa, Kenny, 73
"Today's the Day" (Maureen Gray), 167
Tom of Finland, 105
Tosca (ópera), 9, 10, 253
Tosches, Nick, 166
Tracy, Spencer, 59
Trash (filme), 132
Trocchi, Alexander, 154
Trouble Man (álbum), 199
Tubby the Tuba (desenho animado), 109

Vaccaro, John, 155
Vadim, Roger, 228
Valéry, Paul, 131
Vallée, Rudy, 158
Vanilla Fudge, 50
Velvet Underground, 114, 142, 150-1, 167
Vênus, deusa do amor (filme), 213
Verlaine, Paul, 78, 178, 199, 208, 220-1

Verlaine, Tom, 224, 228
Viagem ao Oriente (Nerval), 214
Vidas amargas (filme), 103, 116
View (revista), 142
Vigo, Jean, 221
Village Voice (jornal), 123, 223
Vogue, 100, 165

Wagstaff, Sam, 188-9, 191-2, 197, 199-200, 203-4, 206, 214-5, 228, 235, 244, 246-8
Waïte, Geneviève, 101
Waldman, Anne, 168-9, 183
Warhol, Andy, 60, 71, 98-9, 113-4, 122, 125, 132, 140, 155, 168-9, 178, 247-8, 251
Washington, Jimmy, 96-7
Waters, Patty, 139
Weill, Kurt, 146, 213
Weiser, Samuel, 112
Weld, Tuesdey, 156
Wenner, Jann, 166
"White Rabbit" (Jefferson Airplane), 36
Whitman, Walt, 31, 119, 154
"Wild Is the Wind" (canção), 86
"Wild Leaves" (Patti Smith), 250
Wilde, Oscar, 27, 110, 126
Williams, Hank, 135, 148, 172
Williams, Paul, 166
Williams, Tennessee, 155, 183
Winter, Johnny, 126, 159
Witt (Patti Smith), 205-6, 245
Wolfe, Thomas, 103, 110
Wolfe, Tom, 67
Woodlawn, Holly, 124, 132, 167, 219
"Work Song" (Patti Smith), 183
Wylie, Andrew, 184

Yeux clos, Les (Redon), 9
You Can't Go Home Again (Wolfe), 110
Young, Neil, 148

Ziff, Lloyd, 64

1ª EDIÇÃO [2010] 14 reimpressões

ESTA OBRA FOI COMPOSTA EM ELECTRA PELO ESTÚDIO O.L.M./ FLAVIO PERALTA
E IMPRESSA EM OFSETE PELA GEOGRÁFICA SOBRE PAPEL PÓLEN DA
SUZANO S.A. PARA A EDITORA SCHWARCZ EM MAIO DE 2024

A marca FSC® é a garantia de que a madeira utilizada na fabricação do
papel deste livro provém de florestas que foram gerenciadas de maneira
ambientalmente correta, socialmente justa e economicamente viável,
além de outras fontes de origem controlada.